本书获
　　浙江省哲学社会科学规划后期资助
　　浙江科技学院学术著作出版专项资助
　　浙江科技学院马克思主义学院学术著作出版专项资助

世界援华制日大会与中国抗日战争

★ 雷志松 著

人民出版社

目　　录

绪　论 ………………………………………………………… 1

第一章　世界援华制日大会召开的背景 ………………… 15

一、中国全民族抗战爆发后的国际形势 ………………… 15

二、中国争取外援的努力 ………………………………… 29

三、欧美和平运动的兴起 ………………………………… 39

四、外国民众与国际和平团体积极主张援华制日 ……… 51

第二章　世界和平运动大会及其中国分会 ……………… 58

一、世界和平运动大会 …………………………………… 58

二、国际反侵略运动大会中国分会 ……………………… 79

三、世界和平运动大会及其中国分会对世界援华制日

大会的准备 ……………………………………………… 98

第三章　世界援华制日大会的会程与成果 …………… 105

一、世界援华制日大会的出席情况 …………………… 105

二、世界援华制日大会的会程 ………………………… 113

三、世界援华制日大会的成果 ………………………… 128

第四章　国内外对世界援华制日大会的响应 …………… 137

　　一、反侵略运动宣传周的展开 ………………………… 137

　　二、国共两党对世界援华制日大会寄予厚望 ………… 150

　　三、国内报刊对世界援华制日大会持续关注 ………… 158

　　四、国内民间团体及社会各界对世界援华制日大会热烈
　　　　响应 ………………………………………………… 166

　　五、国外对世界援华制日大会的声援 ………………… 183

第五章　世界援华制日大会对中国抗日战争的意义 ……… 195

　　一、世界援华制日大会进一步唤醒了国际和平力量对中国
　　　　抗战的支持 ………………………………………… 196

　　二、世界援华制日大会有利于增强中华民族的抗战意志 …… 209

　　三、世界援华制日大会在一定程度上使日本侵略者产生了
　　　　危惧感 ……………………………………………… 224

结　语 ………………………………………………………… 242

附　录

　　附录 1　国际反侵略运动大会中国分会简章 ………… 247

　　附录 2　国际反侵略运动大会中国分会各地支会简章 ………… 249

　　附录 3　国际反侵略运动大会中国分会各地区会简章 ………… 252

　　附录 4　国际反侵略运动大会中国分会告全世界人士书 ……… 255

　　附录 5　世界和平运动大会联合援华制日说帖 ……… 259

　　附录 6　世界援华制日大会决议案 …………………… 282

　　附录 7　世界援华制日大会宣言——制止日本的侵略 ………… 283

　　附录 8　世界援华制日大会各小组委员会决议案 …… 284

主要参考文献 ………………………………………………… 294

绪　　论

世界援华制日大会(World Conference for the Boycott of Japan and Aid to China),即由第二次世界大战期间以欧洲为中心开展国际性和平运动的民间团体——世界和平运动大会,于 1938 年 2 月 12 日至 13 日专门在英国伦敦举行的一次救中国、救世界和平特别会议(Special Conference Save China and Save World Peace)。

一、研究状况与研究意义

第二次世界大战是人类历史上最大规模的反法西斯正义战争,中国是亚洲战场抗击日本侵略者的主力,第二次世界大战以及作为这场战争重要组成部分的中国抗日战争,对中国和世界都有着历史转折点的重大意义。抗战史研究一直以来是学术界的一个重要研究场域。

(一)研究状况述评

学术界对于抗战史的研究,史料来源丰富、研究论题广泛、国际合作方兴未艾,取得了不少成果,同时研究也存在着纪念性、周期性和现实性等特点。其中,关于抗战时期外交史事的著述甚丰,王建朗、陈谦平、杨青等在他们的相关论著中均有系统的学术史梳理①。

　　抗日战争是中华民族解放斗争史上的一个转折时期,中国的国际地位在这场战争中获得大幅度提高,中国与各国的关系也发生了巨大变化。近些年,学术界关于世界反法西斯战争与中国抗日战争关系的研究逐步深入,为重构中国抗日战争的集体记忆提供了可能性。不少学者将抗日战争置于百年来中华民族由历史低谷到浴火重生的宏大背景中加以探讨,深入剖析抗日战争为战后中国带来的历史遗产。

　　学术界开始重新定位中国抗日战争,特别是有关中国抗日战争与世界反法西斯战争大局的关系及其相互影响,出现了一批具有代表性的学术成果。刘大年主编的《中国复兴枢纽——抗日战争的八年》②,是一本研究抗日战争史的重要著作。胡德坤主编的《反法西斯战争时期的中国与世界研究》九卷本③,是国内外第一部全面系统论证中国抗日战争在世界反法西斯战争中的地位与作用的长卷著作,把反法西斯战争时期的中国历史与世界历史在中国与世界研究的视角下结合起来,充分表现出了中国历史学研究者对反法西斯战争和第二次世界大战的观察与眼光。张宪文等主编的《中华民国史》第3卷④,内容包括中国全民族抗战的爆发、中国抗战纳入国际反法西斯战线、中国战时政治体制的确立和国统区思想文化的发展等。胡德坤、韩永利主编的《中国抗战与世界反法西斯战争》⑤,内容包括中国抗日战争开启的时代意义、中国抗日战争与美英"先

　　① 参见王建朗:《抗日战争时期中外关系研究述评》,《抗日战争研究》1999年第3期;陈谦平:《近十年来抗日战争时期国民政府对外关系研究述评》,《抗日战争研究》2002年第2期;杨青、王旸编:《近十年来抗日战争史研究述评选编(1995—2004)》,中共党史出版社2005年版。
　　② 参见刘大年主编:《中国复兴枢纽——抗日战争的八年》,北京出版社1997年版。
　　③ 参见胡德坤主编:《反法西斯战争时期的中国与世界研究》,武汉大学出版社2010年版。
　　④ 参见张宪文等主编:《中华民国史》第3卷,南京大学出版社2005年版。
　　⑤ 参见胡德坤、韩永利主编:《中国抗战与世界反法西斯战争》,社会科学文献出版社2005年版。

德后日"战略、中国抗日战争与美英对华关系的转变、中国抗日战争与苏联的全力抗德战略、中国抗日战争与中国历史及世界历史进程等八章。步平、王建朗主编的《中国抗日战争史》①全八卷，强调抗日战争对中华民族伟大复兴具有重大意义。另外，综合性的研究成果还有陶文钊、杨奎松、王建朗的《抗日战争时期中国对外关系》②等。

　　有关抗战时期的国际和平运动与援华运动，早在抗战时期学术界就有一定的讨论。《泛滥世界的反日援华运动》③、《援助中国的世界反侵略运动》④、《中日战争与国际反侵略运动》⑤和《国外民众怎样援助中国》⑥等，介绍了世界劳工阶级、国际重要人物、名流学者、宗教人士、妇女青年、弱小民族等对中国抗日运动的援助及其声援中国抗战的具体活动情况，是较早有关世界援华制日问题的论著。日本中央大学学者土田哲夫的《国际和平运动与中国抗战——"国际和平联合"（RUP/IPC）简析》⑦一文，就抗战时期以欧洲为中心开展国际性和平运动的民间团体——世界和平运动大会的创立过程、组织结构及其所开展的援华活动等内容进行了探讨与分析。另外代表性的著作还有：邹韬奋的《国际反侵略运动》、彭芳草的《国际反侵略运动的展望》、黄素心的《国际反侵略运动的意义和作用》和陈钟浩的《国际和平运动之历史观》⑧。韩永利等

---

　　①　步平、王建朗：《中国抗日战争史》，社会科学文献出版社 2019 年版。

　　②　参见陶文钊、杨奎松、王建朗：《抗日战争时期中国对外关系》，中共党史出版社 1995 年版。

　　③　参见苓君：《泛滥世界的反日援华运动》，全民出版社 1938 年版。

　　④　参见于苇：《援助中国的世界反侵略运动》，生活书店 1938 年版。

　　⑤　参见蒋君章：《中日战争与国际反侵略运动》，独立出版社 1938 年版。

　　⑥　参见郑麦逸：《国外民众怎样援助中国》，青年协会书局 1939 年版。

　　⑦　参见［日］土田哲夫：《国际和平运动与中国抗战——"国际和平联合"（RUP/IPC）简析》，载王建朗、栾景河主编：《近代中国、东亚与世界》上卷，社会科学文献出版社 2008 年版，第 351—364 页。

　　⑧　参见邹韬奋：《国际反侵略运动》，《抗战》1938 年第 40 期；彭芳草：《国际反侵略运动的展望》，《抗战》1938 年第 22 期；黄素心：《国际反侵略运动的意义和作用》，《妇女共鸣》1938 年第 3 期；陈钟浩：《国际和平运动之历史观》，《国际编译》1943 年第 4 期。

的《论抗战初期英美民众援华制日运动》①、方长明的《中国抗战初期美国教士阶层的援华运动》②、朱蓉蓉的《半官方社团与战时民间外交》③和田涛的《欧美和平运动与近代中国》④等近期论文,则认为和平主义是近代西方具有广泛影响的社会思潮,中国国内的抗日反战运动与欧美和平运动相汇合成为 1930 年代世界和平事业的组成部分,近代中国对世界和平的向往与对和平运动的参与为世界和平事业作出了贡献。

有关抗战时期世界各国援华制日政策的背景与演变,学术界也早有讨论。如璇珩的《美国援华制日》⑤、刘国栋的《美国应加紧援华制日》⑥、美国 Benjamin H.Kizer 的《美国太平洋政策之演进》⑦、美国 T.Raien 的《援华反日的国际运动》⑧和林炳康的《抗战与国际反侵略运动》⑨。另外,美国舍伍德《罗斯福与霍普金斯——二次大战时期白宫实录》下册⑩列"苏联援华制日"专章;张海鹏编《中国近代史论著目录(1979—2000)》收录《抗日战争中美国"援华制日"政策的演变》⑪等文;陶文钊著《中美关系史(1911—2000)》⑫,包括"走向结盟抗日"和"国民政府苦撑求援"

---

① 参见韩永利、方长明:《论抗战初期英美民众援华制日运动》,《民国档案》2009 年第 1 期。

② 参见方长明:《中国抗战初期美国教士阶层的援华运动》,《理论月刊》2009 年第 1 期。

③ 参见朱蓉蓉:《半官方社团与战时民间外交》,《江苏社会科学》2011 年第 5 期。

④ 参见田涛:《欧美和平运动与近代中国》,《天津师范大学学报》(社会科学版)2011 年第 4 期。

⑤ 参见璇珩:《美国援华制日》,《东方杂志》1940 年第 21 期。

⑥ 参见刘国栋:《美国应加紧援华制日》,《现代青年》1941 年第 5 期。

⑦ 参见[美]Benjamin H.Kizer:《美国太平洋政策之演进》,周新译,《世界知识》1939 年第 4 期。

⑧ 参见[美]T.Raien:《援华反日的国际运动》,金戈译,《中苏文化杂志》1938 年第 9 期。

⑨ 参见林炳康:《抗战与国际反侵略运动》,《时事半月刊》1939 年第 6 期。

⑩ 参见[美]舍伍德:《罗斯福与霍普金斯——二次大战时期白宫实录》下册,福建师范大学外语系译,商务印书馆 1980 年版,第 451 页。

⑪ 参见张海鹏编:《中国近代史论著目录(1979—2000)》,上海人民出版社 2005 年版,第 313 页。

⑫ 参见陶文钊:《中美关系史(1911—2000)》,上海人民出版社 2004 年版。

等内容;中国人民抗日战争纪念馆编著《抗战时期苏联援华史论》①,包括中国局部抗战时期苏联的对华政策、中国全国抗战与《中苏互不侵犯条约》的签订、苏联对中国贷款和物资援助、苏联对中国抗战人力及技术的援助、苏联在国际会议上对中国抗战的支持等内容。此外,代表性的论文有:隋淑英的《1937—1941 年的美国对华政策》②和李玉贞的《抗战时期的蒋介石与斯大林》③等。

在诸多资料汇编和人物传记中,对世界和平运动大会和国际反侵略运动大会中国分会,多有提及。如张闳仁编译的《国际反侵略运动大会简史》④,介绍了世界和平运动大会及其活动,世界和平运动大会与国际反侵略运动大会中国分会的关系等;中国第二历史档案馆编的《中华民国史档案资料汇编》第 5 辑第 2 编收录了国际反侵略运动大会中国分会的简章、团体会员表、工作报告、名誉主席团题名、理事题名、各地支会简章、各地区会简章、职员一览表、反侵略运动地方组织须知、分会迁重庆前的工作报告等⑤;高平叔主编的《蔡元培全集》第 7 卷收录了《国际反侵略运动大会中国分会会歌》⑥;曾健莽主编的《郭沫若在重庆》则收录了郭沫若在重庆响应世界和平运动大会的讲演⑦。

对于世界援华制日大会也有少量论文展开过讨论。《“七·七”事变后的一次世界正义之举:援华反日国际反侵略大会》⑧是改革开放后较早

①　参见中国人民抗日战争纪念馆编著:《抗战时期苏联援华史论》,社会科学文献出版社 2013 年版。

②　参见隋淑英:《1937—1941 年的美国对华政策》,《齐鲁学刊》2000 年第 3 期。

③　参见李玉贞:《抗战时期的蒋介石与斯大林》,《社会科学研究》2010 年第 5 期。

④　参见张闳仁:《国际反侵略运动大会简史》,国际反侵略运动大会中国分会 1939 年编印。

⑤　参见中国第二历史档案馆编:《中华民国史档案资料汇编》第 5 辑第 2 编,凤凰出版社 1998 年版,第 499—529 页。

⑥　参见高平叔主编:《蔡元培全集》第 7 卷,中华书局 1989 年版,第 255 页。

⑦　参见曾健莽主编:《郭沫若在重庆》,青海人民出版社 1982 年版,第 256—259 页。

⑧　参见卫曾:《“七·七”事变后的一次世界正义之举:援华反日国际反侵略大会》,《外国史知识》1982 年第 9 期。

的专论;《世界反侵略大会谴责日本侵华纪实》①是中国人民抗日战争暨世界反法西斯战争胜利70周年之际《历史教学》刊登的国际社会与中国抗战关系的3篇文章之一。

网络、报刊等也有大量的相关讨论。如2008年4月9日中国共产党新闻网发表周英才的文章《王礼锡在国际援华阵线》;2005年5月10日《光明日报》发表徐蓝撰写的战略评论《世界历史视野下的中国抗日战争》②,认为中国抗日战争对世界反法西斯战争的胜利作出了重大贡献,中国抗日战争使中国成为保障第二次世界大战后世界和平的重要力量;日本学者土田哲夫曾于2008年3月6日在中国台湾近代史研究所作《抗战时期的中国"国民外交"——以国际反侵略运动大会中国分会为中心》的学术报告。

近年来,包括世界援华制日大会在内的抗日战争史研究在深度和广度上不断扩展,不仅厘清了大量史实,也强有力地印证了中国人民抗日战争的重要贡献,摆脱了在抗日战争史研究中突出国内矛盾和斗争的倾向,积极同研究第二次世界大战的各国学者广泛交流,从新的角度理解中国抗日战争的国际意义。

(二)研究意义

近代中国历史是走向世界的历史,是中国与世界交融并且共同发展的历史。反法西斯战争时期的中国与世界,则是近代中国走向世界过程中重要且有代表性的一个时期,研究这一时期的中国与世界很有意义。今天之中国日益强大,理性和平的国民心态正在形成,抗日战争史学术研究也应当顺应新时代的变化,走出历史悲情,拓展学术视野,开展与中国国际地位相称的研究。

---

① 参见魏宏运:《世界反侵略大会谴责日本侵华纪实》,《历史教学》2015年第16期。
② 参见徐蓝:《世界历史视野下的中国抗日战争》,《光明日报》2005年5月10日。

1. 理论意义

本书是抗战史研究的重要组成部分，是国内外有关世界援华制日大会与中国抗日战争的第一个相关专题研究。迄今为止，有关中国抗日战争与世界反法西斯战争大局的关系及其相互影响，宏观综合性的研究较多，且往往偏重于对政府外交尤其是中央政府的外交、重大外交事件、著名外交家的研究，而对于抗日战争时期民间外交的研究却相对薄弱，对世界援华制日大会这样微观的专题性研究还不够，研究深度和资料收集等方面都有待加强。

本书系统记述了世界援华制日大会，同时又站在整个国家、整个民族的立场上分析问题。研究抗战时期的中国与世界，倘若避开世界舆论、国际和平舆论团体的援华活动等外在环境，难避视野狭小之嫌。通过研究世界援华制日大会，研究它召开的背景、主要内容、意义，以及中国国内对大会的反应等问题，对加强中国抗战史、世界反法西斯战争史和第二次世界大战期间国际关系史的研究深度，以及对加强本领域的资料收集整理和深化相关专题研究，具有重要的理论意义。

2. 实践意义

近年来，世界各国的历史学家和政治家都很关心中国在第二次世界大战中的作用。通过研究，推动国际学术界重视中国抗日战争在世界反法西斯战争中的作用。从民族尊严和民族利益出发，向世界介绍与宣传中国抗击日本侵略者的具体情况，对中国与世界都是有益的。

通过研究世界援华制日大会及其与中国抗日战争的互动关系，在为驳斥"中国威胁论"、宣传"中国贡献论"提供事实支撑，纠正国人忘却历史等行径，驳斥历史虚无主义等思潮，增强国人的忧患意识等方面，清算日本军国主义侵华罪行和巩固第二次世界大战成果，都显得十分必要。通过强调牢记历史经验和教训，不是要延续仇恨，而是要唤起善良的人们对和平的向往和坚守，是要以史为鉴、面向未来，共同珍爱和平、维护和平，让中日两国人民世世代代友好下去，让世界各国人民永享和平安宁。

通过研究世界援华制日大会及其与中国抗日战争的互动关系,让人们从深厚的第二次世界大战史中走出,进而深刻地思索中国与世界、侵略与和平、合作与对抗等问题,从战后和平到迈向人类共同体,在日益全球化的今天具有较强的现实意义。研究能为中国特色的大国外交理论的发展提供有益启示,并对推动新时代中国的民间外交、政党外交活动健康、有序发展有重要的借鉴作用。

二、研究资料来源

第一手资料是历史研究的生命。本书依托档案资料、《申报》《大公报》等报刊、时人著述及近期著作,全面再现世界援华制日大会及其与中国抗日战争的互动关系全貌。

档案资料具有极高的史料价值。本研究查阅了中国第二历史档案馆的馆藏档案:国民政府行政院、国民政府军事委员会、国民参政会、外交部、教育部、行政院新闻局、国防部史政局和战史编撰委员会、国民党中央宣传部、国民党中央通讯社、中缅文化协会档案;上海市档案馆馆藏档案130 余卷,重庆市档案馆馆藏档案40 余卷。研究还依托已公开出版的档案资料,主要有中国第二历史档案馆编的《中华民国史档案资料汇编》第5 辑第 2 编,章伯锋、庄建平主编的大型资料集《抗日战争》政治卷、外交卷,秦孝仪主编的《中华民国重要史料初编》(对日抗战时期),强重华编的《抗战时期重要资料统计集》,复旦大学历史系编的《中国近代对外关系史料选编》,中国社会科学院近代史研究所、中国抗日战争史学会编的《抗日战争史料丛编》第 4 辑等。

报刊资料主要包括《大公报》《申报》《新中华报》《新华日报》和《群众》等所刊载的消息、专论、时评,共计约 1000 余篇,以及国际反侵略运动大会中国分会编辑委员会编辑的《反侵略》半月刊、周年纪念特刊和中国分会成立二周年纪念特号等。

本研究收集到了大量当时与世界援华制日大会有关记述的第一手资料,如:

余惠霖记录的《国际反侵略运动大会中国分会国际问题座谈会记录》第 1 种①,侧重讨论了当时德日意英法美苏等国外交政策及对中国的影响等问题。

包华国的《国际反侵略运动大会对日本之经济制裁方案》②,内收世界和平运动大会秘书处对于世界援华制日大会抵制日本的说帖,以及世界援华制日大会的决议案及其各小组委员会的决议案。

国际反侵略运动大会中国分会编的《国际反侵略运动大会中国分会常务理事会会议录汇编》第 1 辑③,记载了国际反侵略运动大会中国分会常务理事会共八次的会议记录,附录有国际反侵略运动大会关于援华问题会议各项议决案选载等,书前有国际反侵略运动大会中国分会常务理事会决议案的分类表。

国际反侵略运动大会中国分会编译的《反侵略运动地方组织须知》④,介绍了世界和平运动大会的历史、性质、工作以及组织机构等,附有国际反侵略运动大会中国分会简章、名誉主席团题名等。

国际反侵略运动大会中国分会编的《第二次常年大会特刊》⑤,介绍了国际反侵略运动大会中国分会的第二次常年大会的会议情况,收集有关的开会词、讲词、贺文、贺电等,附录有《国际反侵略运动大会中国分

①　参见尹葆宇、霍唯吾、徐彦之等发言,余惠霖记录:《国际反侵略运动大会中国分会国际问题座谈会记录》第 1 种,国际反侵略运动大会中国分会 1939 年编印。

②　参见包华国:《国际反侵略运动大会对日本之经济制裁方案》,国际反侵略运动大会中国分会 1938 年编印。

③　参见国际反侵略运动大会中国分会:《国际反侵略运动大会中国分会常务理事会会议录汇编》第 1 辑,1939 年编印。

④　参见国际反侵略运动大会中国分会:《反侵略运动地方组织须知》,1938 年编印。

⑤　参见国际反侵略运动大会中国分会:《第二次常年大会特刊》,1939 年编印。

会简章》和《中国分会简章修订草案》。

国际反侵略运动大会中国分会编译的《国际反侵略运动伦敦大会各国代表讲演实录》①,收录了薛西尔、宋子文、罗林、李石曾等人在世界援华制日大会上的 14 篇讲话及信函,以及世界援华制日大会的开会情况和大会宣言等,附录有《中国各界响应伦敦大会之言论》。

国际反侵略运动大会中国分会编的《二年来之国际反侵略运动中国分会》②共 4 章,介绍了世界和平运动、国际反侵略运动大会中国分会的组织与工作等,附录有《昆明支会半年来工作报告》等 4 篇文章。

金泽华编著的《苏联是否能援助中国》③,评论了苏联对中日战争的态度、准备及战略,以及在什么条件下苏联能援助中国抗日战争等问题。

韩立生的《世界学生怎样援助中国学生》④,记述有 1936 年 3 月 14 日至 15 日在伦敦召开的世界学生援助中国学生斗争会议的实况,有李凡夫代序《从中国学生运动说到世界学生运动》,附录有世界援华制日大会中国代表团的会议记录、中法学院学生会的提议、美国学生联合会的来信、世界学生协会致中国学联会的信、巴黎世界学生协会给中国学生的信、英国学生团致中国学生的信等 12 件。

陈斐琴著的《世界青年运动与中国抗战》⑤,内收《世界青年统一战线运动》《国际青年和平大会》《世界学生反战反法西斯大会》《世界青年大会》《世界学生救济中国学生运动》《世界学生援助中国学生斗争会议》和《世界青年代表团来华》等 7 篇,附录有《世界学生大会援助中国学生斗争告全世界学生宣言》和《世界学生大会援助中国学生斗争决议》等

---

① 参见国际反侵略运动大会中国分会:《国际反侵略运动伦敦大会各国代表讲演实录》,1938 年编印。

② 参见国际反侵略运动大会中国分会:《二年来之国际反侵略运动中国分会》,重庆新蜀报社 1940 年版。

③ 参见金泽华编著:《苏联是否能援助中国》,非常丛书出版社 1937 年版。

④ 参见韩立生:《世界学生怎样援助中国学生》,现世界社 1936 年版。

⑤ 参见陈斐琴:《世界青年运动与中国抗战》,大众出版社 1938 年版。

4 篇。

史枚著的《抗战中的世界大势》①,简述了中国全民族抗战以来世界上的重大政治事件,包括日德意的侵略、慕尼黑会议、苏联援助中国抗日战争等内容。

东人编的《国际形势演变与中国抗战》②,收录有《国际形势与中国抗战》《国际阵线的演变与中国抗战的关系》《西班牙战争和中国》《战局形势的好转》《全世界抵制日货援助中国》和《德国又向世界挑衅》等共10 篇。

包遵彭著的《二次大战与中外学生运动史》③,内分世界学生反战反法西斯大会(1934 年)、国际青年和平大会(1936 年 2 月)、世界学生援助中国学生斗争会议(1936 年 3 月)、世界学联访华团(1938 年 5 月)、世界青年大会(1936 年 9 月、1938 年 8 月)、国际学生大会(1942 年 9 月)等7 节。

美国佩甫尔著、许庸译的《日本能否独霸远东》④,共 5 节,评述了远东冲突的症结及日本的经济攻势,日本与苏美英的利害关系,预测苏美英援助中国的方式及中日战争的前途等。

郭沫若著的《国际形势与抗战前途》⑤,内有国际反侵略运动与中国抗战等内容。

蒋君章编著的《中日战争与国际反侵略运动》⑥共 6 章,主要包括战争与侵略、侵略战争的反响、世界和平运动、暴日侵华战争的影响、世界和平运动大会、世界青年大会及世界学联、反侵略运动的展望等内容。

---

① 参见史枚:《抗战中的世界大势》,新知书店 1939 年版。
② 参见东人编:《国际形势演变与中国抗战》,怒吼出版社 1938 年版。
③ 参见包遵彭:《二次大战与中外学生运动史》,文声书局 1945 年版。
④ 参见[美]佩甫尔:《日本能否独霸远东》,许庸译,亚东图书馆 1938 年版。
⑤ 参见郭沫若:《国际形势与抗战前途》,自强出版社 1938 年版。
⑥ 参见蒋君章编著:《中日战争与国际反侵略运动》,独立出版社 1938 年版。

郑麦逸的《国外民众怎样援助中国》①共 4 章,包括国际援华制日运动的广泛开展、世界和平运动大会领导援华制日的情况、其他国际团体开展援华制日运动的情况、各国援华制日运动的盛况,详细收集了 *The China Press*、*The China Weekly Review* 和 *The Times* 等报刊在 1938 年关于世界援华制日大会的报道内容。

研究还参阅了大量近年来出版的书籍、报刊资料以及网络资源。网络资源主要来源于抗日战争与近代中日关系文献数据库、民国时期期刊全文数据库(1830—1949)、《申报》数据库、《大公报》(1902—1949)数据库、《新新新闻》数据库、《人民日报》图文数据库、中国知网数据库,ProQuest Historical Newspapers：Chinese Newspapers Collection(1832—1953)、Gale：The Times Digital Archive、EBSCO：Newspaper Source 等线上相关资料。

三、研究内容与研究方法

习近平曾经指出,同中国人民抗日战争的历史地位和历史意义相比,同这场战争对中华民族和世界的影响相比,我们的抗战研究还远远不够,要继续进行深入系统的研究。他还强调,要坚持用唯物史观来认识和记述历史,把历史结论建立在翔实准确的史料支撑和深入细致的研究分析的基础之上。这些重要论述,对本书的研究具有重要的指导意义。

(一)研究内容

本书的主体内容由五部分组成：

1. 世界援华制日大会召开的背景。主要探讨了国际形势的演变与中

---

① 参见郑麦逸：《国外民众怎样援助中国》,青年协会书局 1939 年版。

国抗日战争的关系、中国国内社会各界争取外援的努力、20世纪30年代欧美和平运动的发展及其与中国国内抗战浪潮的汇合等问题。

2. 世界和平运动大会及其中国分会。主要讨论了世界和平运动大会及国际反侵略运动大会中国分会的历史、性质、组织机构及其相关工作，世界和平运动大会及国际反侵略运动大会中国分会对世界援华制日大会的准备。

3. 世界援华制日大会的会程与成果。主要介绍了世界援华制日大会的会程、参会代表演说情况，大会通过的宣言与决议案，大会各委员会通过的决议案等。

4. 国内外对世界援华制日大会的响应。主要重现了中国国内各党派及其领导人对大会的态度，中国国内舆论界、文化界等对大会的相关报道与响应情形，中国民众、英美法等国民众包括华人华侨对大会的反应。

5. 世界援华制日大会对中国抗日战争的意义。主要分析：世界援华制日大会在一定程度上增强了中国全民族抗战的意志，扩大了中国民众对国际和平运动和援华运动的认识；使国外民众了解到中国抗战的实情，为中国抗日战争的最后胜利争取到了有利的国际环境；一定程度上使日本侵略者遭受打击。

（二）研究方法

本书以唯物史观为指导，坚持实事求是与具体问题具体分析的原则，加强各类史料的搜集与整理，并对史料进行认真甄别和分析，透过现象看本质，以求得出符合历史发展规律的结论，从而总结过往、指导未来。

1. 跨学科综合性研究。本书综合运用历史学、政治学、外交学、国际关系学等学科方法，并将中国史研究与世界史研究紧密结合起来，把世界援华制日大会放在中国抗战与世界反法西斯战争的大背景下进行综合研究，注重从世界援华制日大会与中国抗日战争互动的角度，更好地理解其历史。

2.具体深入的个案研究。以往对中国抗日战争史、中外关系史的研究比较偏向于做宏观的类似共案的研究,这样的研究能够提供对于该领域的整体认知。但是,这又会因为涉及的历史事实太多,题中应有之义过于丰厚,难以充分发掘,因而整体认识结论也往往缺乏牢固的支撑。本书采取个案研究的方法,力图通过将一些有关世界援华制日大会与中国抗日战争的问题提出来加以讨论,以收管中窥豹的认识效用。

3.注重实证,以历史文献为基础,致力于相关历史史实重建工作。作者近年来多次前往南京、上海、重庆等地查询和收集资料,充分使用四川大学图书馆、浙江大学图书馆、浙江省图书馆等地的馆藏书刊和数据库资料。本书以这些资料为基础,还原世界援华制日大会的历史面貌,系统构建世界援华制日大会与中国抗日战争的互动关系。

第一章　世界援华制日大会召开的背景

近代中国的历史发展及社会变动是与同时代的世界形势紧密相连的,抗日战争正是中国与世界的关系从被动转向主动的时期。1938年,毛泽东在中共六届六中全会上作《论新阶级》的政治报告中,论述了中国反侵略战争与世界反法西斯运动的关系,指出:"中国已紧密地与世界联成一体,中日战争是世界战争的一部分,中国抗日战争的胜利不能离开世界而孤立起来。新的抗战形势中可能暂时地减少一部分外国的援助,加重了中国自力更生的意义,中国无论何时也应以自力更生为基本立脚点。但中国不是孤立也不能孤立,中国与世界紧密联系的事实,也是我们的立脚点,而且必须成为我们的立脚点。我们不是也不能是闭关主义者,中国早已不能闭关,现在更是一个世界性的帝国主义用战争闯进全中国来,全中国人都关心世界与中国的关系,尤其关心目前欧洲时局的变动。所以我们来分析一下当前的国际形势,是有意义的。"[1]

一、中国全民族抗战爆发后的国际形势

日本侵略者发动全面侵华战争,引起国际形势的变化。1931年九一

---

[1]　毛泽东:《论新阶级》,《申报》1938年12月18日。

八事变后日本占领中国东北,打破了世界各国在中国的势力均衡。当日本独霸中国和太平洋地区的扩张欲望无限膨胀时,它所宣扬的所谓同列强各国间的协调侵华政策必将被强硬政策所取代。1937年日本全面侵华,企图一举亡华,然后霸占东亚,这就进一步排挤了西方各主要国家在华利益,并削弱他国在中国及远东的地位,不可避免地引起各国对中国抗日战争态度的变化,世界各国倾向于谴责日本侵略者的暴行。苏联和共产国际在中国全民族抗战初期就立即对中国抗日战争表示支持,美英法等国也逐渐实现了从中立观望到援华制日的转变。这从根本上改变了自1840年鸦片战争以来西方列强联合制华的格局,中国同西方大国联合抗日的新格局逐步形成。

(一)共产国际与苏联对中国抗战的态度

苏联作为当时世界上唯一的社会主义国家,它受到整个资本主义世界的排斥,无论是与英美法还是德意日以及与中国都存在着矛盾。但是,日本的进一步强大将对其远东地区构成最主要的威胁,如果中国被征服,一个强大的挟持有巨大中国人力和物力资源的日本将对它构成重大威胁。苏联国家利益与中国抗战利益具有一致性,其成为中国抗日战争的主要支持者和积极援助者。

苏联援华支持了中国抗战,中国战场则牵制了日本北进苏联。一方面,日本侵华孕育着对苏战争的危险;另一方面,中国抗战牵制日本,减轻了日本在东方对苏联的压力,有利于苏联集中力量对付法西斯德国。中国抗战的成败,不仅关系到中华民族自身的生存,也关系到苏联的安危,中苏两国在反对日本法西斯侵略扩张问题上,安危与共、休戚相关,有着共同的利益。正如1938年马克思主义史学家翦伯赞在其《中国抗战与苏联》一文中分析到:"随着日本帝国主义对中国侵略之扩大与深入,与中国政府和人民的抗日战争之坚决与持续,在反侵略主义的意义上,中国与苏联的关系,更紧密的结合了","支持中国的抗日战争,是苏联不变的立场"，但苏联"支持中国的方式和程度，是随时变动的"①。翦伯赞著书立说阐明中国抗战的严峻形势，向中国人民指明国际形势和中国抗战前途。

在苏联能不能帮助中国这个问题上，革命学者胡愈之在当时就有专文进行详细分析。胡愈之认为："从客观上说，我们不仅是为了我们自身的独立自由而战，也是为了受日本侵略威胁的远东各国的共同利益而战，为了全世界的和平与正义而战。所以，一切友邦，不问是为了他们自身的利益，或者为了和平与正义，愿意帮助我们，反对日本侵略战争，不仅是我们所不能拒绝的，而且也是我们所十分需要的。""不过我们不能希望一切的友邦，都给我们有效的援助。有的国家，和我们的敌人，有了同盟关系，我们就不能希望得到真正的帮助。有的国家，虽然愿意帮助我们，可是或者因为地理位置隔离的太远，痛痒不相关，或者因为把自身利益看得太重，不愿意轻易冒险，或者因为实力太不充足，我们也不能希望从这些国家，得到真正有效的帮助。""因此我们可以希望得到的帮助，主要地自然是苏联。谁都知道，日本是苏联的共同敌人。为了苏联本身所受的威胁，为了世界和平与正义，苏联必须帮助我们。而且就地理位置，军略形势，军备实力来说，除了英美法之外，也只有苏联，才能给予我们真正有效的帮助。"②1938 年，胡愈之还出版《苏联革命与中国抗战》一书，对抗战时期中苏关系的成因、现状与发展态势等作了详细分析。

中国坚持抗战对苏联极为有利。美国加州大学教授、远东问题研究专家罗斯多夫基在 1938 年的一次演说中说得非常直接，他认为："此次中国对日抗战，不论能否战胜，均将成为世界强国。苏联苟能始终不卷入漩涡，则此次抗战，对苏联亦为有利，其结果将使中苏二国，成为远东之主要国。此次抗战之结果，将使苏联之地位加强，并使中国成为一近代国家，而世界之历史，亦将迈进一新纪元，其结果，较上次世界大战（第一次世

---

① 翦伯赞：《中国抗战与苏联》，《华美》1938 年第 14 期。
② 胡愈之：《苏联能不能帮助我们？》，《申报》1937 年 10 月 3 日。

界大战)尤为重要。"罗斯多夫基认为中国抗战给了苏联很大的帮助,"中日战事对苏极为有利,因日本已因此而不能进攻西伯利亚及外蒙,日军改变其进攻中国海岸路线,转向内地进攻,则苏联之地位,不但有利,而且可因此而得以巩固。苏联在此次战事中之地位,将与上次(第一次世界大战)日在大战中之地位相同,即上次(第一次世界大战)日本仅付极少之代价,而获得最大之利益也。"①关于中国抗战对苏联的战略价值,1938年初,斯大林对访问苏联的国民政府立法院院长孙科坦言:"中国不仅是为自己作战,也是为苏联作战;日本人的最终目的,是占领整个西伯利亚直到贝加尔湖。"中国抗战,使东亚制约日本侵略的全新格局得以形成。

德国作为第一次世界大战的战败国,它被排斥在凡尔赛—华盛顿体系之外。随着其实力的增长,德国打破旧有世界秩序的愿望极其强烈,这使得它与日本在战略上具有一致性,它是日本的潜在盟友。1936年,日本与德国反共产国际协定的签订,矛头直指苏联,对苏联构成重大威胁,这在一定程度上促使了中苏对立关系的改善。1937年8月21日,中苏两国签订《中苏互不侵犯条约》,苏联由此开始率先援华。同时,中苏双方还形成一个口头约定:苏联承诺不与日本缔结互不侵犯条约,中国承诺不与第三国签订共同防共协定。

围绕两国是否要签订互不侵犯条约问题,中苏间进行了多次磋商。对于《中苏互不侵犯条约》的意义,各国的反应不一。苏俄各报对《中苏互不侵犯条约》的签署持赞扬态度。其中,苏联《真理报》认为:"中国民族现为自由独立而奋斗,苏联民族兹向中国民族表示亲善,中苏两国互不侵犯条约即其明证,夫和平系整个而不可分割,又和平事业不问在西方抑或远东,均有加以捍卫之必要,凡此均已由互不侵犯条约加以证实,苏联对于远东和平事业深感关切,以故对于中国境内现所发生之可惊事变,足

---

① 中央社:《美教授演说:中国抗战结果将成为世界强国,对苏联亦极有利》,《申报》1938年6月3日。

以威胁一般和平者,特别加以注意。时至今日,战争危机正在增加,不但欧洲如此,即远东方面亦然。中苏两国互不侵犯条约即系在太平洋沿岸实施集体安全原则之明证,亦即维持一般和平与集体安全之一新工具也。"①苏联《真理报》还不断报道日本侵略中国的消息,揭露日本法西斯野蛮行径,给日本侵略者以沉重的打击,增强了中国人民的抗战信心。

法国《巴黎日报》则认为《中苏互不侵犯条约》是"插入日本蛮牛颈项之第一支火箭";英国的评论较少,仅指出《中苏互不侵犯条约》"绝对无害"②。

中国国内对《中苏互不侵犯条约》的签订给予了正面评价,认为"这实是中国和国际外交史、政治史上一件特别值得纪念的大事"③。中国国内众多报刊报道了《中苏互不侵犯条约》,认为中国通过该条约的签订不仅可从苏联得到政治上的支持,而且可得到军事上和技术上的援助。《中苏文化杂志》刊出中国政府外交部长和苏联驻华大使联合发表的《中苏互不侵犯条约》全文④,中国共产党人主办的《文化战线》和《解放》等也刊发了《中苏互不侵犯条约》全文以及《拥护中苏互不侵犯条约》等时评⑤。

日本自明治维新后,对中国的态度就是蔑视和侵略。中国人民反抗日本帝国主义侵略的民族解放战争,博得了国际无产阶级和各国人民广泛的同情和支援。1931 年九一八事变爆发后,各国进步舆论纷纷谴责日本侵略者。共产国际在中国抗日问题上同苏联政府的立场完全一致,它

① 中央社:《中苏成立不侵约有助世界和平,同为自由独立而奋斗,维持集体安全新工具》,《申报》1937 年 9 月 1 日。

② 中央社:《中苏不侵犯条约各国之观感》,《大公报》1937 年 9 月 1 日。

③ 罗青:《中苏互不侵犯条约的意义和影响》,《文化战线》1937 年第 3 期。

④ 参见王宠惠、[苏]鲍格莫洛夫:《中苏互不侵犯条约》,《中苏文化杂志》1937 年第 9 期。

⑤ 参见张仲实:《中苏互不侵犯条约》,《文化战线》1937 年第 2 期;农:《拥护中苏互不侵犯条约》,《解放》1937 年第 15 期。

一直关注着中国局势的发展,在中国全民族抗战初期就积极声援中国。1937 年七七事变爆发后,共产国际多次发表宣言和声明,号召各国无产阶级和劳动人民积极行动起来援助中国人民。

共产国际机关刊物《共产国际》等通过多种文版发表文章和报道介绍中国抗日战争的情况。国际共产主义运动活动家多次发表文章进行反日援华宣传。1937 年 8 月 1 日,共产国际总书记季米特洛夫号召"各国无产阶级和全体进步的和文明的人类决意采取一切办法","使法西斯强盗在中国遭受失败"。同年 10 月 3 日,共产国际书记处在其发出的《援助西班牙和中国》的指示中提出了各国共产党支持中国人民的行动纲领,要求国际无产阶级起来援助西班牙和中国人民的反法西斯斗争。同年 10 月 15 日,共产国际书记处通过决议,呼吁一切反战组织团结起来,援助中国人民反对日本侵略者的斗争。共产国际还首先动员国际工人援华抗战。世界各国的共产党组织响应共产国际的号召,纷纷发表声明、宣言、谈话和文章,强烈谴责日寇对中国的侵略,并且组织了大规模的群众运动,通过组织集会、示威游行、抵制日货、拒绝装卸运往日本的军火等方式声援中国①。

世界各国的共产党组织从道义上和物质上给了中国以支援。由于英法等国推行绥靖政策纵容法西斯的侵略,因此共产国际不仅把主要打击目标对准德意日法西斯,而且与英法等国的绥靖阴谋也进行了斗争。

(二)美英法等国对中国抗战态度的转变

一个国家的对外政策既受到本国经济制度、行政结构、历史传统等因素的制约,也受到本国意识形态的影响。美英法等国,它们是第一次世界大战后所形成的凡尔赛—华盛顿体系的缔造国,希望维护其起主导作用

---

① 参见张中云主编:《国际共产主义运动史》,中共中央党校出版社 1997 年版,第180 页。

的现存国际秩序,反对任何以武力来变更现状的企图,它们是中国抵抗日本侵略的潜在盟友。

抗战时期美英法等国对华政策调整的原则,同样是要最大限度地实现其本国利益。他们根据抗日战争不同时期国际国内形势的发展变化,对华政策多次调整,制定了不同的对华政策。在九一八事变后,美英法等国出于自身的利益,在一个较长的时期内,打着中立和不干涉的旗号,对日本和中国抗战均采取两面政策。正如 1931 年 11 月 15 日《申报》的一篇时评所指出的:"国际一再敷衍,一再迁延。坐看日人暴行之继续发展。坐看公理正义之被蹂躏于强暴,坐看世界和平濒于破灭之危机。其各怀心事,静以观变之态度,已显露无遗。不然,合全世界外交家之苦虑焦思,果真无以制蕞尔岛国之暴行耶。此乃三尺童子所可体认其滑稽之内幕者也"①。他们一则表示同情和支持中国抗战,并给予中国一些物资援助,以牵制日本;二则希望在不损害自己根本利益的条件下,牺牲中国部分权益,同日本达成妥协,以维持其在远东殖民统治的旧秩序。九一八事变爆发后的一段时间里,"各国议论,颇极庞杂,关于是非之谁属,犹无一致之定评。我国报章所载外人之言论,多系同情于我之文辞,致吾人对于国际舆论,尚难窥其全豹"②。

抗战初期,除了苏联以外的西方列强大多避开与日本正面交锋,对中国的援助、供给较为消极。1937 年 7 月中国抗战全面爆发后的一段时间里,美英法等国对华政策大致经历了从避免介入到援华制日的转变,逐步从采取绥靖政策走向援华制日。他们采用不同的政策对中外关系及中国抗战产生了不同的影响。

日本侵略中国的目的是要使中国在各方面都成为日本的附庸,这就与早已捷足先登并在中国拥有巨大权益的美英法等西方列强产生矛盾。

---

① 《从国际形势推测十六日以后之国际联盟与我国》,《申报》1931 年 11 月 15 日。
② 《国际舆论与东北问题第五篇:远东之危机》,《大公报》1932 年 1 月 16 日。

因此,阻止日本侵略便成为中国与美英法等国的共同利益之所在。但是,日本在发动侵华战争时采取了反苏防共的伪装,这使得英美法等西方列强在反苏防共和遏制民族解放运动的立场上与日本又有一致性,而且它们在日本还有着比在中国更大的经济利益。他们既给中国提供一定的援助,使中国同日本作战,企图借以消耗日本,削弱日本的势力,从而保持它们在远东的利益;同时,由于害怕日本在东方对它们实行攻击,也由于它们敌视苏联和害怕中国革命力量的兴起,又极力同日本寻求妥协,采取绥靖政策,竭力寻求同日本的妥协,甚至阴谋以牺牲中国的利益来缓和同日本的关系①。

1931 年九一八事变爆发。面对九一八事变,国民政府内部对解决中日之间的矛盾有不同的见解:或武力抵抗,或与日本直接交涉,或诉诸国际联盟。当时中国政府最终采取了诉诸国际联盟的政策,将中国置于乞求者、静候英美国家将它从日本的手下拯救出来的地位。九一八事变发生三天后,中国驻国际联盟代表施肇基、吴凯声、王家桢等人向国际联盟提出申诉,谴责日本的侵略行径。国际联盟在英法的操纵下于 1931 年 9 月 22 日通过决议,要求中日双方停止一切冲突,撤退军队。决议不分是非曲直,把侵略者和被侵略者置于同等地位,这是对日本侵略行为的公然袒护。英法等国认为,只要日本不损害他们在长江流域的利益,偏居东北,他们不愿对日本实施制裁。美国政府也于 9 月 24 日用相同内容的照会致中日两国政府,在表示"遗憾"和"忧虑"之余,希望中日两国用和解方法解决歧见,态度暧昧。

这段时间,美国采取中立观望的对华政策。美国对日本的侵略目标还没有清醒的认识,而且它国内孤立主义与和平主义势力强大,力避卷入国际纠纷。对日贸易在美国对外贸易中又占极大比重,美国对华政策表

---

① 参见沙健孙主编:《中国共产党史稿(1921—1949)》第 4 卷,中央文献出版社 2006 年版,第 17 页。

现出追逐商业利益的民族利己主义倾向,极力避免与日本发生直接冲突。美国在此后数年间,基本上采取了一种"不付诸任何行动,而且毫无刺激性的远东政策"。

日本对华侵略加剧。1932 年 1 月,日军占领锦州,严重威胁英美在中国华北的利益。1 月 7 日,美国国务卿史汀生向中日双方发出照会,称:"美国政府不能承认任何事实上的情势的合法性,也不拟承认中国政府或其代理人间所缔订的有损于美日或其在华国民的条约权利。"这就是美国国务卿史汀生所鼓吹的"不承认主义"①,表示美国不能承认日本侵犯中国主权和领土行政的完整,美国在任何情形下拒绝与伪满洲国发生关系②。美国"不承认主义"是以维护美国在华利益为前提的,也是对日本侵华行径不满的表示,给日本企图独占中国东北乃至全中国注入了一针清醒剂,客观上对于阻止日本侵略有一定的积极作用。

日本于 1933 年 3 月宣布退出国际联盟。日本在其退出国际联盟的通告中竟然鼓吹:"一、帝国政府虽不得已退出国际联盟,然尊重和平之精神并无变更,今后仍当与列国协力共谋世界之和平;二、对国际联盟主持之军缩会议及其他文化的经济的和平事业,当以非联盟国资格,而为适当之协力;三、关于'满洲国'始终依承认其为独立国之所信而行,援助其发达并希望各国亦与以好意及援助,从速承认其独立;四、极愿速与中国恢复从前友好关系,对其整理国内与以友谊的援助,同时希望中国承认'满洲国'而采中日满关系调整之策"③。当时中国国内普遍认为,日本退出国际联盟是"自绝于国际团体而与五十余国立于对抗地位也"④。其实,日本退出国际联盟,挑战国际联盟或者无视国际联盟的存在,一手造成了太平洋地区的"无条约时代",意味着日本必然向太平洋战争之路大

---

① 路透社:《英报讽日片面解释》,《申报》1932 年 8 月 27 日。
② 参见刘百闵:《不承认武力变更领土之斯汀生主义》,《政治评论》1932 年第 12 期。
③ 中央社:《日退国际联盟通告》,《申报》1933 年 3 月 16 日。
④ 允恭:《日本退出国际联盟》,《东方杂志》1933 年第 7 期。

步疾进。这也表明国际联盟通过和平方式解决国际争端机制的能力不足,很难实现其促进国际合作、维护世界和平的宗旨,也并不能遏制、阻吓国家通过战争实现国家利益的行为。

从中国全民族抗战开始到太平洋战争爆发,美国经历了将中国抗战与维护美国东亚权益相联系,继而延伸到将其与在太平洋地区应对日本南进军事威胁相联系,最终定位于反法西斯战争全局不能没有中国抗战的认知过程①。1937年七七事变爆发后,日本全面侵华,美国开始象征性援华制日,将中国抗战与维护其自身利益联系起来,在远东实行维持中国作战能力但又不过早刺激日本的方针。援华,仅保持中国战场不至于迅速溃败;制日,但力避日本作破釜沉舟之战,不把日本推到它的军方要求战争的地步。美国从自身的战略出发,在中日两国之间寻求平衡,不愿因支持中国而同日本对抗。

中国国内也看到了1937年七七事变后与1931年九一八事变后国际形势的变化,认为,"目前的国际形势虽有利于日本的侵略行动,但与'九一八'时的情形已大不相同。这因为苏联的远东军力已比前更加增强。英国对于日本的侵略野心还比西门外相时代更认识清楚。而罗斯福政权也比胡佛总统更痛恨侵略者的行动。所以只要我们发动坚决的持久的全面抗战,同时在外交上采取积极的行动,目前的国际形势是会很快的改变过来的"②。在中国全民族抗战初期,国民政府抗日奉行苦撑待变的军事战略和外交战略:一方面,在国内战场上坚持抗战,顶住日军的进攻;另一方面,在外交战线上等待和促成有利于中国的变化,形成反对日本侵略的国际阵线。

美国所谓的中立政策并没有赢得日本对其在华利益的尊重。随着日本军事上的进一步胜利及随之而来的在华控制范围的扩大,美国在华利

---

① 参见韩永利:《二战时美国对中国抗战地位的认知轨迹考察》,《武汉大学学报》(人文科学版)2012年第1期。

② 时评:《国际形势与全面抗战》,《申报》1937年8月4日。

益受到日益沉重的打击,美国在华的侨民、驻军和经济利益遭到越来越大的威胁,美国公众舆论要求制裁日本的呼声日益高涨。美国罗斯福总统于 1937 年 10 月 5 日发表了"隔离演说",认为仅通过孤立政策及中立、不介入的外交是不能对付侵略者的,从道义上和法理上支持中国。美国从全球战略考虑,从亚洲和太平洋地区的战略地位着眼,不能坐视中国的灭亡。美国认为,要想让未来的中国既不受日本人控制,也不受苏联控制,而听命于美国,唯一的办法是援助中国、对日制裁,把中国看作抵制日本的第一道防线①,并将中国作为美国在亚洲施展影响的潜在基地。

美国与日本争夺亚太区域霸权的矛盾日益尖锐。美国开始意识到,日本在中国的行动反映出其想谋求控制整个亚洲和太平洋地区的意图,对美国"门户开放"政策构成挑战,使美国感到自己在亚太地区的利益受到严重威胁,因而美国对日本在亚太地区的侵略扩张再也不能容忍下去,不得不对日本采取一些制裁措施。

英国是最早入侵中国的国家,直至抗日战争全面爆发以前,英国仍是列强在中国拥有最多权益的国家,它在中国有着巨额的投资。当时英国的对华态度很重要,正如时人所说:"本来国际联盟自身是没有力量的,它完全以会员国的力量为力量,各会员国如能忠实遵守盟约,一切均以盟约为准绳,则国际联盟的威望和力量,马上增强起来;假使大家都是畏难苟安,敷衍塞责的,那么国际联盟当然变成有名无实的机关,盟约等于一张废纸,而各会员国中,尤以英国所处的地位最重要。过去国际联盟对中国问题的态度,一大半是受了英国的影响;今后国际联盟对于援华制日,是否能有切实有效的具体办法,仍要看英国的意向如何以为断。"②

20 世纪 30 年代,英国的远东政策不断调整变化,对远东局势与中日战争的进程有重要影响。当时英国的战略重点在欧洲,英国最初对日本

①　参见《罗斯福演说孤立无益,如不将侵略者隔离美国或不免被袭击》,《立报》1937年 10 月 6 日。

②　谢举荣:《谁是国际联盟援华制日的主宰者》,《克敌周刊》1938 年第 28 期。

全面侵华战争持观望态度,只要日本不独占中国,就不反对其对中国的侵略,并把避免与日本在远东的敌对行为作为主要外交政策。但1937年七七事变后,英国对日政策有较明显的变化,但它总体上对日外交仍呈现出较大的波动性,避免与日本在远东发生正面冲突,英国政府内部关于对日政策的分歧也很大。

1937年11月,有人在一篇随笔中详细分析了英国对中日战争态度的变化,认为:"英国人对于此次中日战争的态度可以分为几个阶段。在卢沟桥事变以前,大家的注意力都集中西班牙事件与地中海问题。无暇顾到远东,到了日本的侵略政策又再度发动以后,起初一般英国人还抱一种息事宁人的态度,希望把大事化为小事,小事化为无事。直到(1932年)'八一三'淞沪抗战发生,这时候,英国人才感到事情不妙。我军(中国军队)抗战的成绩,却使英国人又喜又忧。喜是中国人民居然有这种实力,忧是英国单在上海一埠的产业,据说就在三十万万元以上,对于这种损失自己会心疼的。但无论如何,从这时候起,英国人已放弃了消极劝告日本的态度转变为消极同情中国,自然这个同情是有限度的。"①英国波动不定的外交行为表象背后,正是英国等待、观望的外交政策心理,其政策要旨就是打时间牌②。英国既担心日本利用发动全面侵华战争之机,侵吞它的在华利益,又担心介入中日战争对己不利。

中国展开全面抗战促使英美高层有识之士重新思考他们的远东政策,日益意识到援助中国的必要性。1938年1月初,美国表示愿意以贷款方式援助中国。在美国的影响下,英国也宣布对华贷款。

法国对日本发动全面侵华战争在较长时间里保持中立的态度,且"自中日战争以来,法国对华政策向以英政策为蓝本"③。对于中国政

---

① 列山:《英国人态度的渐变》,《申报》1937年11月18日。
② 参见傅敏:《第二次近卫声明的发表与英国远东政策的调整》,《安庆师范学院学报》(社会科学版)2010年第4期。
③ 路透社:《法国援华遭日妒嫉》,《申报》1938年6月1日。

府一再提出的购买军火的要求,法国政府总是力图回避。中国政府积极展开外交斡旋活动,经过不断抗议和交涉,中法两国达成一些合作项目。法国还允许军用物资经印度支那转运中国,但数量有限,且限制很多。

西方大国对中国抗战的态度逐步发生变化,但中国全民族抗战之初援华问题仍在矛盾、摇摆之中,这在1937年10月国际联盟大会的宣言和同年11月召开的布鲁塞尔九国公约会议得到充分表现。

1937年10月30日,国际联盟行政院的报告书中指出:"国际联盟大会1937年10月宣称日本之军事行动系违反九国公约与非战公约一节兹予以备案。日本拒绝接受行政院会在盟约第十七条下发出的邀请一节,兹予以备案。兹更宣布按照先例之办法,各国际联盟会员国须各国的决定盟约第十六条是否适用,唯1937年10月国际联盟大会之宣言,现仍有效。兹确实宣言,各国际联盟会员国可按照盟约第十六条之规定办法施行。兹承认在目前环境下,国际合作办法,为不可能。兹敦促各会员国,制止任何足以减灭中国之行动并考虑援助中国。"[1]但国际联盟"事实上仅用一二分力量,对于侵略者施以空洞的谴责,这,反足以助长侵略者的凶焰,以为国际联盟的制裁不足畏,而益加肆无忌惮了"[2]。

在1937年11月的布鲁塞尔九国公约会议上,美国却拒绝讨论制裁日本侵略的问题,致使解决中日冲突问题不了了之。在布鲁塞尔会议召开前夕,中国国内就有人预测:"从法理上讲,美国既已正式宣布日本的行为为侵略,国际联盟既已决议谴责日本侵犯中国和破坏九国非战二约,那末它们用行动来制裁暴日和援助中国,确已有了坚实的法理基础。但是事实上却距这一步远得很。我们绝对不能依据上述诸种事实而对布鲁塞尔会议,抱过分的乐观;相反的,根据这几天的各种消息,我们不但不能

① 《本周时事动向(十月一日至七日)》,《新政周刊》1938年第40期。
② 《主席训词:9月9日在福州各界拥护国际联盟援华制日大会讲——国际联盟应予侵略者以有效的制裁》,《闽政月刊》1938年第1期。

对会议存任何奢望(当然更不能存丝毫的依赖心),而且应当大大地警惕起来,全国一致准备作坚决的应付!""对于这一直接有关我抗战前途和远东安全的重大会议,当然应出以特别慎重和警惕的态度,庶不致贻误我百万前线浴血战士和亿万后方抗敌民众誓以决死力争的伟大事业的前途。"①布鲁塞尔会议没能通过制裁日本、援助中国的任何决定,甚至没能发出对日本道义谴责的声音,美国还以大量钢铁、石油等作战物资不断地供应日本②,反而使日本通过这次会议摸到了英美等国的底牌,因而更加放胆扩大侵略。

但是,随着日本侵略行为加剧,各国联合制日态度逐步明朗。自1938年年初始,美国对待日本和中国的政策开始发生明显变化。尽管此时美国仍然奉行避免与日本直接冲突的方针,但其政策中对日本妥协的倾向在逐步减弱,援华制日的声音在不断增强,即一方面开始用经济手段制裁日本,另一方面加强援助中国。

美英等国基于对中国坚持抗战现实的观察,他们对中国战场的战略意义也有了新的认识,中国逐步成为他们借以遏制日本的一支重要力量。

中国国内的抗战形势也更加明朗。中国决心抗战到底,有能力抵抗日本至少可以拖住日本,推动了美英等国始将中国与维护自身在华权益联系起来进行考量。这就为美英等国采取利用中国对抗日本的战略奠定了现实基础,他们的外交政策中也最初注入了援华制日的成分,援华制日方针在这样的形势下逐渐形成。

在中国国内,七七事变的爆发终于让蒋介石认识到:"眼前如果要求平安无事,只有让人家军队无限制的出入我们的国土,而我们本国军队反要忍受限制,不能在本国土地内自由驻在,或是人家向中国军队开枪,而我们不能还枪。换言之,就是人为刀俎,我为鱼肉! 我们已快要临到这极

---

① 《我国对布鲁塞尔会议应取之态度》,《申报》1937年10月18日。

② 参见张瑞静:《抗日战争时期美国对华政策的调整》,《中国矿业大学学报》(社会科学版)2010年第3期。

人世悲惨之境地,这在世界上稍有人格的民族,都无法忍受的。"①对于美英等国来说,援助中国的前提是中国具备了制日的战略价值,目的是要加强中国的抵抗意志和抵抗能力。在中日战争刚开始时,美英等国的一些观察家都对中国持悲观态度,以为最多两三个月,中国就要失败。不料,日本侵略者频频策划的对华一击,却激起了中国全民族的抗日烈火,其孤注一掷的扩大侵略,结果是使自己深陷中国人民抗日战争的泥潭之中而不能自拔,中国军民的顽强抵抗打破了日本速战速决的构想,迫使日本陷入持久消耗战中,中国的战略地位就显得越来越重要。

二、中国争取外援的努力

日本一直宣传大和民族是最优秀的民族,中国不是一个国家只是一个地理名词,以此论调为指导,凭借其军事武力,任意侵略蹂躏中国②。伟大的抗日战争是中国历史的转折点。中华民族的英勇抗战才使中国得以雪洗百年国耻,废除近代以来的不平等条约,赢得国家的独立和民族的解放,赢得国际大国的地位,从而使中华民族以充满自信的姿态重新自立于世界民族之林,为世界反法西斯战争的最后胜利做出了巨大贡献,发挥了更积极的作用。美英等国援华的确是中国抗日战争取得胜利的一大因素,但若说中国抗日战争胜利完全是美英等国援华的结果,显然是不符合实际的。中国抗日战争主要是独自支撑的,得到的援助有限,但尽管如此,中国并没有放弃争取外援的努力。在中华民族伟大的抗日战争中,中国国内不断向国际社会发出呼吁,力求西方各主要国家出面干涉与援助。中国共产党高举民族解放和团结抗日的旗帜,积极争取外国的同情与

① 蒋介石:《对于卢沟桥事件之严正表示(1937年7月17日)》,《卢沟桥事变和平津抗战》,中共中央党校科研办公室1986年印行,第83页。

② 参见魏宏运:《世界反侵略大会谴责日本侵华纪实》,《历史教学》2015年第16期。

援助。

(一)中国国内通过官方外交争取外援的努力

在中国抗日战争中,日本犯下的最大错误是对中华民族团结御侮的决心和能力缺乏正确认识。中国全民族抗战爆发后,中国集中全国所有的人力、物力、财力,发动了反侵略的全面持久抗战。同时,中国积极开展外交活动,尽一切可能通过国际讲坛和各种外交途径,将日本帝国主义在中国的侵略行为公之于世,唤起世界人民对中国的同情,提醒国际舆论关注日益恶化的远东局势,在国际上孤立日本侵略者。中国国内也认识到,在中国有着巨大利益的美英等国,是不希望日本独占中国的,阻止日本侵略是中国与美英等国的共同利益所在,积极推动各国贯彻国际联盟精神、实施援华制日的具体措施,争取各国对中国抗战的援助。

1937年七七事变后,中华民族一旦由分裂内战开始走向团结抗日的道路,民族复兴即已起步,日本帝国主义的厄运从此开始。面对日本的全面侵略,1937年8月14日,南京国民政府发表自卫抗战声明,表明了维护领土主权完整的决心,宣布:"中国之领土主权,已横受日本之侵略,国际联盟盟约、九国公约、非战公约已为日本所破坏无余,中国以责任所在,自应尽其能力,以维护其领土主权及维护上述各种条约之尊严。吾人深信,凡我友邦既与吾人以同情,又必能在其郑重签订之国际条约下各尽其所负之义务也。"①

国际联盟,简称国联,以保障国际和平与促进国际合作为宗旨,中国是其创始会员国之一。南京国民政府利用国际联盟这一国际政治舞台,不断揭露日本侵略中国的事实,控诉日本侵略的非法性,要求国际联盟按照《国际联盟盟约》的尊重并保持所有会员国领土完整及政治独立、主张

---

① 《国府发表重要声明,全力维护领土主权完整,暴力之下绝无和平可言》,《新华日报》1938年1月19日。

通过国际仲裁和平解决争端、实行制裁裁军和集体安全保障制度等原则规定对日本实施集体制裁，敦促国际联盟通过有利于中国的决议案，以期促成国际上的对华支援、对日本制裁的环境。

七七事变后，中日全面开战。但是，南京国民政府及蒋介石并无打到底的决心，寄希望于国际社会调停，通过与日本的外交谈判使得日军退出中国。1937年8月26日，南京国民政府国防最高会议决定中国应立即将被日本侵略之事实通知国际联盟，请国际联盟及会员国履行盟约所规定的武力制裁与经济制裁之责任，指出："国际联盟在近年来虽失其盟约上之有力地位，然既未正式解散，会员国之盟约责任依然存在，我国若诉诸国际联盟纵然不能得其实力上之援助，则至少亦可得国际舆论上之同情，而舆论上之同情在国际战争上，往往发生不可思议之助力，在战争时期国际间之助力无论如何微小，均有一估价值，而况国际联盟会员60余国，其心理上同情与精神上之援助，其力量亦正不可忽视"①。

国民政府没有放弃请求外国干预的努力，争取各国共同制裁日本。正如蒋鼎文所指出的："我们为制裁侵略，维护世界和平，向国际联盟呼吁，已整整有七年（1931—1937年）了。在这七年当中，我们一方面固从事于呼吁和平，一方面则不断予侵略者以抵抗。""我们希望以和平为主旨的国际联盟，要更进一步，予以有力的制裁。"②1937年10月6日，国际联盟通过决议，认定日本在中国的军事行动违反九国公约及非战公约的义务，国际联盟大会应首先根据九国公约第七条的规定，邀请成员国中该公约各签字国以及在远东有特殊利益的其他国家进行商讨，谋求一项通过协议结束中日冲突的办法。

国民政府于1937年9月专门设立国际宣传处来加强对外宣传。国

---

① 陈志奇编：《中华民国外交史料汇编》，渤海堂文化事业有限公司1996年版，第3876页。

② 《主席训词：9月9日在福州各界拥护国际联盟援华制日大会讲——国际联盟应予侵略者以有效的制裁》，《闽政月刊》1938年第1期。

际宣传处的主要任务是负责对外宣传中国抗战工作,管理外国驻华新闻机构及记者,既向国外揭露日本侵略者的野蛮暴行以及战争给中国人民造成的苦难,又向世界揭示中国抗日战争对于维护世界和平的重要作用。抗战期间,国际宣传处加强了中国的对外宣传工作,在争取国际舆论同情和外国军事援助方面作出了应有的贡献。

中国政府寄希望于英美等国制裁日本,调停中日战争,因而积极推动以中国、美国、英国、法国、日本、意大利、荷兰、比利时、葡萄牙等公约签字国为基础的国际会议的召开①。但 1937 年 11 月 3 日起在布鲁塞尔举行的九国公约会议上,中国代表多次发言,要求与会国对日本采取积极具体的制裁办法,停止向它提供贷款和军需物资,并向中国提供军事援助②。但英美法等国出于各自的战略考虑和利害关系,态度暧昧,除了泛泛地发表谴责言词、建议中日双方停止武装冲突外,根本不愿率先制裁日本,表现出绥靖主义立场。

1938 年 1 月,蒋介石致函美国总统罗斯福,表示"要尽力设法务使日本之侵略,以得从速终了",要求"美国此时在经济上及物质上予中国以援助,俾得继续抵抗",并具体提出了美国援助中国的举措:"一、绝对禁止对日输出军用材料与军用品,而以钢铁与煤油为最;二、禁止日本重要物品之输入,增加日本物品之进口税率,一如对德国物品之办法;三、不许日本船只使用特种商港,以及其他类似性质之办法。"③

中国在国内利用广大的国土,团结各种势力,展开了持久抗战之势;在国外,向美、英、苏列强以及国际联盟控诉日本侵略的非法性,以期促成国际上的对华支援、对日本制裁之环境。但是,美、英、法等西方列强以及

---

① 参见张健甫:《九国公约和九国公约会议》,《战时日报》1937 年 10 月 26 日。

② 参见中央社:《九国公约会议席上我代表申明严正立场,和平解决方案须根据条约原则,我决继续抗战求国家民族生存》,《申报》1937 年 11 月 4 日。

③ 秦孝仪:《中华民国重要史料初编(对日抗战时期)》第 3 编,中国国民党中央党史会 1981 年编印,第 78—83 页。

国际联盟起初并未采取如中国所要求的对日强硬、对中支援的政策。中国政府争取外部声援或支援的效果并不理想。与之形成鲜明对比的是，各国的工人团体、国际团体、亲华团体却积极地展开了援华制日的活动。

（二）中国国内通过民间外交争取外援的努力

第二次世界大战是 20 世纪最重大的国际事件之一。中国抗日战争是全民动员的整体战争，民间外交是其不可或缺的一部分，也是决定胜败的重要因素。

20 世纪 20 年代，随着国民外交运动实践的发展，中国国内对国民外交转向理论的探讨和研究。在中国全民族抗战初期，中国国内民间外交活动蓬勃开展，国际反侵略运动大会中国分会、中国国民外交协会、中缅文化协会等社会团体开展了民间外交活动。

中国国际联盟同志会注重国际宣传。中国国际联盟同志会创始于 1919 年 3 月，1936 年国际联盟同志会复兴①。1937 年七七事变爆发，中国国际联盟同志会迅速活动，其活动的主要目的在于"使国外各地，明了我国态度，和唤起世界舆论主持正义"。1937 年 7 月 22 日，中国国际联盟同志会致电日内瓦国际联盟同志会世界总会、各国分会，促其政府制裁日本，在舆论上赢得了主动权。可以这么说，七七事变后中国民众团体首先展开对外民众宣传活动的就是中国国际联盟同志会②。

中国国民外交协会是一个服务抗战大局、官方背景浓郁的外交团体。中国国民外交协会成立于 1937 年 11 月，它在成立宣言中说：

全国同胞公鉴：自九一八以来，日本帝国主义一脚踢翻了国际联

---

① 参见《中国国际联盟同志会复兴缘起》，《中国国际联盟同志会月刊》1936 年创刊号。

② 参见尹衍钧：《全面抗战与国民外交》，中山文化教育馆 1938 年版，第 18—22 页。

盟,一手撕碎了九国公约,侵略中国的领土,破坏世界的和平,成为远东的恶魔、人类的公敌,我们为了捍卫民族的生存,遂被迫而作全面的抗战。在这全面抗战的过程中,我们因为是国际联盟的会员国,是九国公约的签字者,所以除了拼头颅洒热血牺牲到底,以求最后胜利以外,不得不牒诉国际联盟及吁请九国公约签字国要求他们发扬人类的正义,实施对日的制裁,现在九国公约会议已经在比京正式开幕了,我们本国国民外交的立场,对于这次会议,固应该抱有热烈的希望,但不宜稍存丝毫的幻想,我们坚决的反对无结果的延宕,不必要的调解,我们诚挚的要求裁判日本的罪恶。一面在全世界人类之前,宣布它为侵略国,鞭斥他立刻撤退一切侵华的陆海空军,恢复中国领土主权的完整;一面于日本尚未自动悔祸之先,尽量的对于中国有"实力"的援助,对于日本有"行动"的制裁,我们明知国际间的是非利害,往往是错综复杂、相互矛盾,而会引导会议于更困难的境地。然而我们确信,凡是漠视中华民族利益的任何决定,我们都是不能接受,我们誓以牺牲一切的决心,来作政府外交的后盾,而使中国渡过危难的时期,迈向复兴的前路。①

中国国民外交协会充分认识到全民族抗战中国际宣传的重要性。中国国民外交协会"建立世界通讯网,俾使日寇在华之暴行及我英勇抗战之伟大情形,传于世界而获得国际之同情与援助"②,向世界广泛宣传中国抗日救国的主张及活动。1938年1月,中国国民外交协会向全世界发表宣言,"历述日本压迫吾国之事实,我国维护领土主权完整而抗战到底之决心,望对此国际强盗——日本——予以有效打击,并盼国际联盟决然有所作为,制止侵略,恢复信誉"③。作为抗战时期具有重要影响力的外

---

① 中央社:《各界讨论对策成立中国国民外交协会》,《申报》1937年11月5日。
② 中央社:《外交协会筹设世界通讯网》,《申报》1938年3月19日。
③ 中央社:《国民外交协会对世界宣言望制裁国际强盗》,《申报》1938年1月25日。

交团体,中国国民外交协会赢得了国外的舆论同情与物资支持,为抗日战争的胜利作出了重要贡献。①

　　保卫中国同盟是由宋庆龄等人发起和领导的,承担对外宣传中国抗日战争、争取各国人民和海外华侨积极援助这一特殊使命。为了让世界人民更多地了解中国抗日战争的真实情况,争取更为广泛的国际支持与援助,保卫中国同盟主办英语宣传刊物——《保卫中国同盟新闻通讯》,开展了大量的对外宣传活动。1946 年 1 月,保卫中国同盟改名为中国福利基金委员会②。

　　上海国际友谊社和各种中外经济文化协会等社团纷纷加入到战时对外民间外交活动的行列中。上海国际友谊社由上海市各界代表陈光甫、刘湛恩、刘鸿生、李馥荪等联合在沪外国人于 1937 年 10 月 6 日发起成立③,在中华民族救亡运动和抗日战争中开展国际宣传和国际联络工作。

　　世界语者,是指使用或者推广使用世界语来进行商业、政治、教育或日常生活等活动的人。1919 年五四新文化运动爆发前后,世界语作为一种新的思潮被知识界接受。此后中国涌现出一批批杰出的世界语者。上海世界语者协会成立于 1933 年 1 月④,它"为与外埠同志切实联络,实地调查各地世界语运动状况,促进各地运动,及使会员在共同生活中有实用世界语的机会起见,决定每年举行一次或数次旅行宣传,依次轮流旅行外埠各地"⑤。上海世界语者协会出版的会刊《世界》刊登了不少救亡运动的文章与消息,在动员全国世界语者参加抗日斗争方面发挥了重要作用。上海世界语者协会还举办过多期世界语讲习班和学术演讲。

　　中国左翼世界语者联盟出版的机关刊物《中国普罗世界语通讯新闻

---

　　①　参见熊斌、但唐军:《抗战时期中国国民外交协会述略》,《重庆师范大学学报》(哲学社会科学版)2013 年第 3 期。

　　②　参见中央社:《保卫中国同盟发表宣言并改名》,《大公报》1946 年 1 月 4 日。

　　③　参见中央社:《国际友谊社今日成立》,《申报》1937 年 10 月 6 日。

　　④　参见《上海世界语者协会成立宣言》,《云南世界语运动》1933 年第 45 期。

　　⑤　陈金光:《世界语者协会近讯》,《申报》1933 年 3 月 25 日。

稿》则在对外报道中发挥了重要作用。1936年4月创刊的《中国怒吼》，向各国人民传达了中国人民的怒吼和抗争。在全国各地，还有一些世界语组织和世界语者也创办了一些刊物，如《无线电》经常报道华北地区反对日本侵略、掀起救亡运动的情况。①《救国时报》是当时中国共产党创办的海外报刊中极具代表性的一份，它于1935年12月9日在法国巴黎创刊，1938年2月10日暂时停刊，1938年8月迁至美国纽约与中国共产党创办的《先锋报》合并。《救国时报》对国内的抗战给予高度关注。1937年10月，该报致电八路军表示慰问，慰问电文中指出："八路军此次在晋北获胜之原因，在于该军将士高度的政治觉悟，坚强的战力，严明的纪律，与民众有密切之联系"，并表示"海外侨胞，决予以极大之援助"②。

中国国内各地积极讨论国际反侵略统一战线问题③，广泛开展援华制日运动。抗日救亡运动在中国国内风起云涌，仅在上海就成立了全国各界抗日救国联盟合会、上海文化界救国会、上海各大学教授抗日救国会等。武汉各界成立拥护世界援华制日大会筹备会，"目的不仅在争取国际的更多同情与援助，而且要给敌人以有力的打击"④。

中国国内广泛讨论国际反侵略统一战线和开展国际援华运动的方法，认为争取国际援华运动至少要做到以下几个方面："中国各民众团体应和各国性质相同的团体，建立经常的联系，使世界人士了解日本在中国的罪行及中国人民英勇抗战的情形，与中国抗战对世界和平的关系。""尽量派遣代表，到各国去进行宣传工作，并加强中国和其他国家人民的团结。""邀请各国人民团体的代表及新闻记者到中国来参观，来考察日

① 参见侯志平：《抗战救亡中的中国世界语者》，《纵横》2007年第8期。
② 中央社：《巴黎救国时报电慰第八路军》，《申报》1937年10月9日。
③ 参见《国际反侵略的统一战线》，《新华日报》1938年1月26日。
④ 史枚：《武汉各界成立了拥护国际联盟援华制日运动筹备会》，《全民抗战》（保卫大武汉特刊）1938年第7期。

本在中国的罪行和中国英勇抗战的情形,报告给他们国内的人民,推动反日援华运动。"①中外爱好和平的人士已经充分注意到了开展抵制日货与制止侵略问题,认为:"世界各国,大多同情中国,他们的援华反日的国际运动,差不多完全是以抵制日货为其主要工作,我国国民应在感谢友邦的盛情之后,千万不要忘了自己敌人,让他们的货物,还在中华民国的领土内流通着。"②他们还提出:"世界上'中国之友'对中国的抗战表示热烈的同情,我国为自己的民族,为世界的人类,对于这个伟大的反侵略运动,应该有诚挚的扩大的响应之必要,这是很显然的。"③

华侨是中华民族的重要组成部分,素有爱国情结。抗战时期,海外华侨与国内民众一样,以空前的规模组织起来,开展波澜壮阔的救亡运动,"他们彻底地认清了中国抗战的意义,是为争取民族自由解放而战,是为祖国生死存亡的严重关头而战,是为保障人类永远和平的公理而战"④。马来西亚、泰国、菲律宾、缅甸和印尼等地的华侨,积极开展抵制日货和不与日本人合作的活动,在政治上和经济上打击日本侵略者。南侨总会积极组织回国慰劳团,各地侨胞捐款慰劳前方抗战将士,从各方面积极支援祖国抗战,为实现民族解放事业和世界反法西斯战争的胜利谱写了光辉篇章。

中国抗日战争的世界性和持久性,促使中国共产党认真地思考对待国际援助的方针问题。中国全民族抗战开始后,中国共产党为了中华民族的整体利益,积极争取外国的了解、同情与援助。以毛泽东为代表的中国共产党人从当时复杂的国际环境和中国的实际情况出发,提出了积极争取外援又不依赖外援的方针。

中国共产党实行抗日外交,为抗战而力争外援,始终以博大的胸怀、

---

① 《怎样开展国际援华运动》,《申报》1938 年 12 月 26 日。
② 沈咸恒:《抵制日货与制止侵略》,《新力》1938 年第 18 期。
③ 邹韬奋:《反侵略运动宣传周》,《抗战》1938 年第 43 期。
④ 杨扬:《救亡运动在马来亚》,《申报》1939 年 6 月 29 日。

宽广的眼界观察中国和世界,毅然举起国际反法西斯统一战线的旗帜。毛泽东多次强调中国的抗战是发生在经济和军事实力完全失衡的中日两国之间,中国的抗战是持久战,中国要战胜日本帝国主义必须尽可能地争取外援,从反法西斯战争与中国抗日战争的关系角度来强调国际援助对于争取战争胜利的重要作用。中国抗日战争的正义性和反法西斯的共同利益又决定了中国争取外援具有可能性。中国共产党反对民族压迫、反对侵略战争,主张世界上一切爱好和平、反对法西斯侵略的国家与民族团结起来,结成牢固的国际反法西斯统一战线。

中国共产党秉持辩证的抗日民族统一战线,坚持抗战中的独立自主,争取和坚持无产阶级领导权。特别激发民族国家意识,屡次提到不全面抗日就亡国亡种。中国共产党认识到中国抗日战争应建立在自力更生的基础上,积极争取外援但不可依赖外援,在对待外援问题有一定的保留。毛泽东强调,既积极争取外援,又切忌依赖外援,必须把争取外援建立在自力更生的基础上。从内外因的辩证关系角度分析,国际援助仅是一个外部条件,只有通过中国内部力量,才能达到克敌制胜的目的。抗战时期的共产国际、苏联和中国共产党的关系也就是共产国际、苏联与中国革命的关系。中国抗战首先是联合苏联,同时也要争取英美及全世界所有反法西斯侵略的国家与民族,结成最广泛的反法西斯国际统一阵线。

1935 年中国共产党在《八一宣言》中提出:联合一切反对帝国主义的民众作友军,联合一切同情中国民族解放运动的民族和国家。1936 年 7 月,毛泽东在同美国记者斯诺谈话时明确指出,"东方的和平与战争是一个世界性问题","日本帝国主义不仅是中国的敌人,同时也是要求和平的世界各国人民的敌人",将关于建立反法西斯世界联盟的主张传递给全世界。中国敌后抗战和世界各国反法西斯战争互相配合、互相支持,共同赢得反法西斯战争的胜利。

三、欧美和平运动的兴起

近代以来,随着人民主权学说深入人心,和平主义成为西方具有广泛影响的一种社会思潮。和平运动是一种以制止战争、维护和平为目的的群众性社会运动,其参加者是任何以此为目标的个人、团体或机构。从晚清到民国,部分中国人士也曾参加过西方和平主义者的一些活动。至20世纪30年代,德意日法西斯主义抬头,世界性战争威胁加剧,成立于第一次世界大战后的国际联盟"未臻完善"便已衰退①。随着第二次世界大战的逼近,世界各国的反战和平运动逐渐高涨,并在欧美形成空前声势之际②,民众舆论对外交之影响更加深远。中国国内的抗日反战浪潮,也与欧美和平运动相汇合。和平主义者使命感与国际性合作由此形成。

(一)和平是人类追求的最朴素最美好的理想之一

在人类社会历经的沧海桑田的历史变迁中,战争连绵不断。和平,作为战争的对立面,也一直是人类最基本的愿望和诉求。无论是中国还是西方,都具有和平主义的文化传统。

在中国传统文化中,和平主义思想始终占据着主导地位。中国传统思维自古以来坚决反对战争。儒家以民为本、道家反战无为、墨家兼爱非攻,甚至古代兵家对待战争的基本观点也是主张"尚武不黩武""贵和重人,不尚战"。中国传统的天下主义和大同学说所蕴含的和平哲学,与欧美和平运动的世界主义追求形成了思想上的沟通。胡适就曾经表示过,他之所以信仰和平主义,就是受墨子的非攻主张、老子的不争哲学以及基

---

① 参见［英］薛西尔:《国际联盟的意义》,邵宗汉译,《世界知识》1935年第8期。

② 参见朱蓉蓉:《半官方社团与战时民间外交》,《江苏社会科学》2011年第5期。

督教影响的结果①。

　　早在清末民初,就有不少人看到了中国爱好和平的传统,以及详细论证了和平与中国与世界的关系,认为:"吾国人向以和平主义闻于世界者也,故人民对于内政有所兴替持和平主义,而政府以和平报之,政府对于外交持和平主义,而外人亦以和平报之,我国人苟能长守此和平主义,世界之幸福,讵有逾于我国人者。"②"国之所以为国者,对于内则保持国内之和平,所以有政事;对于外则保持世界之和平,所以有交涉。然对内对外有不能保持平和之时,则有事于防备不尽。恃和平也,乃我国则始终唯一。和平主义对于外者,前后既不少变方针;对于内者,先后亦如出一辙。对外者,固已收和平效果矣;若对于内者,则唯冀他日宪政成立时,亦以和平而得之,则吾国人和平之盛德与和平之幸福,真将跨欧轶美而卓绝万古。"③

　　近代欧美和平主义最初的源头,是带有神学色彩的基督教和平理念。在历史上,基督教徒曾多次发起休战与和平活动。1652 年在英国创立的教友会就以提倡和平、反对一切战争和暴力而著名。拿破仑战争后,以欧洲和平相标榜的神圣同盟形成,民间和平主义运动也随即兴起。学者、作家、宗教人士、社会活动家以及妇女、青年学生等社会各界的参与,使和平运动成为广泛性的民间社会运动。

　　随着资本主义的发展,战争的规模越来越大、烈度越来越强,与此同时,也逐渐形成了一种和平主义的社会思潮和与之相伴随的社会运动,有关和平的研究也逐渐开展起来并初步形成了一门独立的学科——和平学④。拿破仑战争作为欧洲历史上第一次大规模战争,促进欧美的和平主义与和平运动的发展。

---

①　参见欧阳哲生:《胡适文集》(一),北京大学出版社 1998 年版,第 232 页。
②　津云:《闲评二》,《大公报》1910 年 7 月 17 日。
③　斯寄:《闲评》,《大公报》1910 年 7 月 29 日。
④　参见徐蓝:《第一次世界大战与欧美和平运动的发展》,《世界历史》2014 年第 1 期。

第一次世界大战的爆发是对战前和平运动的沉重打击,但是战争的长期化和极端残酷性使人们越来越怀疑究竟为什么要打这场战争,围绕第一次世界大战所引起的前所未有的国际政治悲剧进行反思,并试图纠正国际政治的错误模式。欧美社会中充满了反战、厌战的社会情绪,和平运动重新高涨。在这个反战潮流中,还出现了一些比较重要的国际和平团体。第一次世界大战结束后,通过巴黎和会与华盛顿会议,战胜国通过与战败国签订的一系列和约,以及战胜国之间的条约建立了凡尔赛—华盛顿体系。

(二)中国国内的抗日反战浪潮与欧美和平运动相汇合

和平是人类社会的共同价值,和平主义是人类活动所应遵循的道德原则。爱和平不只是国家的责任,也是每个公民的责任,这是一个现代社会的共识①。

1914 年至 1918 年的第一次世界大战,给世界人民带来极大的灾难,人们记忆犹新。1936 年年初,有人这样描写当时的国际局势:“战争的开始,是已经迫在眉睫了! 各国扩张军备的行动,当然是日趋积极:你也演习,我也演习;你也造舰,我也造舰;飞机大炮的数目,尽管增加;常备军役的时期,尽管延长。第一次欧战的创痛还仍在各国人民的记忆之中,第二次的流血,有谁能遏阻?”②1938 年 1 月,陶希圣在其《国际形势的变与不变》一文中指出:“国际形势变了吗? 没有。国际形势没有变。各国的情形,一样的是一面准备战争,一面避免战争。因为各国都准备战争,世界大战总有一触即发的形势”③。在对第一次世界大战进行反省和日益恶化的国际形势的影响下,他们反对战争和军备,主张以和平的手段和方式解决国际纠纷。

---

① 参见曹刚:《论和平主义》,《中国人民大学学报》2015 年第 4 期。
② 张梓生:《岁首展望》,《申报》1936 年 1 月 1 日。
③ 陶希圣:《国际形势的变与不变》,《大公报》1938 年 1 月 5 日。

如何避免类似战争的重演,实现持久和平成为二战后国际社会面临的重大挑战。当战争成为近代国家处理外交问题的一个选项时,人类就在探求新的国际政治道德和法律原则以及相关的方法来制止战争、和平解决国际争端。第一次世界大战后,欧美各种政治力量就如何制止战争、和平解决国际争端纷纷提出构想,不仅各国的政治家们积极谋划战后秩序,西方各国的民间团体和非政府组织也寻找实现持久和平的方法,并通过跨国的活动来推行其主张。这使得20世纪30年代和40年代成为国际主义与和平主义盛行、各种和平团体和非政府组织迅速成长的时代①。在这期间,和平运动高涨的原因除了连续不断的国际危机让他们对和平深感忧虑外,还在于有大量国际和平组织的参与。

20世纪30年代,随着德意日法西斯国家侵略扩张的加剧,国际局势日趋紧张,被侵略国人民抵抗侵略的斗争日益高涨。但是与此形成鲜明对照的,是欧美的和平运动却继续发展成更为普遍的反战、厌战甚至恐战的社会潮流,在一定程度上推动了限制与反对战争的国际法的发展。随着战争的逼近,各国反战和平运动也逐渐高涨。时任国防最高委员会外交专门委员会委员、《中央日报》驻美特派员的曹树铭曾经总结到:"反侵略运动是目前全世界文明人类最普遍最有力的运动。这一运动已经深入到全世界的各阶层,已深印在全世界文明人类的心灵之上。所有参加这一运动的人们,都抱定十二分的热情,无论在文字上,在行动上,对于被侵略者都已十足表现出十二分热烈的同情与援助。"而且,"反侵略运动绝非无病呻吟的一种运动,而是针对着国际间以及全人类的现实状况而产生的。就国际关系言,在国与国之间,有侵略国底存在;就全人类言,在文明的和平的正义的人类以外,有侵略的凶残的暴横的野蛮的人类底存在"②。

---

① 参见王立新、王睿恒:《"积极和平":美国的和平运动与一战后国际秩序的构建》,《社会科学战线》2013年第8期。

② 曹树铭:《释反侵略运动》,《黄埔》1938年第3期。

以共产国际和苏联为首的各国共产党及左派组织,积极参加和领导了和平运动。苏联一贯重视和平运动,不仅积极参加国际上的各类和平活动,还扶植和操纵了亲苏的和平组织。为了维护世界和平而斗争,积极阻止世界大战的爆发,共产国际积极关注和参加了20世纪30年代的世界和平运动,认为保卫和平是非常直接和具体的日常斗争任务,要求各国共产党尽最大可能把一切拥护和平的个人、派别和组织都吸收到和平运动中来,而不管其政治和宗教倾向如何。

在美国,第一次世界大战促进了一系列新型和平团体的建立和现代和平运动的兴起。包括法治主义、国际主义和自由和平主义团体在内的各种和平组织提出了各种各样的和平计划,谋求通过重建国际和国内秩序来消除战争的根源,建立起持久的和平。这些非政府组织不仅敦促美国政府加入国际联盟并在战后和平机制的构建中扮演领导角色,而且还直接发起20世纪20年代的裁军运动和使战争非法化运动。

同时需要看到的是,20世纪30年代和平运动的开展具有较强的地域性。尽管这一运动在世界各大洲都有一定的规模,但运动的中心无疑在欧洲,欧洲的中心又在西欧。欧洲和平运动的开展远比其他各洲广泛、深入。在美国,当时的和平主义思潮则与孤立主义既相联系又相区别。

20世纪30年代的和平运动,是世界和平运动史上的一次高潮。由于受到20年代末国际形势缓和的鼓舞和30年代战争力量增强的挑战,这次和平运动经历了从兴起到高涨的过程。1929年爆发的世界性经济危机,激化了各种社会矛盾,打破了国际关系的稳定局面。帝国主义军备竞赛和国际矛盾的加剧,以及1931年日本侵华和1933年德国法西斯政权的建立,表明战争危险在增加,从而使和平力量迅速积聚起来,一场首先围绕裁军和援华反日展开,以反对法西斯和战争为中心内容的世界和平运动在30年代初叶逐步酝酿形成。

从1933年到1937年是30年代世界和平运动高涨的一段时间,它继续发展成更为普遍的反战、厌战甚至恐战的社会潮流。和平主义运动有保守和激进之分,前者常被称为和平主义运动中的右翼,后者则被称为左翼。如果从职业和人群方面考察和平主义运动阵营的话,和平主义者则主要由妇女界、宗教界人士和在校大学生组成。世界和平主义者经常举行各类活动,提出他们的主张。

1933 年 10 月,世界和平运动大会常年大会举行会议。会议开始时,大会主席宣读英国首相拉姆齐·麦克唐纳的申请书。他在申请书中表示:"唯军缩足以保障和平,若军备竞争则引人迳入战争之途"①。军缩会议主席韩德森在会议中发表演说,呼吁在短时期订结军缩公约。会后,和平主义者举行了盛大的示威活动。

1936 年 3 月初,世界各国和平主义派青年大会在比利时首都布鲁塞尔开会并通过决议案,决议案指出:各国爱好和平主义之青年"对于日本军国主义者在远东方面所采取之行动,兹特表示抗议,此外并要求对意(大利)经济制裁手段,完全实行之外,尚须予以加紧"②。

1936 年 4 月,代表九国之国际和平会在瑞士日内瓦举行。会议由英国薛西尔勋爵主持,会议决议组织第一和平空军,并将在欧美招收飞行人员抛掷提倡和平、劝导民众赞助国际联盟的传单,投放的飞机除携带和平标语之旗帜外,且在天空以烟书和平标语。会议议程有"恢复条约之神圣义务""裁减军备及取消军火制造之厚利""增加经济制裁之原则及实行力量"和"成立一常设组织,提倡及指导改善一切和平运动"③。

1936 年 8 月 9 日,和平主义运动者在法国巴黎郊外举行大规模集会,与会者计有数 10 万人之多。法国国务总理在集会上发表重要演说,阐述和平之意义,称:"溯当 1914 年欧战爆发之前,吾党先烈姚雪斯奔走呼号,以冀唤醒人类,任坠入万丈深渊之中,无如言者谆谆,听者藐藐,而

---

① 中央社:《裁军之呼声》,《大公报》1933 年 10 月 8 日。

② 中央社:《各国和平主义青年反对日本侵略》,《申报》1936 年 3 月 3 日。

③ 中央社:《国际和平运动和平会决议组和平空军,天空散发传单提倡和平》,《申报》1936 年 4 月 30 日。

空前浩劫卒以发生。今也国际时局充满危机,有如往昔,吾人苟抱维持和平之决心,则呼号挣扎,实无济于事,当进一步而在战祸爆发之前,用尽种种方法,以实现和平种种条件,任何障碍、任何危险,均所不顾";认为实现和平需要以下两个条件:"各国保持独立地位与自由权利","实行一种经济制度,务使各国均能生存,而不受外来威胁";认为维护和平应采取以下行动:"当使舆论不为党同伐异之偏见所左右,亦不为利害关系所囿,而发为合纵连横之谬论","当以公众之力量,防止纠纷之发生,以合于法理之方式,解决一切争端","当使互助与互不侵略之发生实效","当使欧洲渐臻缩减军备之域","当使一切国家严禁私营工厂制造军火,亦当使原料与消费之分配、货品之交换、人口之分布与民族之移植,均合乎秩序"①。法国总工会秘书长石屋、众议院副议长并格禄、中欧调整委员会代表普洛哈士加、比利时社会党代表亚贝尔等人也参加了集会②。

1936年11月,泛美洲和平会议在阿根廷首都召开,美国总统罗斯福、阿根廷总统茹斯多、哥伦比亚总统罗贝士、玻利维亚总统多罗、委内瑞拉总统贡拉尔拉斯均在会前发表演说,阐述美洲各国采取和平主义的蓝图。美国总统罗斯福称:"南北两美洲各国,已在国际联带关系合作与互助上,树立楷模";阿根廷总统茹斯多认为:"和平主义在南北两美洲,业已深入人心"③。泛美和平会议强调"太平洋问题应由各关系国互相集议,与非用任何二国单独同意之方法解决"④。泛美和平会议对于国际和平运动的推进具有重要意义,"通过南美洲各小国的拉拢,而更密切起来。何况区域安全制度,实为整个集体安全制度的初步","美洲各国的

---

① 中央社:《和平主义运动者巴黎郊外盛大集会,国际歌与马赛歌应和,法总理阐述和平真谛》,《申报》1936年8月11日。

② 参见中央社:《法国和平主义者举行大集会,法总理演说和平纲领,应充实国际联盟勿使解体》,《大公报》1936年8月11日。

③ 中央社:《泛美会议开幕前夕美洲各国元首演说和平主义,谓足树国际互助楷模》,《申报》1936年11月9日。

④ 国民新闻社:《美拟咨询各关系国保障问题》,《大公报》1936年12月25日。

合作,不但对于国际和平有很大的影响,而且对于远东局势的发展也有重大的关系"①。

　　1936 年 11 月 27 日,美国总统罗斯福向美国最高法院、参众两院特别联席会议发表演说,为世界和平呼吁,强烈谴责战争,称"吾人在新世界中,均有立足之地,美洲之争执,未有不可以正当与和平方法解决之者,吾人并无深仇宿怨,如世界其他各国之受其荼毒者",并郑重说明遵守国际条约之必要,认为"吾人已知独立之光荣,现在应由吾人学习互相依赖之光荣"②。

　　1937 年 9 月,美国具有 2500 万会员的二十余个团体发起和平运动,决定在同年 9 月 19 日起向全世界宣传和平,并在 9 月 19 日当日先由美国国务卿赫尔发表演说。这次和平运动的主张是:"停止经济战争","在经济上解除武装,并实行裁减军备","在经济上采取各项积极措置","对于国际联盟与国际劳动局之工作进行调查,务令各国间经济社会关系得以较合公允之道"③。

　　1937 年 9 月 29 日,英国和平建设运动联合会致函英国宗教组织之数百教会及非教会读者,主张全国一致声讨日本对中国之野蛮行为,并须"于必要时施行经济压迫"④。1937 年 12 月 9 日,英国和平主义运动耆宿、英国反对派工党国会党团前领袖篮斯柏雷在捷克举行题为"避免战争之道"的公开讲演⑤。

　　在这一时期,世界各地还举行了许多国际性的保卫和平会议,如1934 年的世界妇女反法西斯反战大会和世界学生反法西斯大会,1935 年的世界保卫文化大会,1936 年的中欧和东南欧反战大会和泛美维护和平

---

　　①　朗:《泛美和平会议开幕》,《申报》1936 年 12 月 2 日。
　　②　中央社:《罗斯福演说和平主义,断难容忍任何侵略,国际条约必须遵守》,《申报》1936 年 11 月 29 日。
　　③　中央社:《美国二十余团体发起世界和平运动》,《申报》1937 年 9 月 10 日。
　　④　中央社:《英和平运动会主张对日施压力》,《申报》1937 年 9 月 30 日。
　　⑤　参见中央社:《英国工党领袖篮斯柏雷抵捷》,《大公报》1937 年 12 月 10 日。

会议,等等。其中影响最大的是 1936 年 9 月在比利时首都布鲁塞尔召开的世界和平运动大会。这次大会由英国和平运动领袖薛西尔勋爵和法国激进派人士、前航空部长谷特共同发起。与会代表来自 35 个国家的 750 个全国性和平组织和 40 个国际和平组织。会议期间,整个布鲁塞尔沉浸在一片热烈的和平气氛中,世界各国的报刊连续不断地报道大会的情况,产生了巨大的社会影响。这次大会盛况空前,它标志着 20 世纪 30 年代世界和平运动达到了顶峰。

　　要准确回答有多少和平主义性质的团体和多少人参加了和平主义运动这个问题是非常困难的。但 20 世纪 30 年代的世界和平运动是一场反对法西斯、反对战争的群众性运动,他们在反对战争这一点上统一起来,形成了强大的保卫和平的舆论力量。和平运动的强大舆论力量有力地声援了遭受法西斯侵略和压迫的国家和人民,为世界反法西斯战争的胜利创造了有利的条件,鼓舞了世界人民战胜法西斯和维护世界和平的信心。这一时期的和平运动明显地带有进步民主的性质,具有广泛的群众基础[1]。虽然在法西斯主义猖獗的时代背景下,和平主义者的理念及其实践显得与现实有些脱节,个别国家与和平团体的和平运动表现出消极保守甚至蜕化的现象,但这仍然不能改变整个世界和平运动的基本性质。

　　中国人与欧美和平主义者的接触,最早应始于 19 世纪 70 年代。19 世纪末,中国人与欧美和平主义者开始建立持续的联系。20 世纪初,个别中国人士开始受邀参与欧美和平团体的活动。民国初年,中国国内的报刊对欧美和平主义者的主张和活动时有报道。第一次世界大战后,战争的巨大灾难,促使欧洲出现了普遍的文化反省,不少知识分子转向和平主义和世界主义的立场,中国知识界也受到了影响。20 世纪 30 年代,在德意日法西斯侵略战争的威胁下,欧美和平运动形成空前的声势,也在中

---

　　① 参见张一平:《三十年代世界和平运动初探》,《世界历史》1990 年第 2 期。

国引发了更多的关注①,这对国际关系的变动产生深刻的影响,在一定程度上推动了限制与反对战争的国际法的发展。

面对日本法西斯的侵略,中国民主爱国人士与欧美和平主义者相呼应,在积极参与国际和平活动的同时,也获得了欧美人士对中国抗日战争的广泛同情和支持。世界上一些国际和平组织,以各种方式谴责日本侵华暴行、援助中国的抗日战争,世界上一批投身和平运动的著名学者也支持中国的抗日战争。欧美和平主义团体对世界各国政治家的影响,在1937年日本发动全面侵华战争后有了更突出的表现。从这一角度看,20世纪30年代中国的抗日反帝运动,也是这一时期世界和平运动的重要组成部分。

从最初偶然接触和零星参与,到30年代的相互交汇,近代中国与欧美和平运动这段特定的联系,是中国融入世界和平事业的见证。追求世界和平与反对列强侵略紧密结合是近代中国参与世界和平运动的基本特征。近代中国对世界和平运动的参与,则可以看作西方和平主义思潮在中国引发的回响。近代中国人士对欧美和平主义的呼应,对世界和平的真诚向往,以及对世界和平运动的积极参与,既表明了近代中国对世界和平的追求,也体现了中国人民对世界和平事业的贡献。

需要指出的是,30年代的和平运动也带有一定的绥靖妥协倾向。在对和平运动、和平主义、非暴力主义等问题的评价上,中国国内部分学者采取否定的态度,认为它们是抽象的、消极的、反动的和资产阶级的东西。他们认为广泛的厌战和恐战思潮以及不分是非反对一切战争的和平运动的发展,为绥靖政策的形成和顺利实施奠定了思想与社会基础。

其实在20世纪30年代就有人看到了当时和平运动的绥靖妥协倾向,认为:"和平是一个美好的名词,除了喝血之魔鬼以外,是任何人之爱

---

① 参见田涛:《欧美和平运动与近代中国》,《天津师范大学学报》(社会科学版)2011年第4期。

好的。可是和平须要平等的,换言之就是相互的尊重自由独立,否则乃是屈服,乃是亡国灭种,不是和平";还认为"和平空气,来自各方,疑俱为敌人所捏造,不足介意"①。

甚至有人对世界和平运动提出了质疑和批评,如1936年9月世界和平运动大会闭幕后不久,《申报》上就曾发表文章,指出:

> 回转头来看看,所谓希望和平保障和平的东西,着实不少,如国际联盟盟约,如九国公约,如罗卡诺条约,如缩减军备会议,试问此种纸上空谈,也是收过保障和平的实效者乎? 此种堂皇而冠冕的条文,早已成为废纸,为侵略者践踏殆尽,撕废殆尽,还欲开此和平大会乎。
>
> 已过的事情不算,且再来看看现在,德国大造坦克车,现有坦克车队三师,将来拟增编八师,并且念念不忘收回旧殖民地;美决定援英先例,保留驱逐舰四万吨,强化商船队;日本备战积极,扩充航空教育;英国增募新兵两万四千名;法国延长兵役时期;俄国缩减兵役年龄。这种现状摆在眼前,试问这样和平的喊声,他们还听得见麽?
>
> 一个人病重,马上去请女巫,去请拆字,去请太保做鬼戏,但是结果,一点不能收效。世界有一部分的国家,看见世界形势不好,二次大战即在目前,马上发起和平大会,来反对战争,其结果和请女巫拆字太保等。中元节后,各处举行盂兰大会,祈求一里一乡太平,保佑不生疾病,和平大会的效能,其结果和盂兰大会相同,这真是无聊之极矣。
>
> 我国人迷信,外人未见不迷信,试看现在的和平大会,竟与我国的迎神赛会相同,是何故欤? 亦是人穷呼天的一个道理。其实愈呼

---

① 社论:《斥和平主义者》,《抗战要讯》1938年第40期。

和平,而愈不和平,因为现在的世界,原是一个弱肉强食的世界,只有枪对枪,炮对炮,飞机对飞机,杀得一个鬼哭神号,拼一个你死我活,方才罢手,假定呼吁和平,祈祷和平,一般侵略者流,即视为畏怯,视为怕死,视为有隙可乘,真所谓长他人的志气,灭自己的威风,而魔鬼之手,更将伸长而攫取矣。

故现在的世界,唯战争乃可以制止战争,唯杀戮乃可以制止杀戮,唯强权乃可以制止强权,故欲以和平之手段,希望和平,其和平终不可得,其和平更属危险,世之专以和平为手段,以息事宁人为目的者,其亦可以思其故矣。①

对世界和平运动提出了质疑和批评的人士,认为"世界危机四伏应速整军经武,和平主义之言论勿异窒息"②。他们提醒世人对法西斯的侵略本质要有清醒认识,不要幻想用退让、忍耐的办法消除争端和冲突,甚至轻信法西斯分子的和平谎言,被他们的各种表象所迷惑,认为"向来爱好和平的中国人应该觉悟的,就是和平要有代价,也许是极巨大的代价,我们要得到和平,必须准备着做积极抵抗下的牺牲"③;认为"只有受压迫和剥削最深的劳苦群众自己才是抗日反帝运动的主力军,也只有他们才能够坚决的担负起这个重大的任务,否则,中国是永远不会从日帝国主义及其他一切帝国主义的压迫与剥削之下解放出来的!"④他们认为在某种特殊情况下战争是一种没有选择的选择,像对付日本军国主义和德国法西斯主义一类的侵略者,只有以武装斗争的手段和方式才能获得问题的解决,向他们呼吁和平与要求他们遵守国际公认的交往准则是起不了任何作用的。

---

① 《世界和平大会》,《申报》1936 年 9 月 9 日。
② 《英陆军大臣抨击和平主义者》,《西北文化日报》1936 年 6 月 17 日。
③ 陶孟和:《和平主义的新姿态》,《国闻周报》1936 年第 43 期。
④ 应时文章:《从"九一八"纪念想到民族英雄》,《申报》1933 年 9 月 24 日。

四、外国民众与国际和平团体
积极主张援华制日

1937 年七七事变爆发后,世界上反对侵略、拥护和平的人士相继开展援华制日运动。到 1941 年年底太平洋战争爆发时,中国抗战与欧洲战场、太平洋战场更加紧密关联。中国同各同盟国家在世界反法西斯战争中并肩战斗。在世界反法西斯战争的过程中,世界人民分化为侵略阵线和反法西斯主义的和平阵线两大部分。侵略阵线是"帝国主义中间、法西斯化的国家(像日本、意大利、德国),他们因为经济发展比较落后,内部矛盾不可调和,而要求用武力进行侵略,重分世界殖民地。侵略阵线,就是为了要达到他们疯狂的抢夺资源侵害的小民族,向全世界挑战而结成的强盗团体";和平阵线则"主张制裁侵略者,维护世界和平"①。中国抗日战争全面爆发后,世界上的和平阵线与援华运动逐步扩大。

随着日本侵华的加剧,英美等国民众掀起了援助中国抗战的热潮,他们开展的援华制日运动得到不断加强。英美民众对中国全民族抗战的积极反应,极大地鼓舞了中国人民的英勇抗战精神,也为英美的东亚政策向积极方面转化铺垫了社会民众基础②。世界各国的媒体也看到了"日本野心确在控制全世界"③,世界各国需要联合制日,"否则半个世界将沦于铁蹄"④。

至 1938 年年中,"援华制日在英国的民间,确已成功了一种巨大的潮

---

① 《时事用语解释:侵略阵线、和平阵线》,《同仇》1938 年第 2 期。
② 参见韩永利、方长明:《论抗战初期英美民众援华制日运动》,《民国档案》2009 年第 1 期。
③ 《美报促英美法联合制日》,《西京日报》1937 年 11 月 28 日。
④ 《美报撰论唤醒英美法联合制日》,《工商日报》1937 年 11 月 28 日。

流,而这潮流的不能发生实际威力,是受了政府的牵制;反之,援华制日在美国,却早成了政府的愿望,而这愿望之不能改变实际的国策,却是受了民意的牵制。所以,英国的民众是赶在政府的头里,而美国的政府是赶在民众的头里"。"我们可以断然地说,在英国,应看政府,在美国,应看民众。"①

世界舆论之绝大多数逐渐倾向谴责日本的侵略与同情中国抗战的一边,各国的国际团体、亲华团体也积极地展开了援华制日的活动。当时,被称为世界上最重要的国际和平舆论团体——世界和平运动大会,积极动员其属下的诸多社会团体、国际团体,向国际联盟以及各国政府各方发出呼吁,建议抵制日货、对日禁输军需品、援助中国。这对当时处于孤立无援、坚持艰难对日作战中的中国而言,无疑显示了世界舆论对中国抗战的支援,促使中国增强抗战意志。

商人团体是国外民间的主要援华力量。由于日本在中国实施排斥其他国家的政策,这直接威胁到他们的利益,商人团体希望鼓励中国反抗,并要求他们本国政府对日采取强硬政策。宗教团体以及其他一些个人组织也是国外民间的主要援华力量,他们强烈谴责日本的侵略行径,要求政府援助中国,对日本采取强硬政策,并停止向日本输出任何战争资源。

中国运动委员会是英国主张援华制日并采取实际行动的主要团体。从1937年7月开始,中国运动委员会发放传单约100万份,他们发行各类小册子和报刊,积极抵制日本商品、拒运日货,开展中国周活动,开办国际和平医院,并支援中国红十字会培训学校,声援中国抗战。英国一批同情中国、主持正义的人士筹建中国人民之友社,其宗旨是"对中国天灾人祸之援救"。

1937年9月,全英援华运动总会成立,选举英国贵族院名议员李道尔爵士为会长。在全英援华运动总会成立的第一次会议上,他们对援华

---

① 社评:《英美态度的剖视》,《申报》1938年6月20日。

工作作出决议:在政治方面,由总会并通过一切国际团体组织各种会议,抗议日本侵华,抵制日本贸易,督促各方面采用一切手段以援助中国;在经济方面,为中国募集捐赠医药和衣物等用品;在宣传方面,对新闻媒体和社会团体,供给一切关于日本侵略中国之演讲及文献。针对日本飞机轰炸中国平民事件,英国全国和平协会、英国国际妇女协会向日本驻英大使吉田表示抗议①。全英援华运动总会还发起全英反日援华周,表明"全世界爱好和平反对侵略的人们的愤怒与呼声,对于无人性的日寇,将是一个警报,对于游移的列强政府是一个强心针"②。英国援华运动之所以能持久扩大,与有全英援华运动总会这一个援华轴心有很大的关系。

在美国,中美双方人士共同建立的援华抗日组织和各种援华活动,遍及美国各地。美国中国人民之友社是 1931 年九一八事变之后在美国建立的一个有中外人士参加的援华抗日团体,它的宗旨是"号召全美人士援助中国,抵制日本侵略"。

1937 年秋,在美中国战事救济联合会在旧金山成立。在美中国战事救济联合会的主要任务有:使美国国会通过立法案,授权罗斯福总统区别侵略国家而禁运军火前往该国;宣传并扩大抵制日货;对中国平民持续作慈善救济;组织并合作太平洋沿岸的宣传工作。在美中国战事救济联合会的建立,有力地支持了华侨的救亡斗争,并推动了当地反日援华斗争运动的发展。

与此同时,全美最大的援华团体——美国援华联合会在纽约建立,推动全美各地的医药援华工作,举办援华周演讲会,发动美国各地的援华抗日宣传和募捐援华运动,发动和推动美国各地的抵制日货运动和各大港口禁运军械赴日运动,并派遣代表团赴美国国会请愿,要求国会通过对日禁运军火法案。

①　参见中央社:《英国两和平团体请政府有所行动》,《申报》1937 年 9 月 27 日。
②　伦敦通信:《英国民众热烈援华》,《大公报》1938 年 6 月 26 日。

美国另一个大型援华团体是救济中国难民联合委员会。它由华侨妇女救国会、美国医药援华会、劳工对华救济委员会、对华紧急救济委员会等共同组成。

在美国的援华抗日组织中,还有一个专门从事抵制日货运动的组织——抵制日本侵略委员会,这是由美国一部分企业家及其他社会名流和华侨知名人士所组织的援华运动指导和讨论研究的机关①。

华侨在美国各城市举行集会与游行,声讨日本军国主义,向美国人民宣传中国抗日战争的正义性,揭露日本侵略者的滔天罪行。华侨报刊大力宣传抗日,由华裔学者编印的《救中国与救世界和平》《日本侵略中国史略》和《日本军阀暴行实录》等小册子在美国广为散发。

法国中国人民之友协会系由法国总工会、人民阵线各政党、法国国际联盟同志会、全世界反对战争委员会等团体组织而成。1937 年 11 月 10 日,法国中国人民之友协会开会,决定向法国政府提出以下三项要求:"予中国以较大之助力","维持中国与外国之海陆交通","法国出席九国公约会议各代表应赞助中国所提出之主张"②。

国际工人阶级和各国共产党也投入到援助中国的行列。伦敦工人大会积极参与到援助中国中来③。1937 年 9 月,英国总工会全国俱乐部致函中国驻英大使及日本驻英大使,公函中说:"日本空军在广州及其他城市对于毫无防御能力之妇孺肆行轰炸,此种摧残生灵之行为,穷凶极恶,凡在民治主义文明各国之舆论,莫不深恶痛绝,发指眦裂,吾人闻讯之余,亦至为愤激,兹请贵大使以吾人真诚慰藉之忱,转达贵国政府与民族,关于日本飞机此种野蛮行径,以及该国毫无理由之侵略战争,倘能以有效方

---

①　参见黄慰慈、许肖生:《华侨对祖国抗战的贡献》,广东人民出版社 1991 年版,第 255 页。

②　中央社:《法友华卅二团体要求政府助华》,《申报》1937 年 11 月 11 日。

③　参见《伦敦工人大会愿牺牲半年失业津贴制止日寇残杀中国》,《新华日报》1938 年 2 月 1 日。

式提出抗议,吾人无不乐于参加。"①

国际工会联合会也对中国的抗日战争伸出了有力援手。1937年9月,国际工会联合会通过如下决议:"建议国际联盟制裁日本","通过会员国抵制日货","发起募捐援助中国受害的工友","成立小组,研究援助中国的办法"②。各国共产党积极组建各类援华制日组织,宣传日本的暴行,并开展各类援华活动。1937年七七事变爆发后,英国共产党中央委员会发表了《援助英雄的中国人民》的呼吁书,表明了声援中国抗战的立场,号召英国工人阶级大力开展援助中国、保卫远东和平的活动。英国共产党机关报《工人日报》也于1937年7月14日发表社论敦促英国政府在国际联盟和其他条约义务之下,分别与国际联盟尤其是与美国采取联合行动,"以维护对国际条约的尊重"③。英国铁路工人举行了盛大的游行集会,表示铁路工人将尽一切努力抑制政府将工业原料输往日本。美国共产党机关报《工人日报》于1937年7月29日发表社论,呼吁美国人民尽可能地援助中国人民。1938年1月11日,英国全国劳工理事会决议组织一个代表团,往谒英国首相张伯伦及外相艾登,要求英国政府对日实施制裁,制止侵略战事④。

英国各党派各阶层人士建立了世界和平运动大会英国分会、英国援华运动总会、英国国际联盟同志会、民权保障会等援华组织。1937年9月14日,英国国际联盟同志会针对中日两国争端通过决议案,要求英国政府"支持中国政府向国际联盟会所提出之申诉,并表示准备履行国际联盟盟约所产生之义务,而采取各种可能的有效行动,以冀制止侵略行为"⑤。1937年

---

① 中央社:《英国总工会函郭大使表示同情》,《大公报》1937年9月26日。

② 孔庆榕主编、广东中华民族文化促进会等编:《碧血烽火铸国魂:中华民族凝聚力与抗日战争》,广东人民出版社1995年版,第400页。

③ Arthur Clegg, *Aid China, 1937-1949: a Memoir of a Forgotten Campaign*, New World Press Ltd., 1989, p.16.

④ 参见路透社:《英各劳工团体商制裁日本》,《大公报》1938年1月22日。

⑤ 中央社:《英国际联盟同志会通过议案请政府援助中国》,《申报》1937年9月16日。

9月23日,世界和平运动大会英国分会执行委员会开会,对于日本飞机轰炸中国平民之行为表示抗议①。1937年9月30日,英国国际联盟同志会执行委员会通过决议案,决议案中说:"日本现在中国境内显欲用威吓手段使侵略行动克底于成,此在英国政府,端宜请国际联盟大会宣布中国系被侵略国,凡属国际联盟会员国,均应采取各项措置,例如拒绝日本货物进口借以剥夺该国赓续作战之力量,但此层应以国际联盟外各国照样办理为条件。此外,英国又宜向国际联盟大会建议,凡属会员国,应立即凑集款项至少十万镑,以充国际联盟派往中国医药救护队之经费,而在采取切实有效措置之前,国际联盟大会当继续工作,务勿闭会。"②1939年3月10日,英国援华运动全国联合会在伦敦举行,说明中国抗日战争艰苦之情形。

第二次世界大战是一场世界上不同国家、不同民族、不同信仰的人民联合起来共同反对法西斯的历史性伟大斗争,是人类历史上一场规模宏大的反侵略抵抗运动。世界上爱好和平的人士对中国的抗日战争给予了无私的支持,鼓舞着中国人民的斗志;中国人民首先在东方举起反法西斯斗争的旗帜,又推动了全世界人民反法西斯斗争向纵深发展。

在中国全民族抗战初期,中国集中全国所有的人力、物力、财力,发动了反侵略的全面持久抗战,同时又积极开展外交活动争取国际援助。苏联和共产国际对中国的抗日战争立即表示积极支持,美英法等国也逐渐从中立观望到援华制日、从道义性援华制日到象征性援华制日的转变,这些国家的东亚政策也先后经历了绥靖、绥靖与抗衡交织、抗衡的轨迹。英美法苏等国的民众、国际团体与亲华团体开展了各具特点的援助中国抗战的活动,掀起援助中国抗日战争的热潮。

在这个背景之下,1936年9月世界和平运动大会得以成立。1938年

---

① 参见中央社:《世界和平大会英国分会开会》,《大公报》1937年9月25日。
② 中央社:《抵制日货在发展中》,《大公报》1937年10月2日。

1月,国际反侵略运动大会中国分会组建并开展活动。1938 年 2 月 12 日至 13 日,世界和平运动大会在英国伦敦召集世界援华制日大会。世界和平运动大会的成立,受了第一次世界大战后理想型的和平主义和 20 世纪 30 年代反战反法西斯运动的影响。世界援华制日大会召开的背景在于,德意日对外侵略法西斯主义抬头、西班牙内战等世界性战争威胁的不断加剧,第一次世界大战后被公认为保障世界和平的机构——国际联盟力量的衰退,以及 20 世纪 30 年代世界和平主义者的激情和维护世界和平国际性合作的形成。

第二章　世界和平运动大会
及其中国分会

世界和平运动大会是抗战时期以欧洲为中心的开展国际性和平运动的民间团体,是当时国际上国民外交最广泛、最高度的力量集结。世界和平运动大会开展了一系列活动并召开了一系列会议声援中国抗日战争,世界援华制日大会就是其中非常重要的一次声援中国抗战的会议。这对于艰难抗战的中国而言,增强了中国抗战的意志,显示了国际和平势力及世界舆论对中国抗日战争的支援。中国国内设立有世界和平运动大会的分会组织——国际反侵略运动大会中国分会,世界和平运动大会和国际反侵略运动大会中国分会为世界援华制日大会的召开作了充分的准备。

一、世界和平运动大会

世界和平运动大会有专门的名称和标志。它的英文名为 International Peace Campaign,简称为 IPC;法文名为 Rassemblement Universel pour la Paix,简称为 RUP。1938 年 1 月,世界和平运动大会中国分会在汉口召开扩大代表大会时,因担心世界和平运动大会名称中有"和平"二字会引起误会,故中国国内将其称为国际反侵略运动大会①。国际爱好和平的人士和组织组建世界和平运动大会的目的在于"把全世界一切反侵略的散碎的力量,组织集中起来","团结世界上一切的力量,来争取和平,消弭战争"②,"制裁侵略者及援助被侵略者,以祛除侵略、回复和平"③。世界和平运动大会积极动员其所属的社会团体和国际团体,通过抵制日货与对日禁输军需品等办法援助中国。

(一)世界和平运动大会发起委员会

战争给人类带来巨大的灾难,世界人民反对战争、保卫和平的斗争此起彼伏。从古代到近代都有不少宗教家、思想家、政治家提出反对战争、主张和平的思想。有组织的和平运动是在 19 世纪初拿破仑战争后才出现的。1815 年在美国成立了第一个和平主义组织——纽约和平协会,接着在伦敦、巴黎、日内瓦等地也建立了类似的和平组织。19 世纪 40 年代法国作家雨果在巴黎举行的和平之友大会上发出了反对战争,争取世界和平的号召。

1914 年至 1918 年第一次世界大战爆发。第一次世界大战前后,在欧洲出现过群众性的和平运动,但大都受基督教与和平主义的思想影响,规模与作用不大。

在 20 世纪 20 年代末和 30 年代初,国际局势日益紧张,世界政治环境也日趋恶劣。抗战文坛颇具影响的中共党员张健甫在《世界和平运动大会》一文中指出:"自从 1929 年世界经济恐慌以来,帝国主义者都想更进一步的榨取殖民地的膏血,来润泽它垂死的枯毂,尤以日本、德国、意大利三个帝国主义国家,他们同样都是患了资本主义先天不足或后天失调的贫血症,他们没有像英法美国那样雄厚的经济基础,来慢

---

① 参见钱俊瑞:《反侵略的世界和平运动与中国》,《世界知识》1938 年第 4 期。
② 杨晋雄:《新术语浅释:世界和平运动大会》,《青年界》1936 年第 4 期。
③ 曹树铭:《释反侵略运动》,《黄埔》1938 年第 3 期。

慢应付当前的经济危机。他们需要迅速地取决于战争,以求殖民地的获得。"①1929 年年底起席卷世界的经济危机,使各国局势发生巨变,法西斯势力兴起。1931 年九一八事变后,日本以武力占领中国的东北;希特勒取得德国政权后,退出国际联盟,破坏凡尔赛和约和洛迦诺公约;意大利也于 1935 年秋发动侵略埃塞俄比亚的战争。法西斯势力在一些国家执政,推行侵略扩张与战争政策。欧洲一些进步的科学文化界知名人士发起组织国际反战委员会,展开反对法西斯主义和保卫世界和平的斗争。

到 1935 年年底和 1936 年年初,世界形势更趋危险严重。"世界各国竞争扩张军备,预备第二次世界大战"②,"全世界差不多给这些少数侵略的国家弄得个鸡犬不宁,第二次世界大屠杀就在眼前了","在今天的世界上,凡是侵略的国家都在积极准备,或是进行侵略人家的战争,而一切被侵略的和愿意维持现状的国家,都在竭力巩固和平"③。全世界被笼罩在侵略战争的阴影之中。

但是,负有维持世界和平责任的国际联盟"始则对日寇侵占我东三省,欺弱徘徊,继则对意大利侵略阿比西尼亚,又制止不力"④。而且,"若干政府的政策都趋于徘徊软弱,首鼠两端"⑤。而此时,负有维护世界和平之责的国际联盟,对法西斯的扩张软弱无力,根本无法承担起维护世界和平的责任。

同时,主张和平的力量正在各国增长着。1935 年 1 月开始,薛西尔等人在英国发起了和平总投票,6 月 27 日截止。从该次和平总投票的情

---

① 张健甫:《世界和平运动大会》,《读书生活》1936 年第 10 期。
② 位观:《祝和平运动大会之努力》,《常谈月刊》1936 年第 6 期。
③ 钱俊瑞:《世界和平运动大会经过》,《现世界》1937 年第 11 期。
④ 国际反侵略运动大会中国分会:《两年来之国际反侵略运动中国分会》,1939 年编印,第 1 页。
⑤ 张闳仁:《国际反侵略运动大会简史》,国际反侵略运动大会中国分会 1939 年编印,第 1 页。

况看,赞成和平仍然是英国民众观念的主流①。和平总投票总设计有 5
个问题,1150 万多人参加了和平总投票,投票结果统计如下:

英国应继续为国际联盟会员国吗?（然:11090387,否:355883）

你赞成国际协商裁减军备吗?（然:10470487,否:862775）

你赞成以国际协商,废除海陆军的飞机吗?（然:9533558,否:
1689786）

你赞成以国际协商消灭私人制造军械及售卖军械的利益吗?
（然:10417329,否:775415）

假如一国进攻另一国,你以为所有其他的国家应当联合以下述
方式之一制止侵略者吗? 以经济而非军事的方式（然:10027608,
否:635075）;必要时用军事方式（然:6784368,否:2351981）②

薛西尔等人在英国发起的这次和平总投票的背景是:"世界各国,虽
有不少手握大权的野心政治家及军人,在那里疯狂备战,但一般人民的心
理,却真实是痛恶战争,爱好和平的";这次和平总投票的结果"便是人民
爱好和平的明证"③。这是一次在英国工党、自由党和国际联盟协会会员
的赞助下,在日本继续侵略中国、纳粹德国正大肆扩军备战的情况下举行
的和平投票,体现了英国的和平主义者和公众舆论的绝大多数的意志。

另外,1936 年西班牙与法国的议会选举,在某种程度上也是一次大
范围的和平投票,在民众中间普遍反映出反对战争的心理。在 1936 年的
西班牙议会选举中,人民阵线获得胜利④;在 1936 年的法国议会选举中,

---

① 参见本报特讯:《英人举行和平投票,赞成用经济方法制裁侵略》,《大公报》1935
年 9 月 4 日。

② 路透社:《测验英国民意,和平投票揭晓》,《申报》1935 年 6 月 29 日;［英］约翰·
惠勒·贝内特:《慕尼黑——悲剧的序幕》,林书武等译,北京出版社 1978 年版,第 265 页。

③ 梦若:《和平与战争》,《申报》1935 年 6 月 10 日。

④ 参见消息:《激转中的西班牙》,《永生》1936 年第 7 期。

"人民阵线之坚固一致且获得大部分选民之拥护,可知法国的法西斯势力亦已到临日暮穷途的境地","人民阵线的纲领以拥护民主政治、反法西斯、提高人民生活程度及努力国际和平为号召,在选举中绝无犹豫之态度,果能获取民众之信任,得到最后胜利。今后在法国内政的动向上,民众的力量必将有更显明的表现"①。

在这样一个被侵略战争所笼罩的前夜,保护和平,反对法西斯主义威胁和平是全世界各国民众所欢迎的。为了补救政府无能的缺憾、恢复国际联盟的活力、维护世界和平以及使人民免遭战争灾难,西欧爱好和平的人士依照各国人民的深切愿望,汇合全世界的和平力量,组织世界和平运动大会。

世界和平运动大会发起委员会由欧美各国社会各界代表共同组成。1936年5月21日,世界和平运动大会发起委员会在国际刊物上披露第一次通告。在通告上署名的有西班牙共和国总统亚查那、捷克共和国总统贝奈斯、法国众议院议长赫礼欧(Herriot)、法国激进党主席与国防部长达拉第(Daladier)、法国社会党总书记保罗·福尔(Paul Faure)、法国共产党代表卡青(Cachin)、苏联职工会代表雪罗尼克(Shvernik)、英国工党代表贝克(Baker)和阿特里(Atlee)、比利时社会主义者布劳克(Brouckere)、世界反战反法西斯委员会代表朱丹(Jourdain)和罗曼·罗兰(Romain Rolland)等人。世界和平运动大会发起委员会的第一次通告中列举了保护世界和平的必要条件,这些必要条件是:"如公约上所负义务的不可侵犯性,用集体安全与互助的真正组织来巩固国际联盟,授予国际联盟以方法使其能够解决国际冲突等等。"②

世界和平运动大会发起委员会于1936年6月12日至13日在法国巴黎举行会议,欧洲各国均有代表出席会议,澳洲、南非洲、拉丁美洲也有

---

① 华:《法国议会选举之意义》,《申报》1936年5月4日。

② 夏云:《国际和平大会预定九月四日开幕》,《世界知识》1936年第11期。

代表参加。

世界和平运动大会发起委员会号召全世界人民联合起来反对侵略战争,确定了世界和平运动大会的口号是:

站拢来,组织你们的力量,拯救世界的和平!（Organize your forces together and you save the peace of the world!）

世界和平运动大会发起委员会发表了第一次宣言,提出了保卫世界和平的四项原则:"遵守条约义务";"裁减军备,取消军火制造业的厚利";"加强国际联盟,保证反抗侵略的集体安全与互助";"在国际联盟的机构内创设常设委员会,缓和国际形势,消减足以引起战祸的一切紧张局面"①。世界和平运动大会发起委员会决定世界和平运动大会第一次会议将于1936年9月召开。

（二）世界和平运动大会第一次会议

世界和平运动大会的首次公开性活动,就是世界和平运动大会第一次会议的召开。

世界和平运动大会第一次会议的议题主要包括以下四项:"（一）遵守条约义务;（二）裁减军备;（三）巩固国际联盟充实集体安全制;（四）在国际联盟会机构内,设永久委员会,以缓和国际局势,排除战争威胁。"②会议议程主要围绕世界和平运动大会发起委员会提出的保卫世界和平的四项原则展开。

世界和平运动大会第一次会议的会期为1936年9月3日至6日,由英国薛西尔爵士和法国前航空部长谷特等发起,在比利时首都布鲁塞尔

---

① 本报特讯:《世界和平运动大会下月在比京开幕,四十余国代表三千人参加,陶行知钱俊瑞将参加》,《大公报》1936年8月27日。

② 《我国派代表参加世界和平运动大会》,《外部周刊》1936年第131期。

的百岁宫召开。

参加世界和平运动大会第一次会议的代表,从身份上看,"有的是政治家,有的是实业家,有的是教育家,也有的是工人、农人、妇女、学生、军人等"①;从国别来源上看,包括社会主义国家的代表、资本主义国家的代表和殖民地半殖民地国家的代表。参加世界和平运动大会第一次会议的代表虽然代表着不同的民族和不同的阶级,但他们有一个共同要求,就是"拥护和平,反对侵略"。

世界和平运动大会第一次会议的大会主席为英国国际联盟同志会会长薛西尔爵士。薛西尔先前曾被推选为国际联盟理事会主席、英国国际联盟同志会会长,薛西尔也曾获得威尔逊和平奖金和诺贝尔和平奖金②,以表彰他长期以来主张用和平方法解决国际争端的努力。英国的李顿爵士及首相丘吉尔、法国航空部长谷特、法国国民议会议长赫里欧、法国内务部次长欧波、法国总工会秘书长石屋、捷克总统贝奈斯、比利时前总理葛德威、美国反战反法西斯同盟主席华德教授、西班牙人民阵线代表前司法部长陶明果等人为世界和平运动大会第一次会议的主要发起人及支持人③。总共有35个国家、750个各国国内团体和40个国际性团体的4000余名代表出席了世界和平运动大会第一次会议(法国1000人、英国500人、捷克斯洛伐克370人、美国65人和其他国家的代表),各国代表中的工人代表占全体代表的半数④。各国代表团人数最多的是法国,其次为英国,德国未派遣代表参会。

中国派出了由14人组成的代表团参加世界和平运动大会第一次会

---

① 何仁:《世界和平运动大会》,《江西地方教育》1938年第106期。

② 参见中央社:《本年诺贝尔和平奖金决赠与于薛西尔勋爵》,《中央通信社稿》1937年11月下。

③ 参见陈铭枢:《国际反侵略大会之意义及经过》,《闽政与公馀非常时期合刊》1938年第18期。

④ 参见《全世界和平运动大会今日在比京开幕,将讨论如何实行四原则,各国代表达数千人》,《新新新闻》1936年9月3日。

议,他们是:上海文化界救国会代表钱俊瑞、国民政府军事委员会高级参议陈铭枢、全国各界救国联合会代表陶行知、中国人民之友社秘书长英国人德格夫人,以及爱国学者王庆元、黄少谷等。陈友仁、熊式一、王礼锡、胡秋原等在欧侨胞就近参加①。钱俊瑞是一位中共党员,作为宋庆龄的代表为出席同年 9 月 10 日在巴黎召开的国际反法西斯委员会会议而访问欧洲,此时也以上海文化界救国会代表的名义参加了世界和平运动大会第一次会议。这 14 人由中国国内选出的代表和由欧洲选出的代表组成,中国国内选出的代表包括全国各界救国联合会代表、第十九路军代表、中华民族革命同盟代表等,欧洲选出的代表包括伦敦华侨抗日救国会代表、旅法参战华工总会代表、旅德中华救亡会代表和华侨代表等。陈铭枢为首席代表,陶行知为团长,陶行知和王礼锡等人被选入大会主席团。

参加世界和平运动大会第一次会议的中国代表团的代表们均为抗日救国运动的活动家。通过参加这次会议及会前会后对欧洲的访问,他们一是为了联系国际上的反法西斯与和平运动组织,以实现国际上对中国抗日救国运动的理解与支援;二是为了寻求国外特别是欧洲的救国运动组织与中国协作。

在世界和平运动大会第一次会议上,中国代表团发表了由陶行知以英文起草的《告世界和平及中国之友人书》,它提出四点主张作为进行世界和平运动之基础,分别是:

1. 日本侵华即破坏世界和平,中国抗日亦为世界和平奋斗。

2. 拥护国际联盟实施盟约十六、十七条制裁日本。

3. 召集九国会议并望苏联参加,保护远东安全。

4. 世界和平及中国之友,应一致援助中国统一抗日运动。

————————

①　参见《世界和平运动大会王礼锡主席演说,出席者计有三十一国,熊式一亦参加》,《新新新闻》1936 年 9 月 5 日。

　　中国代表团提出的四点主张,号召与会爱护和平人士,起而援助中国人民的抗日救国斗争,赢得了 500 余名参加者的赞同性署名。中国代表团为了密切世界和平运动大会总会与中国分会之间的联络关系,还要求世界和平运动大会总会迅速派遣代表来华,并在世界和平运动大会总会和中国分会间起联络作用。

　　中国代表陈铭枢在世界和平运动大会第一次会议上发言,请求国际联盟竭力设法保障世界和平,且认为保障世界和平而以远东和平为要①。王礼锡作为 1936 年 9 月 3 日世界和平运动大会第一次会议开幕日的发言人,他代表中国代表团发表演说,在其《世界和平大会席上之致辞》一文中,明确表明了中国全国人民的抗日救亡斗争的立场,他说:

　　　　"九一八"以来,中国国难严重,空前未有,内忧外患,纷至沓来。吾国人民素具和平之精神,为今之计,厥宜组织团结,以参加广泛之和平运动。中国工农士兵皆不愿在任何假托名义之下,从事内战,残杀同胞,中国国境内,正图永保和平,但遇外敌侵略时,则唯有出于一战,自卫方为救国之唯一途径也。彼主张不抵抗或抵抗而不力者,虽标榜和平主义,实则并不能获得和平之结果,抑所谓抵抗,未必即指世界战争。反之,唯有有效之集体安全与真正之互助制度,方足以产生和平。②

　　世界和平运动大会第一次会议于 1936 年 9 月 3 日晚上 8 点正式开幕,会议在比利时首都布鲁塞尔百岁宫中举行,首先由会议主席薛西尔致

---

　　① 参见中央社:《陈铭枢等访大会主席,请设法保障远东和平》,《大公报》1936 年 10 月 3 日。
　　② 中央社:《世界和平运动大会在比京开幕,中国代表王礼锡演说"中国民众皆不愿从事内战,但遇外敌侵略时唯有抵抗"》,《大公报》1936 年 9 月 5 日。

辞,薛西尔向各国代表表示欢迎,表示各国"本着与会代表们代表着多少亿人之名"的立场,多国已发起和平运动,期待国际联盟被重建成无所畏惧的、能够惩罚侵略者的组织,用以维护和平。薛西尔提出本次会议的任务乃在于综合各种运动,借以集中力量,构成世界基本之和平。接着由法国航空部长谷特致词,他强调了欧洲五大国空军飞机团之令人悚然的破坏力,只要不分人种、宗教、国籍,为了和平而动员起全人类,集结起教会、工人、退役兵等诸团体的力量和意志,就能充分地使和平有坚固的保障。法国国民议会议长赫礼欧在大会上发表演说,他认为国际条约当予以尊重,军备竞赛当有制止之,并对军事工业国有、集体安全、互助公约等三项问题作了解释①。法国代表、法国总工会秘书长石屋代表全世界工会组织发言,他主张对于企图发动侵略的国家实行制裁,以防患于未然,认为各国工会会员均负有拒绝为侵略国制造及运输军械子弹的义务,侵略国的工会应拒绝与侵略责任之政府发生任何连带关系②。另外,苏联职工联合会秘书长许卫尼克、美国和平大会主席塞尔、印度国大党代表梅农等世界知名人士也都在大会上发了言。

1936 年 9 月 4 日,世界和平运动大会第一次会议的与会代表分别组成 20 个分组委员会,举行了各分组委员会会议,就如何确保和平的具体方案进行了讨论,并决定将讨论的结果向国际联盟提出③。

1936 年 9 月 5 日,世界和平运动大会第一次会议通过了以下三项提议:1. 设立"和平的捐款"基金共五万,以为反战活动之用;2. 在各国都市每年同日举行"世界和平日";3. 建立和平运动之经常机关。④ 当日晚上,薛西尔宣读了大会宣言,并由英国保守党代表李顿、英国自由党代表亚市

①　参见中央社:《世界和平大会开幕,三千代表齐集一堂,拥护和平运动》,《大公报》1936 年 9 月 5 日。

②　参见中央社:《和平运动大会之目的为世界和平团结奋斗,国际联盟大会主席接见各国代表》,《申报》1936 年 10 月 3 日。

③　参见《世界和平运动大会在比京》,《安徽教育辅导旬刊》1936 年第 13 期。

④　本报特讯:《世界和平大会纪》,《大公报》1936 年 10 月 21 日。

比及法国共产党代表加善登台演说,大会在静听捷克总统贝尼士致大会
祝词的留声机片后闭幕。世界和平运动大会第一次会议通过了宣言,宣
言中说:

> 各国人民当以战士精神保卫和平,大会以最诚恳的态度吁请各
> 国人民参加此一运动,并不干涉各国内政。其唯一目的,全世界各民
> 族无分强弱,都在完全平等的条件下共享和平之福。如有任何一个
> 违反国际法而从事侵略,因而破坏世界和平,则吾人当视为唯一之
> 敌人。①

世界和平运动大会第一次会议决定在比利时首都布鲁塞尔设立世界
和平运动大会总会理事会,并决定设立执行委员会和秘书处,窦理卫就任
秘书长,处理日常工作,担任国际宣传和联络世界各国分会等工作②。理
事会及执行部由世界和平运动大会各国分会派选人员组成,执行部归理
事会领导。执行部共有 16 个国家的人员组成,中国有理事 2 名。在世界
和平运动大会中国分会成立之前,中国方面由马相伯、邹韬奋、李公朴、吴
耀宗等组成中国临时分会,推举王礼锡为驻欧代表。世界和平运动大会
中国分会于 1938 年 1 月 23 日在汉口正式成立,宋庆龄为名誉主席,宋子
文为理事会主席,邵力子为副主席,王礼锡为驻伦敦代表兼秘书及中国分
会欧洲局主任③。

世界和平运动大会第一次会议除了举行大规模的开幕讲演与闭幕讲
演将各国代表反侵略运动的声音传播于全世界以外,并将各代表分配在

---

① 《在比京举行的世界和平运动大会》,《申报每周增刊》1936 年第 36 期。

② 参见《世界和平运动大会决设常设机关,担任国际宣传》,《新新新闻》1936 年 9 月
8 日。

③ 参见王士权、王世欣:《爱国女作家陆晶清传》,江西人民出版社 2002 年版,第
378 页。

许多小组里讨论反侵略运动的方案。主要的小组有：议会组、退伍军人组、艺术文学科学组、农业组、航空组、工商金融组、合作组、工会组、妇女组织组、教会组、教育组、游艺体育组、青年组和总务组等。

　　世界和平运动大会第一次会议闭幕后，在比利时首都布鲁塞尔的赫塞尔运动场举行游行庆祝活动，与会代表和当地民众约 15000 人结队举行"和平象征"游行。"和平象征"就是一幅画像，上绘战争屠杀的惨状，并描写和平景象的幸福，以示警惕①。继由与会若干国代表发表演说，阐述和平运动之真谛。最后，在游行庆祝活动中宣读了和平誓言，群众齐声应和，和平誓言为：

　　　　吾人兹特代表世界各国各民族各政党参加世界和平大结合，并郑重提供诺言，愿以和平运动之观念，传播于世界各国城市乡村，务尽吾人所能，以保障和平②。

　　和平誓言表明，突破人类文明底线的罪行阻挡不了全世界爱好和平的人民维护世界和平的坚定决心。反对战争与暴力，是全世界爱好和平的人民的共同追求。

　　世界和平运动大会建立起与国际联盟的联系，以便能使其权威失坠于各国权力政治的持续、军事侵略的扩大之现实中的国际联盟，与争取和平而被组织起来的世界人民的力量相结合。世界和平运动大会第一次会议闭幕后，1936 年 10 月 1 日，国际联盟大会主席、阿根廷外长赖玛斯接见出席世界和平运动大会之各国代表。在赖玛斯接见出席世界和平运动大会的代表时，首先由薛西尔陈述世界和平运动大会的目的在于为世界和平及国际联盟而团结奋斗，他认为舆论是联盟的生命源泉，倘若舆论得

---

　　① 参见一鸣：《祝世界和平运动大会成功》，《礼拜六》1936 年第 6 期。

　　② 中央社：《世界和平会闭幕，宣读誓言促各民族和平结合，比京举行"和平象征"大游行》，《申报》1936 年 9 月 8 日。

到教育并能被明确地表现出来的话,为了世界和平之联盟的任务就更能得到强化;次由中国代表陈铭枢发言,他吁请国际联盟竭力设法保障世界和平,而保障世界和平以远东和平为尤要;次由法国代表、法国总工会秘书长石屋代表世界工会组织发言,他详述了世界和平运动大会中工会委员会所通过之各项决议案,主张对于企图侵略之国家实行制裁以防患未然;最后由法国参战军人联合会秘书长李伏莱发言,他希望国际联盟对于军缩、集体安全及互助制度均有所成就①。

(三)世界和平运动大会的性质

世界和平运动大会是抗战时期以欧洲为中心开展国际性和平运动的民间团体,是一个国际性的和平统一战线组织。黎学濂在《拯救和平和自救》一文中指出:"世界和平(运动)大会无疑的是一个目前非常切要的机构。而世界和平阵线的巩固与扩大,战争的危机即随之而消减,为了拯救行将为战争所蹂躏的人类,以及人类劳动所集体的成果——世界文明,每一个有正义的人们都有参加保卫和平的义务"②。世界和平运动大会既不同于第二次世界大战结束后于1949年4月在巴黎召开的世界保卫和平大会,也不同于1955年6月在芬兰赫尔辛基举行的世界和平大会。

世界和平运动大会不是一个军事团体,也不是一个学术组织,更不是一个政治集团。参加世界和平运动大会的各党派以及无党派人士,不受政治立场的限制,不受宗教教义的拘束,不受社会地位的阻隔,凡是热心于保卫世界和平、努力于反侵略工作的,都可以参加世界和平运动大会。

世界和平运动大会是第二次世界大战期间世界上最大的人民和平团

①　参见中央社:《和平运动大会之目的为世界和平团结奋斗,国际联盟大会主席接见各国代表》,《申报》1936年10月3日。

②　黎学濂:《拯救和平和自救》,《申报》1936年10月22日。

体,它纯以保护和平为依归,它的宗旨是"以民众的力量去制裁侵略国家"①,不干涉任何国家的内政。1936 年 10 月 16 日,《大公报》刊发的一篇特讯对世界和平运动大会的宗旨有了较为深刻的揭示,该特讯中说:

> 我们三日(1936 年 9 月 3 日至 5 日)来聚首合作的结果,更使我们相信,最大多数的人类是憎恶和反对万劫不复的战争。当此紧急关头,我们的世界和平运动,恳请全世界的人们起来积极地保障和平。我们以最大的热望,号召一切未曾加入我们队伍的人们,起来参加我们的扩大运动。我们的运动是绝对不干涉内政的,我们唯一的目的,就是要保证一切民族,不论大小,一律平等地得到和平。我们唯一的敌人,就是蹂躏国际正义而危及世界和平的侵略者。我们联合国际和平力量的初步努力,应只是我们工作的起点,今后在每个国家内,将设立中心机关,以配合受我们首次尝试所鼓励起来的和平力量,来坚决地努力继续我们已经开始的工作。我们请求一切洞明局势严重的人们,在自己的国家内、在自己的团体内和在自己的街道内进行工作,以求世界和平运动四大原则的胜利,并速成一切民族的有力运动,以阻止用最新武器来使人类归于灭亡的战争恶力。②

在世界和平运动大会成立之前,全世界爱好和平而反对侵略的力量巨大,不仅表现在爱好和平的人数量很多,而且表现在爱好和平的组织也是遍于世界各地。各国的工会、合作社、宗教团体、文化团体、和平团体等,时常发生恳切的反侵略的呼声和行动。那么,为什么占绝大多数的和平爱好者不能制止少数的侵略者呢? 原因就在于世界上的和平力量太散碎了,步调太不整齐划一了。世界和平运动大会是希望"把全世界一切

---

① 《国际反侵略运动总会执行委员会开会之影,场中四壁遍贴援华标语》,《良友》1939 年第 144 期。

② 本报特讯:《世界和平大会闭幕宣言》,《大公报》1936 年 10 月 16 日。

反侵略的散碎的力量,组织集中起来的一个团体"①。世界和平运动大会
是各国和平运动者结成的联合阵线,"拥护和平,反对侵略"是各国和平
运动者的共同要求②。

世界和平运动大会是"以反对侵略战争,保障世界和平为意志的国
际的民众组织。事实上,也只有国际力量坚强的结合,普遍的配置,才可
以予侵略者以有效的打击"③。世界和平运动大会具有以下四个特点和
优势:"为国际上国民外交最广泛、最高度之发动力量";"可避免政治上
外交上之束缚,而可无限制发挥其有效的威力";"可尽量发泄国际间之
同情与正义";"可辅助国际联盟之工作,增加国际联盟之力量,且可较国
际联盟之作用为广泛,及切乎实际。"④

世界和平运动大会作为一个固定的国际民间团体,运作需要有一定
的经费来源。世界和平运动大会的主要经费来源于各执行部国、各参加
国出的经常性费用、各参加国参加和平投票的人员赞助费。具体标准是,
英美法俄等执行部国的经常费每月 100 英镑,包括中国在内的各参加国
每月 10 英镑;各参加国依其本国参加和平投票的人数,每人各出铜元
1 枚。

世界和平运动大会给予中国抗日战争深切的同情和有力的支持。这
是一种有力的声援,对于声讨、揭露法西斯的罪行,动员世界人民支援中
国抗日战争起到了推动作用。举办中国日、中国周,是一种集中力量开展
多种活动、形成强大政治声势、支援中国抗战的有力形式。组织多种援华
活动,反对本国政府与日妥协,发表演讲,举行文艺演出,出版书报刊物,
进行募捐救济。

---

① 王礼锡:《述国际反侵略会》,《时代文选》1939 年创刊号。

② 薛暮桥:《国际反侵略运动大会》(1938 年 2 月 1 日),《薛暮桥文集》第 2 卷,中国
金融出版社 2011 年版,第 6 页。

③ 国际反侵略运动大会中国分会:《反侵略运动地方组织须知》,1939 年编印,第
3 页。

④ 时事述评:《国际反侵略大会在伦敦开会》,《时事半月刊》1938 年第 9 期。

中国著名法学家和杰出的民主战士张志让在《国际反侵略运动大会与中国抗战》一文中指出:"国际和平运动——国际反侵略运动——是一个国际间反对侵略,争取世界真正和平的运动。"中国全民族抗日战争半年以来,"同情于我者已经遍及全球,这个国际间民众的助力是一种最可靠、最伟大的助力。我们应该深切了解:我们在这里对暴日抗战是尽着一种对世界永久和平所负的使命。从前他们——国际和平运动大会及其他团体与个人——是在那里发挥他们对于世界和平的理论,我们是在这里实践他们的理论,而现在他们又转过来帮助我们实践。这真是人类互助的一个空前未有的伟大表现呀!"①世界和平运动大会不仅提出系统的口号、有明确的宣言,而且它把它的理念付诸实践。

世界和平运动大会极力主张国际联盟根据盟约制止日本之侵略,积极赞助世界各地开展抵制日货的运动②。世界和平运动大会通过发起全世界为范围的抵制日货运动援助中国,显示了巨大的力量。

世界和平运动大会是为人类生存而奋斗、具有世界意义和代表全世界和平力量的团体。世界和平运动大会引起了国内外的普遍关注,因为:"1. 当这帝国主义列强,尤以最好战的最侵略的几个法西斯主义国家不顾一切地积极备战,眼见屠杀的大惨祸即将降临的今日,这个为世界和平而呼吁,为人类生存而奋斗的国际和平运动大会,无疑义是有决定的作用的。2. 这个大会有四十几个国家参加,具有世界的规模,其伟大与普遍可谓空前,其意义自然也非常重大。3. 参加这个大会的都是各国人民的代表,唯人民的力量足以挽救世界的厄运,因而这个大会是集中全世界各国人民力量为和平而奋斗的具体表现。"③

单从《大公报》看,自 1936 年 9 月 2 日至 9 月 7 日即连续有《世界和平大会明日开幕,英代表赴比出席》《世界和平大会开幕,三千代表齐集

---

① 张志让:《国际反侵略运动大会与中国抗战》,《全民周刊》1938 年第 9 期。
② 参见郭沫若:《国际形势与抗战前途》,自强出版社 1938 年版,第 71 页。
③ 金则人:《拥护国际和平运动大会》,《漫画世界》1936 年第 1 期。

一堂拥护和平运动,王礼锡发表演说》《世界和平大会将设宣传机关》《世界和平大会已告闭幕,发表宣言,以斗士精神维护和平》等多篇文章、消息对世界和平运动大会第一次会议给予报道。

世界和平运动大会自 1936 年 9 月在比利时首都布鲁塞尔召开第一次会议后的两年多时间里,单是参加抵制日货运动的就有:国际工会联合会、国际合作社同盟、国际妇女合作基尔特、国际妇女团体所组织的和平裁军委员会、世界青年运动大会、比利时工会联合会、保加利亚公团、捷克斯拉夫工会联合会、丹麦全国总工会、芬兰总工会、世界和平运动大会法国分会、挪威工会联合会、瑞典工会联合会、瑞典工党妇女社会主义者同盟、瑞典社会主义青年农会、瑞士工会联合会、英国各合作社、印度各合作社、澳大利亚职工总会、美国劳工联合会,等等①,参加抵制日货运动的人数极其巨大,规模空前。

当 1937 年春世界和平运动大会在瑞士日内瓦举行第二次理事会扩大会议时,它的会员有四千万名、会员国有 53 个、参加它的国际团体有 47 个。在 1938 年 8 月举行第三次理事会时,曾通过援助中国决议案,动员各国团体会员督促其本国政府根据国际公法援助中国,并号召全世界爱好和平的民众团体用经济方法抵制日本侵略者。世界和平运动大会的英国、美国、法国、瑞典、捷克等国分会首先响应,发动抵制日货运动。

当时工会力量强大的法国、英国、瑞典等国的世界和平运动大会分会组织活动尤其活跃。至 1938 年年底,世界和平运动大会自第一次会议后的两年多时间里,已在 43 个国家设立有它的分会组织,英国、法国、捷克、加拿大、美国、苏联、墨西哥、印度尼西亚、挪威、瑞典等国都有分会组织。世界和平运动大会的各国分会组织为援助中国人民对侵略者的抗战,发动游行示威、募捐、抵制日货运动、拒卸军火到日本去的运动、鼓励借款给中

---

① 参见国际反侵略运动大会中国分会:《反侵略运动地方组织须知》,1939 年编印,第1—2页。

国的运动等一系列活动①。世界和平运动大会英国分会曾于 1937 年 10 月 27 日召集 396 个团体的代表举行大会，敦促各方积极援助中国抗战，并且通过了决议案。世界和平运动大会英国分会在决议案中说：

> 大会同意于全世界对暴日侵略中国行动的谴责，同时对于罗斯福总统和美国其他领袖的宣言，表示热烈欢迎，大会深信英美两国能与荷兰及其他忠实会员国合作，必能使日本在华的侵略行动，不能成功。大会郑重声明，日本在华北的统治如获巩固，则其对世界和平必为一严重之威胁，唯上述几国得以经济及原料制裁办法，阻止其实现。大会督促英国政府必须尽一切力量与他国合作，拒绝日货进口，并禁止重要军需原料（煤油在内），输往日本。大会复着重指出，如果有人要牺牲中国，破坏九国公约保障的中国领土行政之完整，则必然要产生悲惨的结果。②

世界和平运动大会的各国分会组织对中国的抗日战争给予了深切的同情和有力的支持，这不仅说明了全世界人民厌恶战争、爱好和平的心理，并且也给了国际侵略势力以有力的当头一棒。世界和平运动大会及其各国分会组织的成立表明："欧美爱好和平的国家从各种的相互矛盾里面，找出一条集体安全的道路出来。他们企图以集体安全的政策，结成国际和平的壁垒"③。在世界和平运动大会的各国分会组织中，中国分会是其中组织较为完备、开展活动较多、具有较大影响力的一个。

世界和平运动大会第一次会议召开后不久，组织者即派人分赴各国宣传、发动，以期各国设立分会。世界和平运动大会代表于 1937 年奉命抵华，一方面访问中国政府当局说明意图，另一方面联系并争取中国社会

---

① 参见《国际反侵略大会法文缩写 R.U.P.》，《良友》1939 年第 144 期。

② 钱俊瑞：《反侵略的世界和平运动与中国》，《世界知识》1938 年第 4 期。

③ 陶希圣：《国际形势的变与不变》，《大公报》1938 年 1 月 5 日。

各界的支持,最终获得成立中国分会的赞同。

1938 年 2 月下旬,世界和平运动大会代表包立德来华,搜集日寇暴行及中国英勇抗战材料。在包立德即将离开武汉前往世界和平运动大会总会报告之际,国际反侵略运动大会中国分会、中国国民外交协会、中国国际联盟同志会在汉口海军青年会举行欢迎茶会。包立德在茶会上发表演说,称:

> 世界和平运动大会,成立虽仅两年,而各国参加者颇多,会员极众,全世界分会,连同中国共有四十三个,中日战事发生,各国政府,援助中国,力量颇嫌薄弱,而民众方面,则无不对中国表无限同情者。现在中国分会,主持者为宋子文、邵力子、陈铭枢三先生,在国际间,均有声望。更能引起各国民众之敬意。总会与分会之联系,其中心在中国分会,希望中国分会,组一情报总机关,将日本侵略事实,随时宣达到总会及各国分会,必能得到更大的同情与援助。世界的集体安全,许多人怀疑他没有保障,民众运动,也有人怀疑他没有力量,鄙人舍命来华,亦感觉到没有切实帮忙,而非常抱愧。但世界民众舆论,此次反日援华的热烈,从来未有,而且都能够了解:中国的抗战,不仅是为保卫本国而战,而是为世界和平而战,为人类正义而战,在不久的将来,民众的舆论,必能伸张,强暴者必受制裁,中国必能获得最后之胜利。①

1938 年 4 月,世界和平运动大会派遣巴黎晚报记者色斯来到武汉,中国国际联盟同志会、国际反侵略运动大会中国分会派员招待参观②。

---

① 中央社:《世界各国民众对我无限同情,包立德昨在欢迎会上演讲,定今日离汉返国》,《申报》1938 年 2 月 27 日。
② 参见中央社:《朱家骅答外记者:我抗战必胜,国际联盟为完成神圣使命必须对我作有效援助》,《申报》1938 年 4 月 22 日。

　　1938 年 5 月 14 日,世界和平运动大会执行委员会在日内瓦举行会议,通过加紧援华运动、拒买日货运动、禁止以军火运往日本、捐募药品援助中国等决议。世界和平运动大会执行委员会致电中国政府,对中国人民英勇抗日表示拥护。世界和平运动大会之前派往中国视察的包立德、色斯等人在会上报告了视察结果①。

　　为了让世界了解中国抗战实况,1938 年 5 月 31 日至 6 月 19 日,世界和平运动大会代表、美国芝加哥《每日新闻报》记者毛那先后在中国武汉、兰州、重庆等地考察。在国际反侵略运动大会中国分会副会长邵力子等人为之举行的招待会上,毛那表示:

　　　　世界和平运动总会一再派遣不同国籍之人士来华考察者,即表示同情及援助中国,并非某一国家如此,而为各国所同感。余此次来华,即为继续以前派来代表包立德、色斯君等之工作,继续将考察所得,忠实的报告各国爱好和平人士之前,而余一生奋斗目标,即为反对法西斯侵略主义,此亦为余来华考察之所由来。世界各民主国家皆同情及帮助中国,此种同情及援助,且将日益增高。美国方面,政府系随着人民所做到的程度而行。在英法则人民援华情绪,甚为热烈,但稍受政府之牵制。目前世界与法西斯侵略国家,已缔结所谓防共协定,作为进行侵略之烟幕弹,乃各民主国家,不但不以积极方法制止法西斯侵略之野心,且以会议外交之方式,与侵略国家进行妥协,满足其野心,俾使之停止侵略,殊不知各侵略国家,皆得寸进尺,民主国家步步退让,以求免祸之心理,适为侵略国家所利用,而逐步达到其侵略之企图,余意各民主国家应发挥集体力量,对侵略国家不遵守国际信约时,即予以积极制裁,此种民主国家力量,已日益增进。②

----

　　①　参见中央社:《国际反侵略会议加紧援华,拥护我国英勇抗日,世界排货运动收实效》,《申报》1938 年 5 月 15 日。

　　②　中央社:《毛那昨飞昆明返欧》,《申报》1938 年 6 月 20 日。

1938 年 6 月 24 日,世界和平运动大会致电它所属的 43 个国家的分会及 40 个国际团体,要求各国分会、各国际团体派有力代表出席同年 7 月 18 日在巴黎举行的反对轰炸不设防城市会议,电文中说:"日机大肆轰炸广州平民之举,已引起各国人士之愤慨,故各界响应反侵略大会,反对日本者极多,……莫不共同谴责此种不人道之行为"①。

1938 年 11 月初,世界和平运动大会组织调查团赴我国调查②。1939 年 1 月 28、29 日,世界和平运动大会在伦敦举行会议,参加者有 43 国分会代表和世界国际联盟同志会、国际合作大同盟、国际新教育大会、世界妇女协会等 40 余个国际团体。该次大会讨论了"总会会长关于国际现势之报告""各国分会之建议""两年来国际关系上关于经济、法律、种族问题""援助被侵略国如中国之种种办法""总会执行委员会之改选"等事宜③。

1939 年 1 月 20 日,世界和平运动大会总会正副会长薛西尔爵士、法国航空部长谷特为中国向国际联盟行政院提出声请问题发表宣言,宣言中说:

余等以世界和平运动大会之名义,吁请全世界各国政府及各国舆论协力促使各国对中国之神圣的抗战,得以完满无缺的见诸实践,中国现非仅为维护其生存权战,且亦为维护国际公法国际道义而战,故中国同时亦为普遍的世界和平而忍受一切牺牲也。中国兹要求国际联盟内威望最高之英美苏联等各国,与美国切实合作,采取一致行动,实践国际联盟于过去给予中国之诺言,于财政上及道义上加以援

---

① 中央社:《国际反侵略大会电请各国派员参加,将谋制止飞机轰炸不设防城市,朱学范将代表我国出席》,《申报》1938 年 6 月 26 日。

② 参见中央社:《反侵略会调查团将抵沪》,《大公报》1938 年 10 月 20 日。

③ 参见中央社:《国际反侵略大会定后日在伦敦开会,协商援助被侵国家》,《大公报》1939 年 1 月 26 日。

助中国,此自不能认为苛求,至于美国而论,虽不受国际联盟会之约束,但既为九国公约之签字国,且对于远东局势关切最深,自应与国际联盟会员国一致行动援助中国,英美两国业已对华给予出口信用,余等兹特吁请其他各国政府予以类似之财政援助,俾中国可力谋自卫,同时禁止以军火运日,拒绝日货进口,俾遏制日本之破坏,各国政府诚能采取上述各项处置,则非仅战端可早日结束,无数生灵免遭涂炭,各国在远东之正当利益,亦可幸获保全。①

1940 年 7 月 6 日,世界和平运动大会总会会长薛西尔及副会长谷特致电蒋介石,祝贺"七七"三周年纪念。蒋介石特致复电,复电中说:"薛西尔会长、谷特副会长鉴,远承电贺,深感激励。敝国军民,信念益坚,誓必驱除此侵略之暴行,以期伸张人类之正义。"②

1940 年,在中国全民族抗战一年半之际,世界和平运动大会为表示对中国抗战的敬佩和为世界树立反侵略之楷模,向中国敬献锦旗。1941年元旦,世界和平运动大会被中国人民反侵略精神所感动,以祝贺书一件以表敬意。祝贺书原件设计精美,为乳白色透明羊皮纸精制,四周以文字砌成边缘,上下边缘引用孔子的格言:"仁者必有勇,勇者不必有仁",左右边缘则引西方哲学家巴斯加尔的格言:"正义当以武力为后盾,武力当以正义为基础",祝词则书于正中。

二、国际反侵略运动大会中国分会

国际反侵略运动大会中国分会,也就是世界和平运动大会在中国的

---

① 中央社:《国际反侵略大会为维护正义呼吁,促请英美俄法合作,积极援华阻日侵略》,《申报》1939 年 1 月 22 日。

② 中央社:《蒋委员长电谢薛西尔谷特》,《大公报》1940 年 7 月 8 日。

分会组织。那么,中国国内为什么要把"世界和平运动大会"改称为"国际反侵略运动大会"呢？1939年《反侵略中国分会一年来工作的检讨》一文中说明了主要原因："我们在抗战很艰苦的过程中,毕抱定日本侵略一日不止,中国抗战一日不休的决心;虽然我们最终的目的仍在和平,但我们所求的和平,必须是符合于公理正义的永久的和平。那么,这样的一改,不是更有它底特殊的意义,和适合实际环境的需要？横竖我们底抗战工作,彻头彻尾就是一种反侵略工作的。"[①]

国际反侵略运动大会中国分会是一个具有浓厚官方背景的社会团体,它顺应了世界和平运动大会的要求及中国国内抗战形势的发展,成为政府官方外交的有力后盾,它在开展国民外交、向世界宣传和介绍中国抗战情况、争取国际援助的工作中起着重要作用,使国外民众进一步了解了中国抗战的实情,促进了各国援华制日运动的发展。国际反侵略运动大会中国分会以动员民众、积聚抗战力量为主要目标,积极开展战时宣传与社会动员工作,它为战时外交的顺利开展和为中国抗日战争的最终胜利作出了巨大贡献。

(一)国际反侵略运动大会中国分会成立大会

早在1936年9月,世界和平运动大会第一次会议就决定在各国设立分会。中国国内也普遍认识到设立世界和平运动大会中国分会的重要性和紧迫性,认为"中国正在被侵略被灭亡危险中,中国正有赖于全世界和平运动者全世界人民大众同情的援助;世界和平运动大会正是一条反侵略的国际和平阵线,中国的人民大众应该积极的拥护,并且积极的参加。中国人要求和平必须以世界和平为依归,始能获得真正和平。因此我们必须以实践的斗争拥护并参加国际和平运动。在中国应该马上建立起国

---

① 羽盲:《反侵略中国分会一年来工作的检讨》,《申报》1939年1月12日。

际和平运动分会,作为国际和平运动有力的一环。"①时任国民政府军事委员会高级参议等职的陈铭枢也热忱呼吁:"扩大(世界和平运动大会)中国分会之组织,集合各界领袖共同努力,与世界和平运动大会发生密切联络"②。

世界和平运动大会第一次会议后,中国代表团推定钱俊瑞回国报告世界和平运动大会第一次会议的决议并促成中国国内组织世界和平运动大会分会,世界和平运动大会总会也曾派代表威廉·达德来华宣传国际反侵略运动的宗旨,得到了国民政府主席林森及各界领袖的赞同。中国国内先由马相伯、邹韬奋、李公朴、吴耀宗等人组成中国临时分会,以吴耀宗为秘书,通信处设在上海博物院路基督教青年会,推举王礼锡和陈柱天为驻欧代表,陶行知为驻美代表。

国际反侵略运动大会中国分会于1938年1月23日下午在武汉市商会召开成立大会,有几十个团体的代表到会,于右任、邵力子、谷正纲、陈铭枢等各界人士共1000余人参加了会议③。众多政府高官出席成立大会,显示了国际反侵略运动大会中国分会深厚的政界背景。众多中国国民党要员亲临会场并作演讲,对日本侵略中国严加抨击,希望世界和平的前途日益光明,深信中国抗日战争必然取得最后胜利。

国际反侵略运动大会中国分会成立大会召开之时,推定于右任、邵力子、王亚明、沈钧儒等30人为主席团成员,并推陈铭枢为总主席④。陈铭枢当即报告世界和平运动的意义及经过,并报告国际反侵略运动大会中国分会的筹备经过。

①　金则人:《拥护国际和平运动大会》,《漫画世界》1936年第1期。
②　中央社:《陈铭枢招待报界讲国际和会工作,扩大我分会组织》,《大公报》1938年1月18日。
③　参见本埠消息:《国际反侵略运动大会中国分会成立》,《武汉文史资料》1998年第3期。
④　参见中央社:《国际反侵略运动大会中国分会成立,请大会宣布日为人类公敌》,《申报》1938年1月24日。

国民政府监察院院长于右任在国际反侵略运动大会中国分会成立大会上致词,致词中说:

> 自抗日战事发生,我们牺牲固大,然为自由独立,为保卫民族,为世界和平而战,意义也是特别重大。世界各国,现在都同情于我,我们应当联合起来,利用最好的环境,争取最后的胜利。我政府的决心,在历次宣言内,及事实上的表现,已可看到。人民的决心,也可看到,他们亡家、离乡、抛儿、弃女、逃到内地,没有一个有怨言,没有一人对政府怀疑,这种不屈服的精神,便是最后的胜利券。我们起来!以中华民族的血,为全世界谋和平!为全世界打倒侵略者!

中国国民党中央宣传部部长邵力子在国际反侵略运动大会中国分会成立大会上致词,致词中说:

> 世界和平大会,译成反侵略大会,是有一种苦心。因为我国正在抗战,忽言及和平,恐怕有人误会。和平与反侵略,精神并不违背,真正的意义是相同的。爱好和平,是人类的本性,日本的侵略中国,即是破坏和平,中国的抗战,乃是维护和平,所以许多国家,都同情于我。总理(孙中山)弥留时,最后的教训,是和平奋斗救中国,遗嘱上又说唤起民众,联合世界上以平等待我之民族共同奋斗,现在我们要秉承遗教,以奋斗求和平,方对得起世界上爱好和平的朋友。

全国各界救国联合会代表沈钧儒在国际反侵略运动大会中国分会成立大会上致词,致词中说:

> 今天我们在此开会,最重要的,是要把中国分会的主张,贡献到伦敦大会(世界援华制日大会),我们对全世界人士同情于我一点,

感觉非常兴奋,但同时又想到国内,也要特别注重,我们到内地一看,便可以知道许多同胞,不明了抗战的意义,我们今后应当深入民间,扩大宣传,使人民了解抗战的重要性,一致起来抗战。

冯玉祥的代表宋斐成,汪精卫的代表谷正纲,还有钟可托、黄文植、刘清扬等人,也相继在国际反侵略运动大会中国分会成立大会上致词。

国际反侵略运动大会中国分会成立大会推选出毛泽东、陈绍禹(王明)、宋庆龄、蔡元培、胡适、居正、邹鲁、陈铭枢、陈果夫、张静江、宋霭龄、宋美龄、冯玉祥、宋子文、陈诚、沈钧儒、李烈钧、李德全、蒋光鼐、马君武、蔡廷锴、张君劢、蒋方震、曾琦、张道藩、罗家伦、颜惠庆、叶楚伧、李根源、何香凝、马相伯、石瑛、何成濬等 72 人组成国际反侵略运动大会中国分会名誉主席团。

在国际反侵略运动大会中国分会的名誉主席团成员中,于右任、孙科、陈果夫等人为中国国民党党政官员身份;在多名理事中,朱家骅、吴国桢、戴笠等人也是国民政府要员,他们与国民政府的关系密切,这为国际反侵略运动大会中国分会开展活动提供了便利。除了中国国民党要员外,还有中国共产党和其他民主人士参加,体现了国际反侵略运动大会中国分会具有较为广泛的代表性。

国际反侵略运动大会中国分会成立大会推选宋子文担任国际反侵略运动大会中国分会会长,邵力子等人担任国际反侵略运动大会中国分会副会长,邓飞黄担任国际反侵略运动大会中国分会秘书长;推选郑彦芬担任执行部主任,推选钟可托、谢维麟分任总务部正副部长,曾虚白、钱俊瑞分任宣传部正副部长,吴开先、刘百闵分任组织部正副部长,徐蔚南、李荐廷分任财务部正副部长。宋子文当时担任国民政府立法院长,邵力子当时担任中国国民党中央宣传部部长、国民外交学会会长、中苏文化协会副主席、中华全国文艺界抗战协会理事。

1939 年 7 月,蔡元培被国际反侵略运动大会中国分会推举为名誉主席。

国际反侵略运动大会中国分会成立大会推选出周恩来、郭沫若、陈立夫、朱家骅、邵力子、吴国桢、谷正纲、贺衷寒、陶希圣、张冲、潘公展、陶行知、章乃器、王云五、罗隆基、陶百川、邓初民、刘健群、杜重远、王造时、黄季陆、董必武、张定璠、郭春涛、吴开先、刘志陆、邹韬奋、章伯钧、李璜、方振武、李公朴、梁寒操、黄琪翔、方治、陶钧、李平衡、杨公达、王礼锡、钱俊瑞、胡秋原、张仲实、姚实贤、叶溯中、方秋苇、盛成、萧同兹、钟可托、鲍静安、曾仲鸣、沙千里、郭秉文、江康黎、林植夫、徐恩曾、潘汉年、周鲠生、戴笠、左舜生、刘叔模、张西曼、邓悌、董显光、邓飞黄、王昆仑、任西萍等139人为国际反侵略运动大会中国分会理事。①

国际反侵略运动大会中国分会于1938年1月27日下午在武汉市召开首次全体理事会,推选邓颖超、邵力子、杭立武、周鲠生、邓飞黄、曾虚白、钱俊瑞、梁寒操、胡秋原、丁文安、谢维麟、王亚明、范予遂、钟可托、张志让、陈逸云、吴开先、方治、徐蔚南、刘百闵、陶希圣、陈独真、李荐廷等23人为国际反侵略运动大会中国分会常务理事。国际反侵略运动大会中国分会理事会主要职责是讨论"各地支会及通讯处之组织,团体会员之征求,刊物之编印,国内外各种民众团体之联系及其他与组织宣传有关之问题"②。

参加国际反侵略运动大会中国分会的团体有:中国劳动协会、中苏文化协会、国民外交协会、文艺界抗敌协会、海员工会特派员办事处、中国记者学会、中国水利工程学会、中国度量衡学会、时事新报社、中山半月刊、汉口业余歌咏团、南京新民报社、现代读物社、通俗读物编刊社、血路社、广东旅渝同乡抗敌救国协会、中华职业教育社四川办事处等。加入国际反侵略运动大会中国分会有文化团体188个、宗教团体13个、公益团体

---

① 参见中央社:《世界和平运动大会中国分会今成立,汪主席等均将出席致词,侨委会电各地华侨响应》,《大公报》1938年1月23日。

② 中央社:《反侵略分会举行常理会决定工作计划》,《申报》1938年7月27日。

5 个、慈善团体 7 个、救国团体 13 个。

国际反侵略运动大会中国分会第二次年会于 1939 年 5 月 21 日开会，召开第二次年会的主要目的是"推进国际反侵略运动，扩大国际援华制日运动"①。

国际反侵略运动大会中国分会第三次年会于 1941 年 11 月 2 日在重庆夫子池广场举行。该次年会由吴铁城主持，蒋介石致训词，年会通过了"电国际劳工大会转请各国代表一致扩大反侵略运动加紧援华，以扑灭远东侵略祸首""积极促成民主集团，加强国际反侵略阵线""加紧推进中苏英美互援运动，早日摧毁侵略轴心，保障世界和平"等议案，修正了会章，改选了职员，通过了年会宣言。蒋介石在国际反侵略运动大会中国分会第三次年会致训词中说：

> 国际反侵略运动大会中国分会鉴：贵分会举行第三届常年大会于首先反抗侵略之我国首都，又值抗战形势愈趋紧强之际，实足建树风声，益振抗战将士之精神。唯目前侵略国家声应气求，同舟相济，企图推翻世界和平之秩序，奴役举世爱好和平之民族，其阴谋已愈显露，而愈积极。我国首揭抗战，已为反侵略树立强大之堡垒，且为建立东亚永久和平唯一之安定力，实与世界民主国家同其休戚。所望贵会深体此旨，加紧宣扬，俾民主国家之团结，动作益灵敏，适合时机，以打击远东侵略之日本，使收敛其野心，则于国际反侵略之贡献，必尤宏伟也。②

为了加强国际反侵略运动大会中国分会同国外反侵略组织的联系，驻外常务代表团在日内瓦设立办事处。为了联络中外人士讨论援华计

① 小评：《推进反侵略运动》，《申报》1939 年 5 月 23 日。
② 中央社：《反侵略会中国分会在渝举行大会，响应预祝民主国家胜利，蒋委员长致训勉努力宣扬》，《申报》1941 年 11 月 4 日。

划,国际反侵略运动大会中国分会还设立了中外合作委员会。中外合作委员会的外国委员由总会会长委任,中国委员由分会驻外常务代表团推荐,由总会会长委任①,负责研究国际情势和国际宣传。

国际反侵略运动大会中国分会与世界和平运动大会总会保持着紧密的联系。1938年3月初,世界和平运动大会总会代表包立德来华调查日军暴行及指导中国分会工作。国际反侵略运动大会中国分会、中国国民外交协会、国际联盟同志会暨农商学妇女各界团体,起草了一个联名公函致世界和平运动大会总会,表示深挚谢意及诚恳希望,公函中说:

> 日本侵略中国不仅是对中国独立之威胁,而且是世界和平严重的危险。他们对中国人民之屠杀,特别是对儿童壮丁屠杀,对中国妇女之污辱,以及对于不设防地带之滥肆轰炸,这一切行为,其目的不仅在灭中国的种族,且还在摧残整个的人类。中国正团结一致为了四万万五千万人口的自由生存和五千年的历史文化而斗争。同时亦系为全世界的进步、安全与繁荣而斗争。中国是第一次组织起来,真正与国仇作战。
>
> 中国的建设事业虽遭受日寇残酷的阻挠破坏,确已有相当的成绩,中国已建立起相当大量现代化的军队,并正尽力训练现代战斗力,中国军队在配备上虽然较劣于日本,然中国有广大的土地,与众多的人民,日寇除在区域内几个主要交通线占据和各战略的据点而外,并无实际所得,中国人民为抵抗日本侵略者,而纷纷组织自卫军,这运动虽仅仅在开始,然而不要很久就可以普遍的,如你们所知,日本侵略者只能够抓住少数精神堕落、志行卑劣的中国人,去演各种伪组织,但日寇之使用这些卖国贼,正足以暴露他们蓄心制造所谓"自

---

① 参见沈庆林:《中国抗战时期的国际援助》,上海人民出版社2000年版,第180—181页。

治运动"之诡谋,而使中国人民要更加坚决的抵抗侵略者。中国经济生活之尚未集中,固足以使中国在进行现代化的战争时,处于不利的地位,然而这同一的经济分散的因素,却使中国有进行长期抵抗的可能,中国潜伏的抵抗力,极其强大的,而日本的能力是有限制,日本以其著名的"泥脚"低度的文化水平,和经济与外交方面的困难,终必在中间遇其"滑铁卢"之役遭受最后惨败的。吾人深信,在中国为和平而战争之时,世界各国之人民,为正义、为和平、为人道以至于为自身利益与安全,以及世界永久之和平。终有一天决不能袖手旁观,我们希望有国际之援助,但这并非希望各国人民参战援助中国,虽然,如有外国朋友,能个别到中国做义勇军,将为中国人民所热烈欢迎。但世界各国之人民,能不用战争之方法以中止战争,此即一致行动,实行中国反侵略分会致伦敦反日援华大会中所提出四项要求之方法。我们热烈拥护不久以前伦敦大会(世界援华制日大会)所作八项决议,其根本精神,完全与吾人之希望相合,我们誓必为国际和平及民族独立而抗战到底,然同时亦深信世界爱好和平人士,必能尽力实现伦敦大会(世界援华制日大会)之八大决议,使疯狂日寇,降伏于和平王座之前,谨以兄弟之谊,祝贺你们。①

　　国际反侵略运动大会中国分会的口号是"SAVE CHINA, SAVE PEACE"(拯救中国,即拯救和平)。它为了使世界民众更能明了日本侵略者之暴行及促进其对日之制裁,经常电告日内瓦世界和平运动大会总会,主要表达日人之卑劣手段、我国民众同仇敌忾之民气、抗战到底之决心等内容②。

　　国际反侵略运动大会中国分会成立大会通过了《国际反侵略运动大

　　① 中央社:《我建立现代化军队已能作防御战事,日本终必遭受惨败,各团体致函国际反侵略大会表诚恳希望盼实施八项决议》,《申报》1938年3月8日。
　　② 参见中央社:《日机滥施轰炸》,《申报》1939年5月15日。

会中国分会简章》。《国际反侵略运动大会中国分会简章》将其名称定为
国际反侵略运动大会中国分会,提出国际反侵略运动大会中国分会的宗
旨是:"在世界和平运动大会拥护国际联盟、遵守盟约、缩减军备及反对
侵略战争四大原则之下,团结同胞,反抗侵略,争取中国自由平等,保障世
界和平。"国际反侵略运动大会中国分会的会员分为个人会员和团体会
员;组织分为理事会、常务理事会、名誉主席团等;《国际反侵略运动大会
中国分会简章》对会期、会费等作出规定。《国际反侵略运动大会中国分
会简章》的具体内容请见本书附录1。

　　1938年10月1日,经国际反侵略运动大会中国分会会长核准,《国
际反侵略运动大会中国分会各地支会简章》开始施行。《国际反侵略运
动大会中国分会各地支会简章》将支会定名为国际反侵略运动大会中国
分会××支会(英文译名为:××Center of the China Branch of the Interna-
tional Peace Campaign),并规定了支会的宗旨、支会与分会的关系、支会
会员、支会组织、支会经费等。《国际反侵略运动大会中国分会各地支会
简章》的具体内容请见本书附录2。

　　国际反侵略运动大会中国分会在中国国内各地设有支会。支会在分
会领导之下,以遵照世界和平运动大会的拥护国际联盟、遵守盟约、缩减
军备及反对侵略战争等四大原则,团结同胞,反抗侵略,争取中国自由平
等,保障世界和平为宗旨。分会之下第一级地方组织是支会,以省为组织
单位,会址所在地设于省会;第二级地方组织是区会,以各省的县市为组
织单位,那些会员人数过少,却不能不有一个中心,以互相联络的地方,则
设通讯处,隶属于各地的支会或区会①。各地支会设会员代表大会、理事
会、常务理事会、执行部和各种委员会。

　　在1940年1月国际反侵略运动大会中国分会成立两周年纪念时,上
海、桂林、兰州、西安、广东等地均已正式成立地方支会。

---

① 　参见羽盲:《反侵略中国分会一年来工作的检讨》,《申报》1939年1月12日。

国际反侵略运动大会中国分会还在各地乡镇、学校、工厂等处建立通讯处，以之作为"国际反侵略运动之细胞"，第二届常务理事会第二次会议还专门通过了《通讯处组织办法》，对此加以指导。

1938年6月8日，国际反侵略运动大会中国分会在中央社会部备案①。备案文件中表明，国际反侵略运动大会中国分会是一个"以反对侵略战争，保护世界和平为职志"的民众团体。

国际反侵略运动大会中国分会在1938年1月成立时，会所设在汉口，于1938年10月17日迁离汉口，10月3日先在衡阳设置办事处，负责发展西南会务；1938年11月17日又从衡阳迁往桂林，11月23日开始在桂林办公；1938年12月16日又从桂林取道贵阳迁往重庆，1939年1月11日开始在重庆工作②。国际反侵略运动大会中国分会在汉口的会址为怡和街13号，在重庆的会址为枣子岚垭漱庐。

（二）国际反侵略运动大会中国分会的主要工作及贡献

国际反侵略运动大会中国分会将其主要工作定位为研究国际问题与教育民众、进行国际宣传与推进国民外交。

国际反侵略运动大会中国分会做了大量工作，主要表现在：揭露日本侵略中国的罪行，宣传中国军民英勇抗击日本的事迹；作为世界和平运动大会的一个分会，积极参与世界和平运动大会的活动；通过积极的国民外交努力，对外国政府施加外交压力；接待来华访问的国外团体及国际友人③。国际反侵略运动大会中国分会"向国际各种团体，发动反侵略工作之永久联系及经常关系；动员全国工农商学兵各界，成立对日经济绝交之组织"④。

---

① 参见蔡鸿源、徐友春主编：《民国会社党派大辞典》，黄山书社2012年版，第296页。

② 参见中国第二历史档案馆编：《中华民国史档案资料汇编》第5辑第2编，凤凰出版社1998年版，第499—519页。

③ 参见朱蓉蓉：《半官方社团与战时民间外交》，《江苏社会科学》2011年第5期。

④ 时事述评：《国际反侵略大会在伦敦开会》，《时事半月刊》1938年第9期。

1939 年 1 月,周恩来为国际反侵略运动大会中国分会题词:"为民族解放而战,为世界和平而战!"

图 2-1 周恩来为国际反侵略运动大会中国分会的题词

1940 年 1 月,毛泽东为国际反侵略运动大会中国分会成立两周年题词:"正义战争必然要战胜侵略战争"。

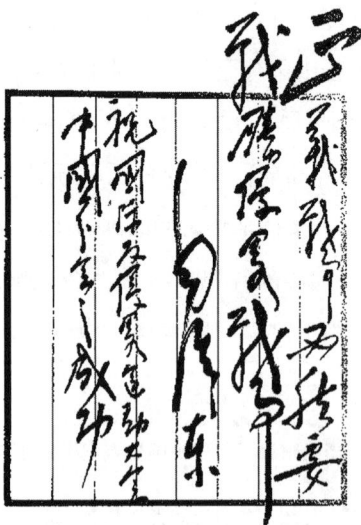

图 2-2 毛泽东为国际反侵略运动大会中国分会成立两周年的题词

1938 年,蔡元培为国际反侵略运动大会中国分会的会歌作词,调寄《满江红》。《国际反侵略运动大会中国分会会歌》洋溢着深厚的爱国热情,充满了反侵略战争必胜的信心,歌中唱道:

> 公理昭彰,战胜强权在今日。
>
> 概不问,领土大小,军容赢诎。
>
> 文化同肩维护任,武装合组抵抗术,把野心军阀尽排除,齐努力。
>
> 我中华,泱泱国,爱和平,御强敌。
>
> 两年来,博得同情洋溢。
>
> 独立宁辞经百战,众擎无愧参全责。
>
> 与友邦共奏凯歌曲,显成绩!①

1939 年,中国作曲家周大风写的《国际反侵略进行曲》经蔡元培推荐被确定为世界和平运动大会总会的会歌,该歌曲首刊于香港《星岛日报》和上海《正言报》,后被译为多国文字,有 60 多个国家传唱这首歌。《国际反侵略进行曲》中唱道:"站起来! 站起来! 站起来! 全世界爱护和平的兄弟姐妹们,快为着保卫人类的文明和生存而前进! 看多少国家正蔓延着恐怖的战争,无辜人民正被蹂躏。这是一个教训,再不起来斗争,人类将要临到末日的命运。全世界二十万万的人民,快放弃国家民族人种的私见,为着人类生存文明,为了世界永久和平,一齐起来向侵略者作一次最后的斗争!"蔡元培赞誉该曲"全球同声,为国争光"。《国际反侵略进行曲》手稿现存于宁波周大风纪念馆。

国际反侵略运动大会中国分会在其代表大会之下设立理事会,再由理事互选组成常务理事会。在常务理事会下设秘书长和副秘书长。另经 1938 年 4 月 15 日国际反侵略运动大会中国分会第四次常务理事会决

---

① 蔡元培:《国际反侵略运动大会中国分会会歌》,《江西地方教育》1938 年第 169 期。

定,在常务理事会之下设立执行部,执行部又分设总务、宣传、组织和联络等四部,每部设正副部长各一人,负责推动国际反侵略运动大会中国分会的会务等各项工作。

国际反侵略运动大会中国分会"为加紧与(世界和平运动大会)总会之联系及与(世界和平运动大会)各国分会之合作起见,在欧洲设立一常务代表团,在伦敦、巴黎、日内瓦等地聘请专人充任,以便就近与(世界和平运动大会)总会国际秘书处接洽各项事宜"①。国际反侵略运动大会中国分会欧洲常务代表团由李石曾、吴秀峰、袁冠新、王礼锡、陶行知等人共同组成,以李石曾为主席,吴秀峰驻瑞士日内瓦、袁冠新驻法国巴黎、王礼锡驻英国伦敦、陶行知驻美国纽约。国际反侵略运动大会中国分会欧洲常务代表团秘书处设在日内瓦,它的主要任务是就近代表国际反侵略运动大会中国分会出席各种有关国际会议,促进国际反侵略运动大会中国分会和世界和平运动大会总会的关系,以及增强世界和平运动大会他国分会的援华制日工作。此外,1938年2月,国际反侵略运动大会中国分会在欧洲成立了一个属于顾问性质的中外合作委员会,由热心世界和平运动的外国友好人士和中国常务代表团共同组成,以密切中外团结合作反对侵略,以及国际反侵略运动大会中国分会和世界和平运动大会总会之间的联系。

国际反侵略运动大会中国分会在扩大会员队伍的同时,也非常注重地方组织建设。1938年1月23日,通过施行国际反侵略运动大会中国分会简章,1938年7月27日的第六次常务理事会会议通过了各地支会、各地区会的组织办法大纲,1938年10月1日,经国际反侵略运动大会中国分会会长核准施行各地支会简章和各地区会简章。国际反侵略运动大会中国分会具有庞大的会员队伍和比较完备的地方组织,在全国各地建

---

① 　中央社:《中国反侵略分会向总会提出说帖,请加紧实施对日封锁,并说明抵制日货办法》,《大公报》1938年8月24日。

立有支会组织,同时注重扩大会员队伍。中国国民党中央执行委员会社会部曾经专门发函,要求各部门工作人员踊跃参加国际反侵略运动大会中国分会,加强反侵略力量。国际反侵略运动大会中国分会成立伊始即征集会员,在国内报刊发布征集会员表,具体见表2-1。

表2-1　国际反侵略运动大会中国分会征集会员表①

通讯地址	职业	籍贯	姓名
		性别	年龄

　　书报杂志的出版发行是战时宣传活动的重要内容,国际反侵略运动大会中国分会相当重视书报杂志的出版发行工作。国际反侵略运动大会中国分会第一届常务理事会第二次会议决定编印中英文小册子进行抗敌宣传。此后为扩大宣传、联络会员,国际反侵略运动大会中国分会积极拓展出版活动,中文出版物分定期出版物与不定期出版物等两大类,其中编辑出版的定期出版物主要有《反侵略》与《反侵略》(通讯旬刊)。

　　《反侵略》是国际反侵略运动大会中国分会在汉口怡和街13号发行的最主要的刊物。《反侵略》销售价为"每期零售三分、三月三角、半年五角、全年一元"。《反侵略》是"怒号着反侵略的呼声,澎湃着反侵略的狂潮,燃烧着反侵略的烽火,开展着反侵略的斗争"②的重要阵地。《反侵略》在当时的全国各大书店均有经销。《反侵略》杂志的征稿要求是:

　　　　一、凡关于反侵略之文字、画图及照片,与本刊旨趣相符者,一概
　　欢迎。

　　　　二、本刊文字,除特约撰稿外,以三千字至五千字为限。

---

① 　参见国际反侵略运动大会中国分会:《启事》,《新华日报》1938年2月7日。

② 　国际反侵略运动大会中国分会:《国际反侵略运动伦敦大会各国代表演讲实录》,1938年编印,封底。

三、来稿以中语体为主,并请缮写清楚,刊载后酌致薄酬,每千字三元至五元,其版权即为本刊所有,唯其在其他刊物发表者,恕不奉酬。

四、译稿请附原文,否则请指明原文出处。

五、本刊对于来稿有删改权,如不愿删改者请在来稿时声明。

六、来稿无论刊载与否,概不退还,附足邮票者不在此限。

七、来稿以用真实姓名为原则,并请加盖图章,注明通信处,寄重庆 123 号信箱本刊收。①

《反侵略》在汉口创刊,后迁往重庆。它的出版时间为 1938 年 9 月至 1942 年 6 月,其中自 1938 年 9 月至 1939 年 7 月为周刊,自 1939 年 12 月至 1942 年 6 月为半月刊。

《反侵略》以宣传反侵略为宗旨,对外为建立国际反侵略联合阵线制造舆论,报道各国反侵略战争的动态;对内联络各抗日救亡组织和团体,宣传中国为维护人类正义和世界和平而战的意义,报道中国军民英勇抗日的情况。《反侵略》1938 年第 1 卷第 1 期就有:社论《国际反侵略运动的四项基本原则》,国际反侵略运动大会中国分会的《反侵略运动的地方组织问题》《三十万封献信运动》,《反侵略》编辑部的《投稿简章》《发扬救国的精神! 为争取国际援助而努力!》,署名文章有冯菊坡的《罗斯福总统与坎拿大》、郑彦棻的《半年来的中国分会:健全组织与扩大宣传》、曹树铭的《本届国际联盟大会应制日援华》、包立德的《中日战事的观察》、徐彦之的《中航机"桂林"号事件》,等等。《反侵略》的文章以政论为主,间有报告文学、诗剧等。吴稚晖曾经为《反侵略》杂志题词:"得道者多助,失道者寡助"②。

---

①　《反侵略》半月刊编辑委员会:《投稿简章》,《反侵略》1939 年第 5 期。

②　桂年:《对于国际反侵略运动及中国分会工作的管见》,《反侵略》1939 年第 10 期。

国际反侵略运动大会中国分会的《反侵略》(通讯旬刊)曾刊载孙科、邵力子、陈铭枢、陈立夫、刘峙等诸多党政要员的文章。政府要员亲自撰文宣传,既扩大了国际反侵略运动大会中国分会的对内和对外的影响,又具有鲜明的导向性,并增强了其宣传活动的权威性。

国际反侵略运动大会中国分会的各地支会积极举办报刊开展反侵略宣传。如国际反侵略运动大会中国分会曲江支会宣传组于1938年10月至1945年9月编有《前线日报》。

为了方便国人研究敌情,国际反侵略运动大会中国分会还与战时日本研究会合作印行了《战时日本》杂志。《战时日本》杂志内容丰富、文章质量高、作者群专业,成为当时中国人了解日本的一个重要窗口。

国际反侵略运动大会中国分会成立后不久,即利用国际上关于反侵略集会作为具体的宣传题材,引起中国人对于世界反侵略运动的注意与认识。利用报纸杂志和国内各种集会,说明国际反侵略运动大会中国分会的性质、任务以及世界和平运动与中国抗战建国的关系。1938年11月,国际反侵略运动大会中国分会征集与抗战有关的照片、漫画、地图、书籍,以及外报评论,寄给世界和平运动大会总会,由世界和平运动大会总会在日内瓦中国国际图书馆举行中国抗战展览会。这次展览会历时一个月,命名为"中国自卫",展览充分暴露了日本侵略者的狰狞面目,使参观者获得有系统的深刻印象,"各国民众,每日参观者,异常踊跃,因受感动而慷慨解囊捐助者甚多"①。

世界和平运动大会总会用中文刊行的通讯,其中有不少材料,读后可令读者对反侵略运动有更深切的认识,因之国际反侵略运动大会中国分会除逐期将其中比较重要而受人欢迎的文字送交各大报刊载外,还把比较系统的长篇通讯送给各大报选登。图画是对民众进行宣传最有效的工具之一,国际反侵略运动大会中国分会特别制成许多与反侵略运动有关

---

① 教育消息:《日内瓦中国国际图书馆》,《申报》1938年12月2日。

的壁画,在有关的各种集会中陈列或在繁华市区悬挂,取得了较大的宣传成效。

国际反侵略运动大会中国分会除自行编印《国际反侵略运动大会中国分会常务理事会会议录汇编》《二年来之国际反侵略运动中国分会》《国际反侵略运动伦敦大会各国代表讲演实录》《欧战局势与东亚问题》《反侵略战争在世界》等小册子及宣传刊物外,并鼓励相关人士编著与反侵略运动有关的文章,送交报刊发表,或印成专册发行。此外,国际反侵略运动大会中国分会对来自各方面有关反侵略运动问题的来信,给予回复与解答。经过国际反侵略运动大会中国分会的努力,中国民众对于世界和平运动大会及其中国分会有了较深入的了解。

在对外宣传方面,国际反侵略运动大会中国分会在通过报纸、杂志的广播和组织代表各地访问等方面,做了大量工作。为世界和平运动大会总会和它的来华代表提供各种宣传材料,如漫画、照片、标语、国内各类机关团体出版的宣传小册、抗战电影片等,充实世界和平运动大会在欧洲的宣传。1938 年年底,国际反侵略运动大会中国分会给世界和平运动大会总会寄去由中国电影制片厂所出的《八百壮士》及《抗战第五辑》。世界和平运动大会总会电影部认为该两部电影适合法国市场需要,将中文说明全部译成法文,分发法国全国各地电影院放映①。

对在欧美举行的各种与国际反侵略运动有关的集会,直接的如世界援华制日大会、巴黎反轰炸不设防城市大会,间接的如第二次世界青年和平大会,国际反侵略运动大会中国分会都会去电申贺、策勉或提出建议,使国际反侵略运动大会中国分会的意见通过这些会议而传达于欧洲各地爱好和平的人士。利用各种偶发事件,如澳洲政府压迫工人反日运动、国际劳工局阻止中国劳工代表自由发言等事件,国际反侵略运动大会中国分会发出电文,或致世界和平运动大会总会,或致世界和平运动大会各国

---

① 参见中央社:《国际反侵略会热烈援华》,《申报》1939 年 2 月 4 日。

分会,作严正表示,以推进各项反侵略工作。将国内报章、杂志所载与反侵略运动有关的言论或文字,剪裁汇总寄给世界和平运动大会总会,备其选登,使世界和平运动大会了解中国反侵略运动的实况和中国国内的舆论趋势。

国际反侵略运动大会中国分会与国际联盟同志会、世界青年和平大会、世界学联会等国际团体直接发生联系,以便从事各项宣传工作①。国际反侵略运动大会中国分会欢迎来华各国记者,招待外国记者,尽量给予工作上的便利。国际反侵略运动大会中国分会参加招待世界学生代表团招待委员会的各项工作,负责招待该团到中国国内各地旅行,促请世界和平运动大会总会加强对日封锁和抵制日货运动。为了达成这个目的,曾由常务代表团李石曾向世界和平运动大会总会提出一个很详尽的说帖,由世界和平运动大会总会分送各国分会。如在巴黎反轰炸不设防城市大会召开之前,国际反侵略运动大会中国分会将中国国内征得各地寄来的照片、漫画、播音片及有声影片等寄往世界和平运动大会总会,并请全国报界一致扩大宣传以响应巴黎反轰炸不设防城市大会的召开②。

国际反侵略运动大会中国分会按期寄送相关论文和报道给《申报》《大公报》《中央日报》和《东南日报》等报馆刊登,扩大反侵略宣传的范围。

国际反侵略运动大会中国分会对街头出版物的制作发行也非常重视,主要有街头诗和漫画等,使抗敌宣传活动得以深入广大中国民众之中,产生了较大的社会影响,起到了社会动员的作用。国际反侵略运动大会中国分会创作《反侵略街头诗》,将当时的国际形势、日寇的残暴生动地描绘出来,表达了中国人民抗战到底的呼声,传播反侵略的精神,鼓舞民众爱国热情;漫画内容涵括反侵略运动宣传、国际知识的普及、各国援

---

① 参见《国际反侵略中国分会向伦敦大会提四议案》,《新华日报》1938年2月1日。
② 参见中央社:《反滥炸城市会改期在法举行,望全国报界能扩大宣传》,《申报》1938年7月16日。

华的情况、大后方建设、日寇的暴行、中国军民的英勇抗战等方面。

　　国际反侵略运动大会中国分会设立国际语言学校。国际反侵略运动大会中国分会还参与了营救八百壮士运动、发起组织国际禁烟问题研究会、"七七"献金运动和火炬游行、响应三十万封慰劳信运动、保卫大武汉等各项工作①。国际反侵略运动大会中国分会这些活动的开展，表明中国人民对国际反侵略运动的积极参加和热情支持，也表明了中国人民反对日本侵略中国的鲜明立场和严正态度。

　　国际反侵略运动大会中国分会开展的民间外交活动，不仅积极宣传中国抗战，而且还揭露了侵略者所犯下的严重罪行，进一步在国际上扩大了中国人民顽强抵抗日本侵略的正义声音，使国外民众进一步了解到中国抗战的实情，成为中国政府官方外交的有力支援，促进世界各国声援中国抗日战争，为抗日战争的最终胜利争取了有利的国际环境。

三、世界和平运动大会及其中国分会
对世界援华制日大会的准备

　　世界和平运动大会于1936年9月在比利时首都布鲁塞尔召开第一次会议后，1937年春，在瑞士日内瓦召开第二次理事会扩大会议，并且在1937年8月召开的第三次理事会议上通过了援助中国的决议案。世界和平运动大会成立后，在中国全民族抗战时期积极声援中国反对日本侵略的斗争，曾经组织了三次有关援助中国的会议：第一次是1938年2月在伦敦召开的世界援华制日大会；第二次是1938年2月在瑞士日内瓦召开的国际农民代表会议，讨论世界各国农民在反侵略运动中的任务；第三

---

　　①　参见中国第二历史档案馆编：《中华民国史档案资料汇编》第5辑第2编，凤凰出版社1998年版，第505—508页。

次是 1938 年 7 月在法国巴黎召开的反对轰炸不设防城市大会,通过了反对轰炸不设防城市的决议案,呼吁世界各国制止日军滥炸。在这些会议中,世界援华制日大会是极其重要的一次,世界和平运动大会的中国分会组织——国际反侵略运动大会中国分会也为之做了充分的准备。

(一)推选出席世界援华制日大会的中国代表

国际反侵略运动大会中国分会于 1938 年 1 月 23 日在汉口成立,世界援华制日大会将于同年 2 月 12 日至 13 日在伦敦举行。国际反侵略运动大会中国分会成立大会召开的重要目的之一,就是为世界援华制日大会做准备。正如沈钧儒在国际反侵略运动大会中国分会成立大会上的致词中所说的:"今天我们在此开会,最重要的,是要把中国分会的主张,贡献到伦敦大会(世界援华制日大会)"[1]。推选国际反侵略运动大会中国分会出席世界援华制日大会的代表,是国际反侵略运动大会中国分会的紧迫工作。

在国际反侵略运动大会中国分会成立大会上推选出了赴英国伦敦出席世界援华制日大会的中国代表团。从中国国内出发者,有宋庆龄、蔡元培;从国外前往参加者,有陈友仁、陶行知、张彭春、王礼锡、李石曾、熊武一、吴秀峰、王海镜、胡适、李德全、林咸经、吴玉章、王景春、李国铭、朱宝贤、谢寿康、陆征祥、李平衡、钱端升。时任国民政府立法院院长、国际反侵略运动大会中国分会会长的宋子文原计划也将由莫斯科直接前往伦敦出席世界援华制日大会,并在会上发表演说[2]。

最后,国际反侵略运动大会中国分会成立大会推选出的赴伦敦出席世界援华制日大会的部分代表未能成行,正式出席的代表与被国际反侵略运动大会中国分会成立大会推选的代表有所出入,李石曾、胡适、顾维

---

① 本报专访:《国际反侵略运动大会中国分会成立,请大会宣布日为人类公敌》,《申报》1938 年 1 月 24 日。

② 参见中央社:《宋庆龄女士将赴英演讲》,《大公报》1938 年 1 月 29 日。

钧、郭泰祺、陶行知、王礼锡、吴玉章等 17 人作为中国代表团的成员出席了世界援华制日大会。

（二）通过对世界援华制日大会的提案

国际反侵略运动大会中国分会成立大会呼吁世界和平势力制裁暴日，并请我国驻外各使馆发动海外留学生及侨胞扩大宣传。国际反侵略运动大会中国分会成立大会通过了《对世界和平运动大会提案》，认为："唯有全世界爱和平之国家与人民一致联合，对进攻中国危害世界之日本侵略者，实行有效制裁，而对于在保卫和平前线之中国予以有效之援助，始能保障条约之尊严与世界之秩序。"①《对世界和平运动大会提案》呼吁即将召开的世界援华制日大会作出援华制日决议。

国际反侵略运动大会中国分会成立大会通过了《国际反侵略运动大会中国分会告全世界人士书》②。有些报刊在报道《国际反侵略运动大会中国分会告全世界人士书》时，将之称为《中国反侵略运动大会告中国友人书》③。

《国际反侵略运动大会中国分会告全世界人士书》指出了中国抗日战争成败与世界和平成败的关系，认为世界和平运动大会将在伦敦举行的世界援华制日大会不仅是人类理性的一个崇高标志，而且也是人类文明史上的一个伟大事件，并对即将召开的世界援华制日大会提出了几点希望。《国际反侵略运动大会中国分会告全世界人士书》的具体内容请参考本书附录 4。

（三）国际反侵略运动大会中国分会对世界援华制日大会的介绍

国际反侵略运动大会中国分会及其负责人在世界援华制日大会召开

---

① 中央社：《反侵略运动我分会昨致电伦敦大会向国际联盟要求，请世界制裁暴日，并否认一切伪政权》，《申报》1938 年 2 月 1 日。

② 参见《国际反侵略运动大会中国分会告全世界人士书》，《团结周报》1938 年第 10 期。

③ 参见中央社：《中国反侵略运动大会告中国友人书》，《大公报》1938 年 1 月 25 日。

之前,在中国国内对世界援华制日大会进行了介绍,并对世界援华制日大会提出了希望。为了使一般民众了解世界援华制日大会的成果,国际反侵略运动大会中国分会将世界援华制日大会"救中国所以救世界和平"的大会说帖译成中文,送交各报逐日发表,其后再由国际反侵略运动大会中国分会印成《世界和平运动大会对日本之经济制裁方案》发行宣传。

1938 年 1 月 17 日下午,陈铭枢为了推动国际反侵略运动大会中国分会的筹备工作,在武汉青年会举行报界人士招待会。陈铭枢在报界人士招待会上称,根据国际联盟调查团秘书吴秀峰自日内瓦发来的电文,世界和平运动大会决定于 1938 年 2 月 12 日召集全世界抵制日货及助华特别会议(世界援华制日大会),中国将派代表出席世界援华制日大会。有感于世界援华制日大会召开在即,而世界和平运动大会在中国尚无分会组织,陈铭枢在该招待会上紧急呼吁:"希望扩大中国分会之组织,集合各界领袖共同努力,与(世界和平运动)大会发生密切联络,使特别会议之抵制日货及助华务得收圆满效果,素仰各界热心救国关怀国际反日援华运动,特请普遍转达此意,并望广征会员,以期达到全国同胞均成为该会员之目的"①。

1938 年 1 月 26 日,中国驻英国大使郭泰祺致电中国政府外交部,介绍了将要召开的世界援华制日大会的会程、参加者情况、会议分组情况,电文中说:世界和平运动大会将在伦敦召集特别会议,"讨论全世界抵制日货及援助中国之方法与步骤","此次特别大会首要日程,为对民众抵制日货方法及步骤,其目的在唤起舆论,提倡有组织之民众抵制,以期促进政府经济制裁","参加团体,在英二百支会及欧陆各国分会及欧陆各国分会外,尚有英国联同志会,分下列七组:贸易联合顾问、合作、经济及国际抵货组织、宣传、消耗方面、宗教伦理、国会"②。

---

① 中央社:《陈铭枢招待报界讲国际和会工作,扩大我分会组织》,《大公报》1938 年 1 月 18 日。

② 中央社:《郭大使电告反侵略大会目的》,《申报》1938 年 1 月 27 日。

1938 年 1 月 27 日下午,国际反侵略运动大会中国分会在武汉市党部召开首次理事会,80 余名理事参会,会议由陈铭枢主持。首先由国际反侵略运动大会中国分会秘书长郑飞黄报告致电中国驻外大使馆转知各代表出席世界援华制日大会的情况,以及已译就国际反侵略运动大会中国分会宣言分发各国的经过。接着,陈铭枢向理事会报告:世界和平运动大会将派中西专员袁冠新、巴特立等于 1938 年 2 月初来华协助中国分会的工作。中国驻英大使郭泰祺给国际反侵略运动大会中国分会发来电报,表示他同意出席世界援华制日大会并致词①。该次理事会决定,国际反侵略运动大会中国分会将"以伦敦举行援华反日之大会在即,特分电在香港及欧美之代表团按期赶往出席"②,并决定将于 1938 年 1 月 28 日下午在外交部长王宠惠的寓邸召开首次常务理事会。

1938 年 1 月 28 日下午,国际反侵略运动大会中国分会的首次常务理事会在外交部长王宠惠的寓邸举行,会议由邵力子主持③。国际反侵略运动大会中国分会首次常务理事会决定,请求外交部电令各驻外使馆发动留学生及侨胞对世界援华制日大会的请愿与宣传。外交部在致中国各驻外使馆的电文中说:

> 查暴日武力侵略以来,全世界爱好和平公道人士,正请暴力制裁之际,我全中国四万万五千万同胞,于国际反侵略运动中国分会成立之日,向将在伦敦举行之抵制日货与援助中国运动之大会,致其最大之敬意,并祝其成功。④

---

①　参见中央社:《反侵略大会中国分会昨开全体理事会》,《大公报》1938 年 1 月 28 日。

②　中央社:《反侵略运动华分会明日开理事会》,《申报》1938 年 1 月 26 日。

③　参见中央社:《反侵略我分会副主席推定常务会昨日开会》,《申报》1938 年 1 月 29 日。

④　中央社:《反侵略运动我分会昨致电伦敦大会向国际联盟要求,请世界制裁暴日,并否认一切伪政权》,《申报》1938 年 2 月 1 日。

国际反侵略运动大会中国分会的首次常务理事会决定,呈请中央党部通令各级党部策动人民团体组织国际反侵略运动大会中国分会的各地支会,并发动华侨组织国际反侵略运动大会中国分会的各地支会。

国际反侵略运动大会中国分会的首次常务理事会决定,由国际反侵略运动大会中国分会向世界和平运动大会总会呈报国际反侵略运动大会中国分会的成立经过,以及对世界援华制日大会提案等方面的情况。

国际反侵略运动大会中国分会的首次常务理事会,还向即将召开的世界援华制日大会提出四点希望,要求作出决议,并一致促其实现。该四点希望是:

一、世界各国公民无论实业,农工商学妇女军政宗教,各界应一致宣布侵略中国破坏和平条约之日本军阀为人类之公敌。

二、世界各国公民及团体,应对日实行抵货,停止对日经济、金融、信用、军火,及军用品、技术人才、医药食品,以及一切任何足以增长日本侵略之经济、政治、军事、精神之供给与援助。

三、世界各国人民及团体,应对中国为各种经济、金融、信用、军火,及军用品、技术人才、医药食品,以及一切足以加强中国抵抗日本侵略之供给与援助。

四、世界和平运动大会,应该推举代表向下届国际联盟会要求,各国政府在国际联盟机构之内,以及其他和平条约义务之下,实施国际联盟盟约第十六、十七两条及其他有效方法,以制裁侵略国之日本,以及决议:一切国家不得对日本在中国之军事控制区域以内所制造之傀儡组织,予以任何法律上或事实上之承认。①

---

① 中央社:《国际反侵略运动大会中国分会推宋庆龄等为赴英代表团》,《申报》1938年1月24日。

1938 年 2 月 3 日晚,国际反侵略运动大会中国分会召开第二次常务理事会。该次常务理事会决定:在世界援华制日大会召开前,中国国内要开展肃清敌货、征求会员、筹备募捐款等工作;在世界援华制日大会召开时,要"呈请中央通电各地党部,于(2 月)11 日召集各地民众举行响应国际反日运动大会""(2 月)11 日下午二时,召开武汉响应国际反日运动大会,晚联合各团体举行数万人之火炬游行"①。

1938 年 2 月 10 日,国际反侵略运动大会中国分会副会长、中国国民党中央宣传部长、国民外交学会会长邵力子举行中外记者茶会。在中外记者茶会上,邵力子指出:"此次抗战,非四十年前中日战役可比,中国人民对以平等待我之国家,及世界爱好和平之人士,莫不视为良友,反之者,则视为敌人。现在世界人士,多数同情我国,自当与此良友,为密切之合作,以打倒侵略者"②。

国际反侵略运动大会中国分会及其理事会、常务理事会与负责人指出了国内今后努力的方面,推选了出席世界援华制日大会的中国代表,通过了对世界援华制日大会的提案,对世界援华制日大会的会程、参加者情况、会议分组情况等作了介绍,起到了很好的宣传动员作用。

---

① 中央社:《反侵略我分会决肃清敌货,定期招待中外记者》,《申报》1938 年 2 月 4 日。

② 中央社:《邵部长昨开茶会招待中外记者》,《申报》1938 年 2 月 11 日。

第三章　世界援华制日大会的
会程与成果

　　世界援华制日大会于 1938 年 2 月 12 日至 13 日在英国伦敦牛津街英国工业大厦(British Industrial House)等处举行,代表 21 个国家和 25 个国际团体的 800 余名代表参会,大会的主题是讨论如何挽救中国、挽救和平,大会的目的是"决定制止疯狂侵略之具体办法以供献世人,对于中国人民将鼓舞起新的力量,实现其中国国权之最后确保之希望"①。世界援华制日大会分全体会议和分组会议,各国代表纷纷发表演说,最后大会通过了决议与宣言,各委员会也都通过了相关决议。

一、世界援华制日大会的出席情况

　　为了纪念 1932 年 1 月 28 日至 3 月 3 日中国军队抗击侵华日军进犯上海的淞沪抗战六周年,世界和平运动大会于 1938 年 2 月 12 日至 13 日在英国伦敦举行了世界援华制日大会②,许多国家的代表、国际团体的代表和世界知名的和平人士参加了大会。

---

　　①　半月要闻:《伦敦国际和平大会》,《一般半月刊》1938 年第 1 期。
　　②　参见国际反侵略运动大会中国分会:《推进反侵略运动纪念"八一三"》,《新华日报》1939 年 8 月 14 日。

(一)中国代表团

中国出席世界援华制日大会的代表有 17 人,首席代表为李石曾[1]。

宋庆龄在寇深祸亟、民族存亡之秋,以其特殊的身份及在国内外享有崇高的威望,积极开展国民外交活动,呼吁各国援华制日,为中国抗日战争作出了重大贡献。宋庆龄在 1938 年 1 月国际反侵略运动大会中国分会上,被推选为出席当年 2 月在英国伦敦召开的世界援华制日大会的中国代表。1938 年 1 月中旬,中国国民外交协会常务委员会曾决议致电宋庆龄、蔡元培,请求他们参加世界援华制日大会,电文中说:"孙夫人宋庆龄先生,蔡元培先生鉴,国际和平运动大会,定于 2 月 12 日在日内瓦举行反日侵略、援助中国特别会议,查该会为欧美各国领袖所发起组织,以反对侵略维护集体安全为要旨,此次特别会议,关系我国抗战前途尤为重大,经本会决议,敦请先生代表我国全体国民出席大会,俾可唤起国际同情,援助我国反抗侵略"[2]。

当世界援华制日大会正式召开时,宋庆龄因在中国国内忙于筹建保卫中国同盟(保卫中国同盟于 1938 年 6 月 14 日由宋庆龄在香港发起成立)而未能出席大会,由中国驻法国大使顾维钧代为出席。但宋庆龄对世界援华制日大会极其重视,她特地致电世界援华制日大会,请求世界和平势力制裁侵略国家并援助中国。

宋子文当时作为国民政府立法院院长、国际反侵略运动大会中国分会的会长,对世界援华制日大会给予了高度关注。宋子文虽然也因事未能亲赴伦敦参会,但他特地撰写了一篇致世界援华制日大会书,并由李石曾代他向大会宣读。

李石曾担任世界援华制日大会中国代表团的团长。作为国民党元老

---

[1]　参见国际反侵略运动大会中国分会:《国际反侵略运动伦敦大会各国代表演讲实录》,1938 年编印。

[2]　中央社:《国民外交会电宋庆龄等请出席国际和会》,《申报》1938 年 1 月 19 日。

之一的李石曾在抗战期间奔走欧美,从事国民外交。抗日战争时期,李石曾侨居法国,自行筹资在法国巴黎商业中心建起中国历史上的第一个海外通讯社——世界电讯社。世界电讯社在中华民族的危难时刻,站在中华民族的立场和国际反法西斯战线的高度,及时向国际社会揭露日本军国主义的暴行,有效地向全世界传达了中国抗战的声音。李石曾倡议设立世界和平运动大会,并奔走世界各地动员各国设立分会,通过各种途径争取国际社会对中国抗战的支持,呼吁国际舆论谴责日本军国主义,联合世界和平力量阻止日本法西斯的横暴肆虐①。国际反侵略运动大会中国分会成立后,为加紧与世界和平运动总会及各国分会的联系起见,在欧洲设立一常务代表团,在伦敦、巴黎、日内瓦等地聘请专人充任,李石曾任该团主席,团秘书处设在日内瓦,以便就近与总会国际秘书处接洽各项事宜②。

　　顾维钧是世界援华制日大会中国代表团的成员之一,并作为宋庆龄的代表出席了世界援华制日大会。顾维钧时任中国驻法国大使、中国国际联盟同志会理事。顾维钧作为近代中国著名的外交家之一,致力于推动国际援华运动。1937 年 9 月,顾维钧在国际联盟呼吁制裁日本侵略,同年 11 月,顾维钧在国际联盟第十八届常会上要求与会国对日本进行经济制裁,停止提供贷款和军需物资,向中国提供军事援助③。争取国际社会尤其是美英苏等国对中国抗战的支持和援助,是抗战时期顾维钧开展外交活动的主题之一。顾维钧利用各种场合,向世界各国政界及社会各界宣传中国抗战,强调中国抗战对世界和平的意义,推进了欧洲国家对中国抗战的了解与支持,推动了国际社会对中国抗战的援助④。

---

　　①　参见李洁:《李石曾:为抗战活跃于国际舞台》,《光明日报》2005 年 9 月 23 日。

　　②　参见中央社:《中国反侵略分会向总会提出说帖,请加紧实施对日封锁,并说明抵制日货办法》,《大公报》1938 年 8 月 24 日。

　　③　参见《国际反侵略大会通过援助中国决议》,《新华日报》1938 年 2 月 15 日。

　　④　参见顾维钧:《顾维钧外交演讲集》,上海辞书出版社 2006 年版,第 3 页。

时任中国驻英国大使的郭泰祺参加了世界援华制日大会。郭泰祺曾三次代表中国出席国际联盟会议,多次照会国际联盟,要求采取措施制止日本对中国的侵略,申明中国不接受日英以中国领土作交易的协议,重申"我国此次抗战乃为争民族之独立自由,非至敌人放弃其侵略政策,绝无和平可言"的立场,同时努力争取国外援助。郭泰祺后任国民党政府外交部部长、国防最高会议外交委员会主席、联合国安理会首任中国首席代表。在世界援华制日大会召开之前,郭泰祺就曾给国民政府外交部发来电文,报告了将要召开的世界援华制日大会的会程、会议目的与参加者等,指出:"此次特别大会(世界援华制日大会)首要日程,为对民众抵制日货方法及步骤,其目的在唤起舆论,提倡有组织之民众抵制,以期促进政府经济制裁,参加团体,除该会(世界和平运动大会)在英支会及欧陆各国分会外,尚有英国际联盟同志会,出席代表六百余人,分下列七组:(一)贸易联合顾问;(二)合作;(三)经济及国际抵货组织;(四)宣传;(五)消耗方面;(六)宗教伦理;(七)国际问题。"①

王礼锡是世界援华制日大会中国代表团的代表之一。中国全民族抗战爆发后,王礼锡提出了救中国、救世界的口号,对国际援华活动起了极大的推动作用。1937年12月13日,南京沦陷于日本侵略者手中的消息传至英国伦敦,王礼锡陷入巨大的悲痛之中。日军在南京惨无人道的种种罪行更使王礼锡感到无比愤慨。王礼锡奔走海外,竭力宣传抗日救国,组织援华团体,为中国抗日战争捐款捐物。王礼锡撰写了大量的爱国文章和诗篇,为祖国抗战呼号呐喊。在英国援华抗日运动蓬勃开展的时候,王礼锡就曾考虑如何把援华抗日运动扩大到世界各地去,他与世界和平运动大会主席薛西尔爵士商量后决定,利用世界和平运动大会这个组织平台的力量举行一次世界援华制日的大会。世界和平运动大会成立后,

---

① 中央社:《反侵略大会开幕时郭泰祺将致词,全欧出席代表六百余人》,《申报》1938年1月27日。

王礼锡、陈柱天、胡秋原等三人为中国驻欧代表①。王礼锡为世界援华制日大会的召开发挥了重要作用。

中共党员吴玉章作为国际反侵略运动大会中国分会的代表出席了世界援华制日大会。1938年2月,吴玉章正好在欧洲进行国际援华的宣传工作,从而直接前往伦敦出席了世界援华制日大会。国际宣传工作告一段落后,吴玉章奉中共中央之命于1938年3月启程回国,4月到达武汉,在中共中央和周恩来的领导之下,通过国民参政会这个平台,进行中国共产党的抗日民族统一战线工作②。

饶漱石出席了世界援华制日大会,并撰写了《为自由和平而战的中国工人阶级》一文。饶漱石当时担任中国共产党领导的中华全国总工会驻赤色职工国际代表,从事国际统战工作,在海外华侨中宣传中国共产党的抗日主张。

陶行知作为中国代表团成员之一参加了世界援华制日大会。1935年一二九运动后,陶行知与邹韬奋、沈钧儒、李公朴等爱国人士发起组织上海文化界救国会。1936年5月,陶行知又与宋庆龄、何香凝、沈钧儒等人发起成立全国各界救国联合会,并任执行委员。1936年7月,陶行知受全国各界救国联合会的委托,以国民外交使节的身份,赴欧洲、美洲、亚洲、非洲的二十几个国家和地区,出席世界和平大会、世界新教育会议等,为中国人民的抗日战争奔走呼号,宣传中国人民的抗日救国主张,使中国抗战得到了世界各国人民的同情和声援③。世界援华制日大会后,陶行知访问加拿大。在加拿大不断发表广播讲话,教唱救亡歌曲,表明中国人民的抗日决心,揭露日本侵略的野心。1938年4月14日,加拿大医疗援华

---

① 参见陈铭枢:《关于国际和平会》,《申报》1938年1月17日。

② 参见安树芬、彭诗琅主编:《中华教育通史》第10卷,京华出版社2010年版,第2110页。

③ 参见安徽芜湖市陶行知研究会、安徽铁军书画社编:《走近陶行知:陶行知论教育书法集》,合肥工业大学出版社2011年版,第17页。

会在温哥华讲演厅召开大会,陶行知在会上发表激动人心的演说,指出:"中国抗日战争不仅是生死存亡的搏斗,而且是为自由、反对奴役的斗争。日本军国主义的眼睛比他的胃口还大,当你们听我讲演时,每一分钟在中国有五个人被杀死或受伤。"①

钱端升参加了世界援华制日大会。钱端升是当时中国著名的政治学家、法学家、教育家、社会活动家和国际问题研究专家。抗日战争期间,钱端升一直活跃在国民外交战线。1936 年国际联盟同志会复兴之初,钱端升即参与其中,对中国争取国际舆论的支持和增进各国对中国的了解起了极大的促进作用。抗战开始后,北京大学教授胡适之、张忠绂及钱端升赴美,从事国民外交活动②。钱端升除出任国际联盟同志会理事外,还担任国际联盟同志会的代理秘书和年会提案召集人等职务,为国际联盟同志会工作的开展做出了贡献③。

张彭春时任南开大学教授,他是经中国国际联盟同志会 1938 年 1 月22 日举行的理事会议推选,作为中国方面出席世界援华制日大会的代表之一④。张彭春在抗日战争开始后,从事国民外交活动。在世界援华制日大会召开之前,张彭春曾先赴美国开展抗战宣传⑤。1938 年 9 月 19日,张彭春曾在九一八纪念会上发表演说,指出:"日本之侵略'满洲'为一切侵略行为之肇始,将永在历史上占重要之一页。过去一年内中国之抵抗力,不独侵略者为之惊异不已,即全世界爱好中国人士,亦为之赞叹不已,中国人口占人类五分之一,其奋斗自无失败之理"⑥。

王海镜不但出席了世界援华制日大会,而且还担任了 1938 年 5 月召开的世界和平运动大会第十四届常年大会的中国代表。在该次世界和平

---

① 贾培基:《陶行知》,重庆出版社 2011 年版,第 64 页。

② 参见中央社:《胡适赴英宣传》,《申报》1938 年 3 月 19 日。

③ 参见潘惠祥:《钱端升与中国国际联盟同志会》,《社会科学论坛》2013 年第 11 期。

④ 中央社:《国际联盟同志会理事会决对外宣传》,《申报》1938 年 1 月 23 日。

⑤ 中央社:《张彭春抵纽约》,《申报》1938 年 1 月 28 日。

⑥ 路透社:《伦敦举行"九一八"纪念会,张彭春发表演说》,《大公报》1938 年 9 月 20 日。

运动大会的常年大会上,王海镜以中国国际联盟同志会的名义提出了一件关于中日战事之报告书,报告书"历述日军暴行,对于日军轰炸不设防城市,破坏学校与残杀学生各种情事,表示抗议;并提出下列数项要求:(一)各国应以药物接济中国,(二)各国均应抵制日货,(三)各民治国政府应禁止各该国商人以各项原料品,尤其是煤油接济日本"①。

李德全为冯玉祥的夫人,她也出席了世界援华制日大会。在世界援华制日大会闭幕后,李德全在世界基督徒学生同盟全世界基督徒学生公祷日发表演讲,要求在1938年公祷日特别注意日本在中国之侵略战争②。

吴秀峰参加了世界援华制日大会。吴秀峰于1920年赴法国勤工俭学,是我国最早一批留法学生之一,早年曾就读于巴黎大学和巴黎外交学院。1931年九一八事变后,吴秀峰担任国际联盟调查团的秘书工作,参加调查日本侵华的事实真相。在世界援华制日大会后不久,吴秀峰参加了世界和平运动大会执行委员会第十次会议,该次会议"除检讨国际局势外,对于保卫世界文化与和平,如何制裁违反国际道德之侵略者诸问题,均有详细之讨论"③。

另外,胡适、陈友仁、熊武一、陆征祥等也参加了世界援华制日大会,他们积极发表演讲,控诉侵华日军暴行,宣传中国抗战,争取国际舆论同情中国抗战。

(二)其他国家及国际团体的代表

参加世界援华制日大会其他国家的代表,主要来自英国、美国、法国、苏联、印度、瑞典、挪威、丹麦、荷兰、比利时、捷克、南斯拉夫、奥地利、瑞

---

① 中央社:《世界和平大会在法举行,我代表述日暴行,并提出三项要求》,《申报》1938年5月29日。

② 参见中央社:《基督徒学生明日公祷》,《大公报》1938年2月19日。

③ 中央社:《国际反侵略会援华决议案对我英勇抗战表示钦佩》,《大公报》1938年6月22日。

士、加拿大、南非、瑞士等国家①。国际工会联合会、国际合作社同盟、国际联盟同志会世界总会、国际妇女和平自由联盟、世界青年运动大会等国际团体也派代表参会。

出席世界援华制日大会其他国家及国际团体的代表主要有世界和平运动大会会长、英国国际联盟同志会会长薛西尔爵士(Lord Cecil),世界和平运动大会副会长诺尔贝克(P.J.Noel-Baker),国际联盟同志会世界总会会长罗林(Henri Rolin),法国总工会劳工运动代表尤浩(Leon Jouhaux),加拿大和平民主促进会代表麦克辽(A.A.Mcleod),印度国民大会代表梅农(Krishna Menon),美国著名国际公法家鲍特(Pitman Potior),英国国会议员、伦敦市政会议领袖莫理逊(Herbert Morrison),法国科学家、诺贝尔物理学奖学金获得者裴兰(Jean Perrin),世界和平运动大会苏联分会代表莫斯卡托夫(Peter Moskhatov)。

世界和平运动大会会长薛西尔,曾组织过支持国际联盟争取国际和平的运动,是一位英国保守党政治家,贵族出身,国际联盟规约的起草人之一,曾获诺贝尔和平奖。比利时和平会会长布鲁克、瑞士职工联合会主席安德生等人也参加了世界援华制日大会,大会在会长薛西尔爵士的主持下热烈召开。

世界多国对世界援华制日大会极为重视,不但派出了庞大的代表团,而且代表也都全程参会。法国代表团代表60人于1938年2月11日晚抵达伦敦,法国方面代表中有参战军人协会代表前部长李伏莱将军、参战军人嘉森等,工会代表有总工会秘书长石屋,人民阵线代表有共产党参议员加香,众议院外事委员会副主席格隆巴许,激进社会党众议员航空委员会主席鲍苏脱罗,独立社会党代表前越南总督范达尼,诺贝尔奖获得者、物理学家贝兰及巴黎大学教授郎之万等人②。

---

① 参见王礼锡:《述国际反侵略会》,《时代文选》1939年创刊号。
② 参见中央社:《国际援助中国大会今日在英开幕,四十国代表共六百余名,法出席人选已派定》,《申报》1938年2月12日。

二、世界援华制日大会的会程

1938年2月12日至13日的世界援华制日大会,先后举行全体大会和分委员会会议。全体大会安排有听取各方贺电和参会代表发表演说等阶段。

(一)全体大会

世界援华制日大会的全体大会共举行两次,时间分别是1938年2月12日上午和13日下午,两次全体大会的地点均在大英工业大厦举行。世界援华制日大会于2月12日上午开幕,由于英国国际联盟同志会会长薛西尔因病缺席,会议由世界和平运动大会副会长诺尔贝克主持。

1938年2月12日上午,世界援华制日大会全体大会的主要内容有:诺尔贝克等人致开会词;宣读蒋介石致世界援华制日大会的电文、国际反侵略运动大会中国分会会长宋子文致世界援华制日大会的电文、美国前国务卿史汀生致世界援华制日大会的电文、法国前殖民部长穆戴与前财政部长赫诺等人致世界援华制日大会的电文;各国代表演说。在会场里布置的标语或标志有:拯救和平,拯救中国(SAVE PEACE,SAVE CHINA);人民能中止战争(THE PEOPLES CAN STOP THE WAR);RUP则是世界和平运动大会法文名Rassemblement Universe Pour la Paixd的缩写。世界援华制日大会全体大会会场的具体情况请见图3-1[①]。

诺尔贝克在致开会词中指出:"日本已向吾人所信之原则挑衅,吾人须表示对其行动之嫌恶,并使与之脱离一切关系";法国总工会秘书长石屋致词称:"法国各工团,已采取行动抵制日货步骤";美国代表鲍特表

---

① 参见傅润华主编:《抗战建国大画史》,中国文化信托服务社1948年版,第120页。

图 3-1　世界援华制日大会全体大会会场图

示:"如他国有具体行动之保证,则确知美国行动必不后人";印度代表梅农表示:"奉印度国民大会会长电谕,对大会宗旨无限制之援助";加拿大代表麦克辽宣称:"加拿大实乃日本之兵工厂,日本苟无加拿大以军用原料品接济之,即无法开始侵略,且亦无法继续侵略"①。

1938 年 2 月 12 日上午的全体大会中宣读了国际反侵略运动大会中国分会致世界援华制日大会的电文,电文列举了日本侵略中国所带来的深重灾难,电文中说:

伦敦牛津街英国实业大楼世界和平运动大会主席薛西尔爵士鉴,日本武力侵华,所占领之土地已在八十一万八千平方英里以上,约为中国全部领土五分之一,中国人民遭受战争之祸害者,为数已在一万万二千五百万以上,约占全国人口三分之一,其中沦为难民者在六十万以上,现集中于平津之难民在五十万以上,集中于上海者在五十万以上,集中于南京者在二十五万以上,集中于汉口者十万以上,其由战区迁居内地之广大避难群众,尚不在此数之列。自(1938 年)1 月 4 日至 23 日共二十天之中,在上海一区所发现之难民尸体暴露

---

① 中央社:《排日助华会议前日开会情形》,《申报》1938 年 2 月 14 日。

各地者已在一万以上。日本对于中国文化机关,亦复恣意摧毁,大学及专门学校被毁者在四十所以上,截至去年(1937年)10月15日止,经精确之调查统计,大学及专门学校被毁者十四校,中学被毁者二十七校,小学被毁者四十四校,其他文化机关被毁者八所。就物质损失而言,上海市内文化机关之损失,统计为中国国币一千零九十四万二千二百四十二元。教堂、医院及红十字机关之损失,尚不在内,在中国境内欧美损失,至为惨重,举其显著之暴状而言,天津俄国领事馆之搜查,英国大使及参赞之被炸,巴纳号之沉没,女岛号之轰炸,德和、大通等商轮之袭击,以及对亚力生及杭州天主教士之侮辱,均为震惊中外之事件,其他外侨男女商民,迭次所受之损失与侮辱,尤不可胜数,本会(国际反侵略运动大会中国分会)为此恳请伦敦世界和平运动大会(世界援华制日大会),通过宣布日本为人类之公敌,对日实施经济制裁,予中国以经济上、财政上及军需上之援助,呈请国际联盟实施盟约第十六条及第十七条之规定,并由大会决议,对于日本在中国所制造之傀儡政府,不得予以法律上或事实上之承认。①

1938年2月12日上午,在世界援华制日大会全体大会中分发了国际反侵略运动大会中国分会对世界援华制日大会的提案,提案对世界援华制日大会提出了希望,提案中说:

　　在日本军阀大举侵略中国,而中国全国为国家生存及世界和平而战之时,国际反侵略运动大会中国分会特别会议代表全中国四亿五千万之爱和平人民,对国际反侵略运动之高尚努力及全世界一切拥护和平之国家与人士致敬,特别对于将在伦敦举行之抵制日货及

---

①　中央社:《反侵略运动我分会电大会报告》,《申报》1938年2月11日。

援助中国运动致谢，并祝其成功。吾人今日回忆过去国际联盟及李顿调查团对于日本侵略中国事件所作的，以及国际联盟谴责日本之决议和伦敦九国会议之报告书所表现的，一切公正然而没有成功的努力，深觉在此日本大举进攻中国，世界和平根本动摇之时，因而全世界拥护和平者对条约义务之履行受严重试验之时，唯有全世界爱和平之国家与人民一致联合对进攻中国危害世界之日本侵略者，实行有效制裁；而对于在保卫和平前线之中国予以有效之援助，始能保障条约之尊严与世界之秩序。

因此，我们向世界和平运动大会及其将在伦敦召集之抵制日货及援助中国特别会议（世界援华制日大会），要求作如下决议，并一致促其实现：

一、世界各国公民无论实业、农工商学妇女军政宗教，各界应一致宣布侵略中国破坏和平条约之日本军阀为人类之公敌。

二、世界各国公民及团体，应对日实行抵货，停止对日经济、金融、信用、军火，及军用品、技术人才、医药食品，以及一切任何足以增长日本侵略之经济、政治、军事、精神之供给与援助。

三、世界各国人民及团体，应对中国为各种经济、金融、信用、军火，及军用品、技术人才、医药食品，以及一切足以加强中国抵抗日本侵略之供给与援助。

四、世界和平运动大会，应该推举代表向下届国际联盟会要求，各国政府在国际联盟机构之内，以及其他和平条约义务之下，实施国际联盟盟约第十六、十七两条及其他有效方法，以制裁侵略国之日本，以及决议：一切国家不得对日本在中国之军事控制区域以内所制造之傀儡组织，予以任何法律上或事实上之承认。①

---

① 《国际反侵略运动大会中国分会对大会提案及告世界人士书》，《时事类编特刊》1938 年第 10 期。

1938 年 2 月 12 日上午的世界援华制日大会全体大会中宣读了蒋介石致世界援华制日大会的电文。蒋介石在致世界援华制日大会的电文中对大会的召开寄予厚望，指出：

　　贵会今将断然制止日本之残暴侵略，余愿代表我中国四亿五千万受战争荼毒爱好和平之民众，谨致谢忱，日本于六年以前，夺我东四省五十万方英里之领土，今复掠我腹地，侵及九省，受其蹂躏之面积几等于英法德意四国幅员之总和，日军蹂躏之所至，中国壮丁靡有孑遗，无辜妇女既遭摧残复难免其屠戮，而髫龄童子或被凶杀，或父母罹难，尽成流浪之孤儿。在其陆海炮火威力不及之地带中，彼复嗾其空军向我无辜民众横加轰炸，毁其家室，摧其实业，夷其一切慈善机关为平地，而其陆海空军今仍继续扩大战事，足见日军人侵略之野心，迄无餍足之时。日之侵华，不独无法理可言，且将国际公法、九国公约及非战协定，作彰着之摧残，彼欲征服中国，竟悍然置列强之利益于不顾，视全世界不以战争为国策工具之共同协定若无物，是日本之举措，不啻一举而欲毁弃全世界之法律秩序与文明，而陷之入中古时代野蛮之状态，中国今兹之抗争，正竭其人力物力作坚韧之撑持，即最后一人、最后寸土，仍将继续此神圣之战争，任何牺牲，决不变志。诸公今日召此大会，目的欲制止日军之疯狂与残暴，此种同情之表示，足使我抵抗侵略之战争，骤增新生之力量，使世界公理之伸张，复获新生之希望，中国作战不独求民族之解放，不独求领土主权之完整，实乃为全世界各国之共同安全而战也，日本践踏条约如粪土，既保证邻国疆土之完整于先，乃食言兴师任意侵略之于后，其毁灭信义，若不加以惩膺，则世界此后所遭逢之浩劫，恐为人类历史所罕见，唯全世界一致之舆论，同作正确之表示，佐之以最有效之联合行动，始足使日本觉悟其盲目推进侵略政策之不智，及其以武力征服中国之不可能。贵会为世界最有力量一部分民众之代表，倘能使日本深感全世界爱好和平之民众痛恨其残杀掠夺之行为,实足予中国为公理和平之斗争以强有力之奥援,贵会共同之情绪若能以具体步骤之表现,促成日本侵略之结束,则贵会推进世界和平与人类幸福之努力,庶几见显著之成效。①

蒋介石在军事被动、政治主动情况之下,藉电文展现了日寇残暴的事实真相,谴责日本侵华暴行,表明了中国抗战到底的决心,对世界援华制日大会的召开表示感谢并希望大会采取具体步骤制裁日本侵略者、援助中国。蒋介石电文体现出了中国政府利用世界援华制日大会这一国际政治舞台,争取国际社会采取援华制日的具体行动。

在 1938 年 2 月 12 日上午的世界援华制日大会全体大会中,李石曾宣读了国际反侵略运动大会中国分会会长宋子文致世界援华制日大会书。宋子文在致世界援华制日大会书中说:

余之演词,寄自炮火霹雳、炸弹山崩、伤亡哀号、声震耳鼓、战祸冲破的中华,将为坐在英伦安静会议席中诸位所听见。这篇文词寄出数天之后,就能到达诸位,倘使我用无线电传达,诸位便可立时听到,如同对谈。

这些事实,证明世界变成怎样的小,证明在西方的你们,证明日本加于中华的恐怖战争有怎么的密切联系。这回战争与你们的深切关系,约有两端:

第一点,日本在西方寻找着援助。日本陆空军的横蛮凶暴,在世上报章所登载,银幕所映演的,乃极微细之一部。然仅此已足以寒文明世界之良心。下次你们到新闻影片剧院里去,看见我国华丽城市,化为断壁残垣,或见中华孩童,焦头烂额,肢断体残,辗转于痛梦之

---

① 中央社:《中国决竭人力物力继续神圣战争》,《申报》1938 年 2 月 13 日。

中，或见中华母亲当她目睹娇儿，炸成肉泥一团时——面上的剧痛的愁容，你们须记得，这些惨剧，不过是法西斯日本，加诸中华勤劳而善良的民众的残酷暴虐的微细之一部；并须记得，此类事实正在继续演进，而日本之所以能干这些暴行，实由与西方通商之故。

日本系一贫穷国家。其经济财政地位，均须仰人鼻息，全赖国外贸易，并缺乏原料，煤油、棉花、金属，必须购自外洋。应在战争中所需物品，几无一不自外国输入，其大部分取给于美国及大英帝国。日本出售货物给你们，即从贵国购得战争的工具。

与诸位相关切的第二点，是此次战争，为世界大战的一部分。这次不是寻常战争。问题的焦点，在你们所代表的各国中燃烧着。我们的命运，和你们将来的一切相联系。日本国内，社会不平等，贫富悬殊，残酷暴虐，不仁不义，触目皆是，为世界各地所未见。日本一般民众，终岁不得温饱，穷困不堪。如此情况，而能维持者，所恃独裁专制、陈腐的天皇崇拜、种族崇拜观念，以及封建军阀主义，与凶悍的帝国主义。

中国国民革命，始于 1911 年，其后继续努力，虽然种种失败和错误，然认识日益清，志趣日益坚，不难实现革命之理想。我们的理想，在使中华地位，与世界各国平等，在国际联盟所代表之自由民族中，尽其充分的职责，对内依据社会公理，建立民主政治，使人人享有繁荣幸福之均等机会。我们正在竭力吸取西方之所长，改进广大而悠久的国家，使之现代化，俾能与世界自由民族，并驾齐驱，推进文明。

那就是我们的雄心，我们的理想。我们绝不放弃，并且我们已经开始成功，日本封建军阀、工商大王，遂于此时以恐怖的战争，加诸中华民众头上。推其用意，在惧惮中华民族之复兴，完成自由繁荣的统一民主国家，致使日本内部发生动摇，危害其独裁专制，此所以日本陆空军，就其力所能及，狠心焚烧轰炸我国的医院、学校、大学、专门研究院，以及我国革命以前的封建余孽，导演傀儡丑剧。此所以日军今日在中华,如疯如狂,利用过去封建时代的昏庸遗老及残余反动政客,制造傀儡伪政权。

中国幅员之广,等于全欧,民族习尚之绵亘,可远溯至埃及金字塔时代。我国人口,几占全世界四分之一。日本的狂妄军阀,乃一半破产的小国统治者,不顾一切的来侵略我们,欲以刀剑大炮,恐怖杀戮,破坏我民族精神,戕贼我自由意志,摧毁我伟大文明,让我们回至方才挣扎出来的黑暗封建,迫使我们成为一愚昧农民、买办走卒之国家,甘心服帖地去侍奉日本的横蛮工头。

朋友们,那是永远不会有的事。历史昭告我们,民族自由的愿望,为外来侵略所阻挠,社会正义的期待,受反动势力所压迫之时,其结果外来侵略和社会反动必遭颠覆。

我们对于西方屠杀人类的大规模高度效率的方法,学习较缓——过分的迟缓,也许是不愿意学习。条约之不可信,正义之不足恃,可恃者强权,我们知之较晚。然在困难经历之中,我们的醒悟亦特远。我们的勇敢和沉稳,已证明中华民族,并不逊于世上任何民族,我们将坚忍抵抗,非赶走残忍野蛮的侵略者,解放我们的民族不止。我们且将帮助日本民众,扑灭为人类文化所不容的政权。

我们抵抗侵略的、反动的战争,和西班牙的战争相同,各为世界战争的一部。这次世界战争,始于1931年的满洲,扩而延至阿比西尼亚,继而延至西班牙,然后则凶焰再起于我国,演成今日之浩劫。法西斯主义自1931年以来,去联合全世界的攻击;支持民主政治和集体安全抵制侵略的民族和政府,只有散漫不联络的防御。

每一次,一般人认为只要容忍法西斯侵略者的放任,让他们作一次小战,事后调和,比较容易,免得糜烂大局。

殊不知每次猜测,均属错误。小战层出,浸成大战,而民主主义的精神却因以颓败,战争祸首反得奖励。其势必至世界大小各国都卷入战争漩涡,文化机构整个崩溃。

我们若欲防止世界大战的洪流,唯一法门,在采取集体行动,制止现有的战争。战祸不能自止,可以产生更大更恶的战祸。你们袖手旁观的时间愈久,给日本暨其他战祸造者的帮助亦愈多,自己吃亏亦愈大。

那就是局势的真相。

你们将何以应付这个局面?①

宋子文致世界援华制日大会书希望巩固世界和平力量,反对国际侵略与无人道主义的残暴行为。他分析了这次战争与世界上多数国家深切的关系,认为日本侵略者之所以如此,其实也是一些国家助纣为虐之结果,对一些国家向日本侵略者出售军用物资提出抗议。宋子文在致世界援华制日大会书中认为,只有采取集体行动,才能制止现有的战争。

1938 年 2 月 12 日上午的全体大会中还宣读了宋庆龄发自香港致世界援华制日大会的电文,宋庆龄在电文中表示:"彼因国难期内事务太忙,致不能到会,殊为遗憾,并请大会利用世界之和平势力,制裁侵略国家"②,"愿诸君助我继续抗战,以迄最后之胜利。吾辈之胜利亦即世界和平、自由、民主之胜利也"③。美国前国务卿史汀生在致世界援华制日大会的电文中主张各国非正式与日本断绝商业关系。史汀生在任期间提倡一个原则(史汀生原则),这个原则的核心内容就是:不承认用武力所侵略之土地④。

法国前殖民部长穆戴、法国前财政部长赫诺等人也给世界援华制日大会发来电文。

---

① 中央社:《反侵略会开幕,顾维钧代表中国出席致词,史汀生主张与日断绝商务》,《申报》1938 年 2 月 13 日。

② 中央社:《世界反日大会开会,蒋委员长严正表示中国继续除暴之神圣战争,甚望大会能表现具体步骤》,《大公报》1938 年 2 月 13 日。

③ 中央社:《我代表团电告援华大会经过》,《申报》1938 年 2 月 19 日。

④ 参见中央社:《美国政府重新申明史汀生原则坚持不变》,《大公报》1938 年 1 月 18 日。

世界援华制日大会的第二次全体大会于 1938 年 2 月 13 日下午在英国工业大厦举行,通过了大会决议与大会宣言。

(二)分委员会会议

1938 年 2 月 12 日下午及 13 日上午世界援华制日大会在英国工业大厦举行分委员会会议,分为工会委员会、合作社委员会、消费者委员会、宣传委员会、技术委员会、国会委员会、宗教伦理委员会、援华委员会等八个委员会,讨论如何从各方面援助中国的问题,商讨抵制日货的具体办法,通过了相关决议。

工会委员会的主席为英国的韩特先生,报告员有法国的儒阿先生、瑞典的安德生先生。

合作社委员会的主席为英国的梅亨利先生,报告员有法国的波瓦松先生、瑞典的师托尔蒲先生。

消费者委员会的主席为比利时的何难先生,报告员有加拿大的司马先生、法国的吕舍伦先生、英国的格拉斯顿太太。

宣传委员会的主席为英国的安吉尔爵士,报告员有法国巴黎大学的巴也教授、加拿大的马克利阿德博士、瑞士的师比勒先生。

技术委员会的主席为前安南总督瓦赫伦先生,英国的萨尔特爵士致开会词,报告员是挪威和平会的会长阿尔登先生。

国会委员会的主席为法国下议院外交委员会的副主席格兰霸时先生,报告员是英国国会议员鲁意乔治女士。

宗教伦理委员会的主席为英国在华传教士许斯,报告员是法国补几农神父。

援华委员会的主席为英国的福利女士,报告员有奥地利的马特加先生、捷克的蒲鲁加斯卡先生、美国的威思先生。[1]

----

[1]　参见《援华抵制日货伦敦大会纪录》,《国际和平促进会通讯》1938 年第 1 期。

（三）伦敦民众大会

1938 年 2 月 13 日晚举行伦敦民众大会,各国代表继续发表演说,纷纷表示响应世界援华制日大会,"一致斥责日本侵略行动,认为系日本不顾国际道义,有计划将以武力进行其侵略野心",到会参加者共 2500 人"热烈情绪,令人莫可忘怀"①。伦敦民众大会因人数过多,会场分为两处:一处在皇家剧院,一处在亚德尔非剧院。皇家剧院由世界和平运动大会会长、英国国际联盟同志会会长薛西尔爵士主持,亚德尔非剧院由英国保守党议员亚当主持②。

薛西尔演说的题目是《我们为争取法律的权威而奋斗》。薛西尔指出世界援华制日大会的宗旨在于遏制中日两国的战争,促请出席世界援华制日大会的各国代表不要参加到日本军国主义者的侵华罪恶中去③,他说:

> 这次会议正在世界形势危急之时召开,我自己相信,将来历史家着手著述大战以后几年的历史时,一定会叙说:这几年见到一种很伟大的争端开始,其结局为世界整个前途所倚。这种争端,引起新与旧之间、进步与反动之间、文明与无政府状态之间的整个问题。对于这种争端,我们正在奋斗寻求一个解决,但正在其演化之中,有一个强国已经第二次的将我们对于世界前途希望的整个基础改变了。
>
> 我们必须对付日本不顾一切国际约束,用武力强行己意的一种处心积虑的行为。我们认为应当努力尽我们所能,反对这种行为,使

---

① 中央社:《伦敦举行民众大会一致斥责日本,赞助反侵略大会决议案》,《大公报》1938 年 2 月 15 日。

② 参见国际反侵略运动大会中国分会:《国际反侵略运动伦敦大会各国代表演讲实录》,1938 年编印,第 1—2 页。

③ 参见世界论坛:《伦敦和平大会谴责日本》,《集纳》1938 年第 9 期。

这种行为的成功发生疑难或不可能。这一点料想诸位亦必同意。所以我们在前两天的会议中,已经考虑各种方法手段,以树立一种伟大的国际抵制日货计划。

我要说这事怎么刺激了我。这个运动并不和遣派代表出席本会之任何一国政府的行动有所抵触。反之,这个运动正企图帮助各该政府维持国际公约的一切新的原则。我们的目的是:如果我们能够办到,要制止战争;不但制止战争,并且坚决主张所有日本军队退出中国;如果这一层不能办到,无论如何,我们要求这些国家所有的人民都应祛除自身与日本发生任何同谋关系的嫌疑。我们一日购买日本货物,即一日帮助日本军队进行侵略中国。我们购买日货所花的每一个先令大概都被用于侵略中国。

所有自爱的人们,感觉这次战争是一种绝对无辞可以自解的,都应当联合起来,先祛除一切任何同谋关系,这是大家的责任。

此外,我想这次伟大运动将为教育世界各民族及其政府的一种伟大工具。摆在他们面前一个伟大问题——对于世界前途重要的问题——即在国际事件中,对于人民与国家,法律是否有效。一个国家在这些事件中应当服从国际的意志,恰如在一国之内,二人发生争执时,只有服从国家法律之裁判,而不得以己意为法律。

我们为争法律的权威而奋斗。本问题较任何局部的或政治的问题远为重要。本问题的究竟,关系到世界的前途。我们必须说服世界各民族,本问题是无上重要。我们亦须指示他们,本问题对于他们关系如何重大,因为在一切国际事件中,公意必是我们所能诉告的唯一最后裁判机关。这是我们行动的理由,亦是今晚会议的理由。

近来我同大家一样,听到许多关于国际联盟失败的话。我想这些所谓失败,当从另一方面解释。这些失败正是必经的阶段,是这伟大问题前进中必不可少的阶段。我们不要想象,我们正在努力创造中的这种惊人改革——废除战争——可以不经过任何困难、任何挫折,所能成就。我们知道真爱的途径从来是不平坦的,世界上每件伟大神圣事业的途径也正一样,我们正在奋斗中的事业也正是一种伟大神圣的事业。有时候,这种主义的进展或不如我们所希望的那样迅速,但我相信,假使你们放开远大眼光,观察全局,大战以后的进步已经是惊人的了。

　　我们已在一般世界良心观念中,建立了认战争为一种阴毒罪恶的信念。我们已经指示,已经说服了全世界,他们必须于屠杀男女小孩的残暴兽行外,寻求别的方法,以解决国际纠纷。这就是我们已经成就的伟大进步。我相信将来无论有何事情发生,这种主义势必归于胜利。这就是正义与真理。真理是伟大,终久必占优势。①

　　王礼锡在世界援华制日大会作了《制止法西斯侵略,拯救中国、拯救世界》的演讲,列举了日本侵略者在中国犯下的累累罪行,指出:“作为一个中国人,每当日本在中国强占了一个城市,就好像在我身上挖了一个肉洞;每当日本飞机投下一颗炸弹,就好像在我身上划了一条血痕。我的祖国同胞,正在用一切可能的方式同凶残的日本侵略者战斗。他们保卫的不仅是自己的国家、民族,也是保卫着世界和平和自由。”他在演讲最后要求全世界人民行动起来,开展救中国、救世界的和平运动。

　　吴玉章在世界援华制日大会上作了《中国抗日战争的新阶段》的演讲,论述了抗战以来军事、政治、社会、经济和国际上许多有利于中国的新变化,指出“中国抗日的战争,成了保卫世界和平、拥护正义人道的神圣战争”,说明“只要我们能够坚固抗日民族统一战线,与日寇坚决抗战到

---

　　①　国际反侵略运动大会中国分会:《国际反侵略运动伦敦大会各国代表演讲实录》,1938 年编印,第 3—5 页。

底,最后胜利一定是我们的"①。吴玉章在会上还散发了用英文和法文编印的宣传册《中国能战胜日本》,他还被推选为世界和平运动大会总会理事②。

另有世界援华制日大会的多位代表发表演说。法国总工会劳工运动代表尤浩演说的题目是《断绝原料供给是达到集体安全的第一步》。美国国际公法研究专家鲍特作了两次演说,第一次的题目为《当国际联盟开始行动之际,美国倾向国际联盟之情绪极度澎湃》,第二次的题目为《在美国近五年内,对于世界问题,其兴趣进展之程度,诚为前此所不可得者》。加拿大和平民主促进会代表麦克辽演说的题目是《任何反对日本侵略的运动,如其结果不达到禁运各种原料是绝对没有意义的》。印度国民大会代表梅农演说的题目是《四千万印人参加中国节游行示威,宣传抵制日货助华医药》。英国前交通部长、国会议员、伦敦市政会议领袖莫理逊演说的题目是《我们今晚在此开会目的并不是要和日本人民寻仇》。法国科学家、诺贝尔物理学奖学金获得者裴兰演说的题目是《今日助长日本淫威的人其实是在招致将来的贫困与失业》。世界和平运动大会苏联分会代表莫斯卡托夫演说的题目是《苏联将协助抵制日货》。

中国代表顾维钧在演说中,吁请各国采取集体行动,并认为爱好和平的各国倘能相互合作,以实施国际联盟盟约的各项原则,则各国依据此项原则而出以集体行动并非不可能。在谈到抵制日货运动时,顾维钧指出:"各国倘能普遍实施,则对付日本常系最有效之办法,因此各国对于此项运动,务当有以组织之,而各国人民尤当个别抵制日货","抵制货物办法,乃国际联盟盟约所载各项经济制裁办法之一,亦即用以制止侵略、保障和平者,倘能人人实行,则众志成城自不难及时发生实效,此与海

---

① 安树芬、彭诗琅主编:《中华教育通史》第10卷,京华出版社2010年版,第2110页。

② 参见刘文耀、杨世元:《吴玉章年谱》,四川人民出版社1998年版,第215页。

洋之由无数小河交流而成,其理实同。更就对付侵略国言之,抵制货物运动,在实际上、精神上均系重要之举,因包括反对侵略之主义在内,并以直接行动表示此项反对情绪之好处,倘能普遍实施,并维持至相当时日,则必可在经济上予侵略国以打击。日本既为高度工业国,以此项手段对付之,尤为适宜。至以中日两国战事而言,前当 1932 年'一二八'之役,本人曾目击日军暴行,但此次战事之可怖实远在'一二八'之上。"顾维钧在谈到国际联盟时指出:"世人每多攻击国际联盟谓世界现行纷争局势,应由国际联盟负责,实则国际联盟既非一太上政府,尤乏实施盟约各项原则之实力,但决不可以一毫无用处、毫无实效之机关目之。某某大国虽居于会员国之列,但不愿实施盟约所载各项规定,而以采取各项姑息办法为能事,国际联盟之不能发生实效,与其谓系本身缺陷使然,毋宁谓因各该国态度冷淡所致。要之各大国不愿协力实施盟约规定,此国际遭遇困难之真正原因所在。"顾维钧在演讲的最后特别呼吁各民主国家有所行动,认为"各国凡采用代议制者,其人民对于各该国政府所推行之政策原可有以左右之,因此各该国人民实较有致力和平之机会。特当此各国竞扩军备之际,世界断无持久的和平可言,以是各国必须缩减军备,并尊重国际法治,则和平始可维持于不坠耳云。"[1]

法国代表格鲁姆拔西在演说时称:"中国为世界上最爱好和平之国家,此次竟受侵略之害,有若于地方被破坏,此为人类之羞耻,应即加以洗刷,各国为本身之安全计,应即封锁日本";加拿大代表马格利奥称:"世人咸尚若各国一致抵制日本,则日本终将自毙,但事实上并不如此,因假定反日运动能普及各地,则各国终必对日有所行动";英国工党议员诺尔倍克称:"世界各国所用之丝,百分之九十均来自日本,故各民主国家之妇女应停止购买丝货。彼将在英国国会中提议凡日本输英之货物,均应

---

[1]　中央社:《顾大使激昂演说请各国际联盟联合制裁》,《大公报》1938 年 2 月 15 日。

标明为日货,俾民众易于明了"①。

1938 年 2 月 14 日午后,顾维钧还会见了记者。顾维钧在会见记者时表示:"(1938 年 2 月)13 日晚在此举行之国际和平运动民众大会,其所表示之热烈情绪,令人莫可忘怀云"②。顾维钧在会见记者时还展望了中日战争的前途。

三、世界援华制日大会的成果

为了方便世界援华制日大会与会代表讨论,世界和平运动大会秘书厅在世界援华制日大会召开之前编写了说帖分发给各与会代表参考和讨论。在世界援华制日大会召开期间,通过了大会决议与大会宣言,各委员会还通过了各委员会决议。与会者强烈谴责法西斯的侵略行为,表示要动员本国人民,援助中国、制裁日本。③ 援华标语(Help-China Posters)遍贴于大会会场的四壁④。世界援华制日大会的主要成果之一就是讨论如何抵制日货以援助中国,所以当时有些文章、报道对世界援华制日大会的称呼有点不同,有些将之称为抵制日货援助中国特别会议⑤、援华抵制日货伦敦大会⑥、援助中国抵制日货会议⑦等。

---

① 中央社:《援华反日办法,伦敦大会通过决议案,请政府勿供给日本军火金钱,抵制日货并举行援华运动周》,《大公报》1938 年 2 月 15 日。

② 中央社:《国际抵制日货在华设立情报局协助对世界宣传》,《申报》1938 年 2 月 16 日。

③ 参见顾一群等:《王礼锡传》,四川大学出版社 1995 年版,第 167 页。

④ 参见《国际反侵略运动总会执行委员会开会之影,场中四壁遍贴援华标语》,《良友》1939 年第 144 期。

⑤ 参见市隐:《国际反侵略会举行排日援华会议》,《东方杂志》1938 年第 1 期。

⑥ 参见《援华抵制日货伦敦大会纪录》,《国际和平促进会通讯》1938 年第 1 期。

⑦ 参见《国际和平大会通过制日决案》,《广东合作通讯》1938 年第 3 期。

（一）大会说帖

说帖是指条陈、建议书一类的文书。世界和平运动大会秘书厅"为便利与会代表讨论之方便"，"编就《对于抵制日本之说帖》，题为'救中国即救世界和平'，作为将来到会代表讨论之依据"①。

《对于抵制日本之说帖》共分为日本侵华之事实、日本侵华之法律观、全世界对日本之抗议、世界和平运动大会调整之使命、中国对日之抵抗、经济制裁能否阻止日本之侵略、结语等七个部分，约 15000 余字，具体请参阅本书附录 5。

在"日本侵华之事实"这部分内容中，回顾了自 1931 年九一八事变后日本军国主义侵略中国的历程，指出："此后战争继续进展，而无片刻之停息，日本亦不假任何借口以掩饰其侵略政策矣。所尤堪注意者，在此次战争之任何阶段内，并无宣战之事实。"

在"日本侵华之法律观"这部分内容中，深刻分析了日本对华侵略违背国际联盟盟约、非战公约及九国公约的依据所在。

在"全世界对日本之抗议"这部分内容中，指出："凡在公共意见能表现之任何地域内，均对日本违背国际公法加以指责，对于中国人民之痛苦则表示一致之惊骇"，"世界和平运动大会、国际联盟同志会世界总会，及全世界青年大会，共同领导运动之结果，更使各地代表各种群众及生活之男女团体运动，纷纷函电其本国外交部长，及国际联盟大会主席，而有所主张，工会、政党、合作社、宗教团体、妇女会社、参战人员团体，以及知识分子，与青年之组合，均感觉对远东悲痛事件不能不表示深切之恐怖，而希望国际联盟与政府能尽其应尽之职责，就所知者，各国此项团体之分子，包容一亿以上之人数。"列举了国际工会联合会、国际合作社同盟、国际劳工组织、各种国际和平会社、国际联盟合作社同盟执行部、国际联盟

---

① 郭沫若：《国际形势与抗战前途》，自强出版社 1938 年版，第 71—110 页。

同志会世界总会理事会、各种妇女国际组织之和平裁军委员会、世界青年运动大会之英国及瑞士分会，以及澳大利亚、奥地利、比利时、保加利亚、加拿大、捷克斯拉夫、丹麦、埃及、芬兰、法国、英国、印度、爱尔兰、马来半岛、墨西哥、新西兰、挪威、巴拿马、南美洲、瑞典、瑞士、美国、南斯拉夫等地抵制日本的情况。

在"世界和平运动大会调整之使命"这部分内容中，分析了世界和平运动大会需要调整使命直接采取行动的原因所在，认为："各地民众愤慨于日本狂暴之侵略行为，被迫而不能不采取较外交方法，更进一步之行动，因普通外交常软弱而延宕，致使侵略者能任所欲为，但民众自动之反感，常缺乏组织之基础，而甚难希望其发生实际上之效力，在过去此种自发之民众运动，仅为个别之表示，虽有表现舆论趋势之宝贵价值，但无较大之结果，若望抵制日货能成为一种潜势力，使日本停止战争，则分散各地之努力与民众之善意，不能不加以调整，而成为普遍全世界之伟大运动，世界和平运动大会既在四十三国成立分会并取得四十个国际团体之加入，自为一种必要之中心机构，以融会各方面抵制日货之努力，而成为一强有力之运动，同时更可以代表千万民众地位，而催促各国政府自身采取必要之办法。"认为举行世界援华制日大会是"从事调整抵制日货之运动"的具体行动。

在"中国对日之抵抗"这部分内容中，指出征服中国绝非轻易之事，"日本在中国之绝对优越地位，则西方大民主国家在远东之势力均将一蹶不振。""但以目前中国之决心而论，此种烦忧绝无实现之可能，但若各民主国家之惰性继续存在而不能有所行动，则最后将在中国引起一种反感，或将迫中国违反其本身之重大利益，而加入日德意之集团，因此目前美英法苏四国之对远东战争不能有所动作，诚为将来四国本身及中国之一大危机，此不能不加以注意者也。"

在"经济制裁能否阻止日本之侵略"这部分内容中，通过大量的数据分析得出"经济制裁能阻止日本之侵略"的结论，认为"经济制裁之目的在剥夺日本从事战争上之必需供给与财政来源","日本之实业与其制造军械之工业,则大部分依赖外国输入之原料,若经济之制裁而能阻止其在原料上之供给,则将产生严重之结果,其制裁之法可分为二:禁止某种重要之货物输入日本;抵制日本输出实物之一部或其全部,及拒绝使用日本之商船,则能于相当时间后,使其无外汇以购买外国之货物"。

在"结语"这部分内容中,提出了"拒绝供给日本之军用原料,抵制日本之出口货物及其航业,拒绝贷款与日本"等主张。

大会说帖为世界援华制日大会与会代表讨论提供了依据,也为世界援华制日大会宣言的通过奠定了基础。

(二)大会决议与宣言

1938年2月13日下午,世界援华制日大会举行全体会议,通过了大会决议和宣言。大会决议"对日本暴力侵华深为愤慨","号召全世界一切组织尽力作一切援助,制止对日作任何援助。非至日本停止侵略、日军退出华境之日不止。尤须要求各国政府,不与日本合作,停止供给军需,不予以经济便利,减少其购买力;并号召全世界爱好和平之人民及团体,参加此空前伟举,以援助中国,保障世界和平。再本会敬告日本国民,从速表示反对军阀暴行,必如此然后其国家之荣誉与真正利益,始能不受军阀暴行所侵害"[1]。世界援华制日大会通过的决议请参见本书附录6。

大会通过的宣言题目为《制止日本的侵略》,宣言中明确表示"我们拒绝作该罪恶(日本军国主义侵略中国)的从犯";敦促"我们的团体,尽力之所能,援助中国";吁请"日本人民表示不拥护他们军阀所强迫他们的行动——一种势必损坏日本名誉与真正利益的行动";邀请"所有爱好和平人士与团体参加此伟大公正的奋斗,救中国,保卫世界和平"[2]。世

---

① 　中央社:《我代表团电告援华大会经过》,《申报》1938年2月19日。
② 　《国际反侵略大会决议案》,《时事类编》1938年第11期。

界援华制日大会通过的宣言请参见本书附录7。

　　大会通过的决议与宣言首先交代了世界援华制日大会召开的缘由，强烈谴责了日本军国主义侵略中国的行径，并提出了行动纲领。世界援华制日大会通过的决议与宣言"以战士精神，拥护和平"，对违背国际法从事侵略、破坏和平者采取切实有效的制裁①。世界援华制日大会通过的决议与宣言，对世界和平运动大会的会员、世界各国政府、世界爱好和平的人民及团体、日本民众都提出了希望，并将日本普通民众和日本侵略者区分开来。世界援华制日大会通过的决议与宣言表达了迫使日本军国主义者停止侵略战争的决心。

（三）各委员会决议案

　　1938年2月12日下午及13日上午，世界援华制日大会举行分委员会会议，讨论从各方面援助中国的措施，工会委员会、消费者委员会、宗教伦理委员会、援华委员会、宣传委员会、合作社委员会、国会委员会、技术委员会等八个委员会，从各自的专业领域均通过了援助中国抗战和制裁日本的相关决议案。

　　各委员会提出的主要建议有：各国工会应在各该国法律许可之范围内，实行抵制日货；各国应设立一个常设委员会，研究开展抵制日货运动的有效办法；停止以款贷与日本，同时应贷款与中国；各国议会应促使各国政府赞助抵货运动；由合作社实行抵制日货；禁止煤油输入日本；推广个人的抵货运动，妇女购买日货，如丝织等，为数最多，故应在妇女界特别宣传抵制日货；在中国各处设立情报局，协助中国，以便在世界各国从事宣传。以上各项建议案，除挪威、瑞典两国工会代表对于"各国工会应在各该国法律许可之范围内，实行抵制日货"这一项不能接受外，其余获得

---

　　①　参见时事述评：《国际反侵略大会在伦敦开会》，《时事半月刊》1938年第9期。

一致通过①。世界援华制日大会的各委员会通过的决议案请参见本书附录8。

　　工会委员会在其决议案中表示赞成世界援华制日大会所采取的措施,要求参加世界援华制日大会的工会代表"准备援助中国,并用一切可能方法,以组织抵制日货并当拒绝为日本制造及运输各项军用品"②。参加世界援华制日大会的工会代表虽然无权强使世界总工会肩负起责任来,但应建议以各种方法抵制日货之输入及输出,并设法拒绝制造、运输日本输出及输入之军需品及其他一切货物。工会委员会在其决议案中认为,世界援华制日大会对于抵制日货应组织大规模的宣传运动以动员全世界舆论。并提出了世界各国工会应从以下几个方面去努力:登记各项组织中赞助抵货运动的人员,使他们成为抵制日货运动的积极分子;向本国政府投递函件及明信片,请其采取有效行动;促成一种有千万人士签名之请愿书;促成工会及其他报刊长期揭露世界和平运动及经济抵制运动之工作;在工会及其他可供利用之建筑物内,设法陈列经济抵制的标语,并邀请一切赞助此项运动之人士,在其私宅内采取同样办法。

　　消费者委员会在其决议案中分析了世界各国消费者抵制日货运动的理由,认为全世界普遍抵制日货运动的开展,能直接削减日本的购买力,能影响各国政府并促成各国政府以官方力量抵制日货或禁止日货入口,能使各国民众看到集体行动的希望。消费者委员会在其决议案中提出了参与抵制日货运动应注意以下事项:调查并制造各种统计表格,统计日货输入各国的情形,并明示辨别日货的方法;请求政府制定法律,严令本国输入的货品必须注明原产地,以杜冒充蒙混之弊;印刷多种宣传小册传单分发给各种消费者,劝告他们勿购日货;将各小商号、公司拒绝售卖日货者制成名单,散发给各界俾众周知;特别劝告各国妇女界和妇女团体,勿

---

①　参见《国际反侵略运动议决八点:一致援华制日》,《战时青年》1938年第7期。

②　中央社:《起草决议案推进抵货运动》,《大公报》1938年2月14日。

购日货;各国之间互相交换情报,以供参考。

宗教伦理委员会在其决议案中表示,宗教伦理委员会不会成为日本侵略者侵略、蹂躏中国的共谋犯。宗教伦理委员会要求私人团体间实行抵制日货运动并扩大为国家和国际的运动。宗教伦理委员会要求采取财政上、经济上的方法,以削减日本在中国行凶作恶的能力。宗教伦理委员会还通过了三项具体决议。

援华委员会在其决议案中提出了以下建议:交换各种宣传小册子、幻灯片、传单用以募集款项,交换各种有效募款方法的情报,筹组各种国际日,请求各国红十字会在医药上援助中国。

宣传委员会从宣传材料、宣传方法、宣传媒介等三方面加以讨论,宣传媒介包括标语、传单、小册子、报纸、集会、影片、广播等。宣传委员会还提出了具体的宣传举措。

合作社委员会敦促世界各国合作社社员拒绝购买日货。合作社委员会赞成世界各地合作组织设法防止购买及储存日货,要求各地合作社说明施行抵制日货的价值,使一般人明了抵制日货系抗议日本侵略的行动,拥护每一个民族在本国领土内应有享受和平生活之不可侵犯权;一切合作社在其国内及国际上形成一致行动,停止供给及购买日货为合作社消费之用。合作社委员会要求世界各国合作社社员及各种组织采取行动全力促成其本国政府禁止国民输入及输出一切日本货物原料及资本;全力促成其本国政府供给中国以国际联盟盟约内所规定之一切可能援助,使中国得以保卫其自身的权利;全力促成其本国政府对于国际合作社同盟、世界和平运动大会等国际组织以共同力量,促成日本侵华战争终止。

议会委员会要求各国议员拒绝承认日本所扶持的任何傀儡政府;对于任何压迫中国接受的解决办法,有违中国领土完整及主权者,均应拒绝予以承认。

技术委员会从统计数字中考察日本进出口货物及其财政上的需要,

深信世界各国如一致行动,拒运军需品赴日、不与日本以财政上之便利、不购日货,则必能压迫日本使之屈服,而于各国本身并无严重之危险,这可以使世界一般民众采取有限方法就可保卫世界和平。

世界援华制日大会各委员会的决议除了上述的精神以外,还包含有具体的执行方式。这些决议案的核心内容就是要把世界上一切工会、合作社、宗教团体等集合起来抵制日货,以达到"把世界和平的力量组织起来"的目标。

(四)国际联盟同志会世界总会决议案

国际联盟同志会世界总会决定乘世界和平运动大会在伦敦召开世界援华制日大会之便,举行全体理事会议。中国国际联盟同志会在国际联盟同志会世界总会理事会召开之前,请求总会理事会通过下列议案,并分令世界国际联盟同志会遵办:"发起广大募捐运动,救济中国难民";"鼓励更普及之对日经济抵制运动";"督促各国政府遵国际联盟决议,切实个别援华,并禁止烟油输往日本,以为经济制裁之先声"①。

为了进一步贯彻世界援华制日大会有关抵制日货的决议,世界援华制日大会结束后,1938 年 2 月 14 日,国际联盟同志会世界总会(The International Federation of League of Nations Societies)会长(同时担任援华制日大会消费者委员会主席)罗林在英国伦敦召集国际联盟同志会世界总会理事会,也通过了有关决议案,要求国际联盟同志会会员国参与抵制日货、制裁日本、制止日本侵略。②

中国国际联盟同志会与国际联盟同志会世界总会继续保持密切联系。1939 年 6 月 22 日,中国国际联盟同志会以日方封锁天津英法租界、损害外人生命财产,特地分别致电国际联盟同志会世界总会、英国国际联

---

① 中央社:《国际联盟同志会向总会提案》,《大公报》1938 年 2 月 10 日。
② 参见谷溪:《国际反侵略会怎样援助我们?》,《时事月报》1938 年第 6 期。

盟同志会、法国国际联盟同志会、美国国际联盟同志会,英国薛西尔爵士、李顿爵士,法国赫礼欧先生、谷特先生,美国史汀生先生、毕特门先生,希望他们"发动民众、督促政府,及时兴起,断然采取有效行动"①。国际联盟是联合国的前身,它承载着人类一个崇高的梦想:消灭战争,实现永久和平。国际联盟同志会对扩大中国抗战在国际舆论中的影响起到了重要的作用。

---

① 中央社:《国际联盟同志会发出电文》,《申报》1939 年 6 月 23 日。

第四章 国内外对世界援华制日大会的响应

毛泽东曾经指出,抗日战争作为一场伟大的民族革命战争,没有普遍和深入的政治动员是不能胜利的。世界援华制日大会召开前后,中国国内发起了声势浩大的反侵略运动宣传周,中国国内各党派及其领导人对世界援华制日大会的召开作出了积极回应,中国国内文化舆论界实时报道了世界援华制日大会的会议盛况和会议成果,而后中国国内各团体及广大民众参加了各种活动纪念世界援华制日大会的召开。国外包括华人华侨也与中国国内相呼应,拥护大会通过的决议,并对国际援华事业表示了感激之情,声援世界援华制日大会并掀起抗日斗争高潮。

一、反侵略运动宣传周的展开

1938年2月中上旬,为了响应世界和平运动大会在英国伦敦召开世界援华制日大会,中国国内发起了声势浩大的反侵略运动宣传周。反侵略运动宣传周按妇女日、青年日、商人日、文化日等宣传日展开。中国国内对反侵略运动宣传周进行了严密的筹划,国共两党、社会各界及新闻报刊对反侵略运动宣传周热烈响应并积极参与其中。反侵略运动宣传周是全民族抗战初期中国抗战力量的一次集中动员,它厚植了中国反侵略运动的社会基础与舆论基础,也为中国人民的抗日救亡运动提供了一个与国际和平势力沟通的重要桥梁。

(一)反侵略运动宣传周的缘起

在中国全民族抗战初期,中国国内抗战宣传与抗战动员如火如荼地展开,形成抗日反战浪潮。与此同时,中国积极争取国际声援,世界舆论也逐渐倾向于同情中国抗战。在抗战宣传动员和争取外援的共同努力下,中国国内的抗日反战浪潮与世界反侵略和平运动相汇合。

为了响应世界援华制日大会的召开,中国国内在世界援华制日大会召开前夕发起了反侵略运动宣传周。其要旨在于"唤起全国同胞加紧反侵略工作,赞助政府继续抗战,争取最后之胜利";"联络各国民众,加强反侵略运动,维护国际条约尊严,建立集体之安全";"巩固国际反侵略运动之阵线,对侵略者实施有效之制裁,促成全世界真正之和平"[1]。反侵略运动宣传周被定位为反击日伪宣传战、开展抗战动员与争取国际和平力量援助中国抗战的重要抓手。

反侵略运动宣传周自 1938 年 2 月 6 日(星期日)至 12 日(星期六)举行,历时一周,它是综合性的抗战宣传,活动逐日安排,依次按宗教日、妇女日、青年日、农工日、商人日、伤兵难民日、文化日确定宣传动员主题。在后来的实际开展过程中,还把反侵略运动宣传周的后一天(13 日)定为儿童日。在反侵略运动宣传周中,各宣传日的活动有序有效地开展。

(二)反侵略运动宣传周的筹划

反侵略运动宣传周的设置是 1938 年 1 月由中国国民外交协会首倡的[2]。

---

① 广西省政府:《廿七年二月教字第七〇三号代电抄发反侵略运动宣传周办法大纲》,《广西省政府公报》1938 年第 82 期。

② 参见中央社:《国民外交协会将举行反侵略宣传周》,《西北文化日报》1938 年 1 月 30 日。

中国国民外交协会是近代中国第一个全国性的国民外交团体,它具有浓厚的官方背景,是一个半官方的外交团体,并在抗战时期扮演着中国政府领导国民外交的后援角色,在推动国民外交工作方面发挥了积极作用。中国国民外交协会设置反侵略运动宣传周的倡议,得到了中国国民党中央宣传部的认可和支持。

随后,中国国民党中央宣传部给各省市党部与各人民团体下发通知,要求各省市党部及人民团体如期举行反侵略运动宣传周,并在反侵略运动宣传周内"激励反侵略和抗日的革命精神,一是促进国民外交,一是加强内部团结"①。中国国民党中央宣传部还一并转发了中国国民外交协会制定的《反侵略运动宣传周办法大纲》,对推行反侵略运动宣传周的宣传要旨、周期、方法、推行步骤和报告制度等作出了详细规定,并提出了"有钱出钱""有力出力""精诚团结""抗战必胜""倭寇志在征服世界"和"欲求世界和平必须制裁倭寇"等宣传要点。

中国国民党中央宣传部复函送国民政府教育部,国民政府教育部向其所属各学校转发了中国国民党中央宣传部关于发起反侵略运动宣传周的通知,要求各学校举行反侵略运动宣传周响应世界援华制日大会的召开②。但由于当时的交通条件和抗战环境所限,有些学校得到通知较晚。国民政府教育部再次以"汉教字第336号"训令,要求未举办反侵略运动宣传周的学校自1938年3月21日至26日,补行反侵略运动宣传周。如四川大学于1938年3月19日发表布告决定补行反侵略运动宣传周③,云南大学也补行了反侵略运动宣传周④。

在国外,国民政府侨务委员会根据中国国民外交协会的提请,要求世界各地华侨团体筹备并举行反侵略运动宣传周。国民政府侨务委员会在

①　巨渊:《谢国际反侵略运动大会》,《动员周刊》1938年第4期。
②　参见教育部:《国际反侵略运动宣传办法大纲》,《中华周刊》1938年第13期。
③　参见张颐:《本大学布告》,《川大周刊》1938年第22期。
④　参见熊秉衡、熊秉群:《父亲熊庆来》,民族出版社2015年版,第245页。

给各地华侨团体的通知中指出,世界援华制日大会在于"对侵略者为严正之表示,对被侵略之我国为实际之援助"①,希望各地华侨团体发起反侵略运动宣传周响应世界援华制日大会,并要求世界各地华侨团体将世界援华制日大会的意义与决议广为宣传。

武汉是中国全民族抗战初期抗日宣传的重要据点,也是中共中央长江局的所在地,所以当时对武汉的反侵略运动宣传周的推动工作作出了特殊安排。在武汉,由中国国民外交协会直接联合国际宣传委员会、国际联盟同志会、全国抗敌救亡总会、新闻记者公会、妇女工作委员会、汉口市商会等团体组织推行。

国内各省市积极行动起来,落实中国国民党中央宣传部、国民政府教育部等的通知要求。中国国民党江西省党部下发通知,指出:世界和平运动大会将举行世界援华制日大会,江西省各界"为扩大宣传起见"特举行反侵略运动宣传周②。四川、湖南、广东、贵州、广西、云南等地也对发起反侵略运动宣传周作出了具体部署,并在反侵略运动宣传周的各宣传日按照《反侵略运动宣传周办法大纲》的要求开展宣传。

中国共产党的各地方组织在抗日民族统一战线的旗帜下,在反侵略运动宣传周中领导掀起了抗日救亡运动。中共湖北省委指导中国青年救亡协会、中华全国文艺界抗敌协会等救亡团体开展反侵略运动宣传周③,每个宣传日的宣传活动与动员对象契合,分别对工人、农民、妇女、青年和儿童等进行社会动员,发起民众运动。

(三)国共两党领导人高度重视反侵略运动宣传周

寇深祸亟的时局要求国共两党共赴国难。在抗日民族统一战线正式

---

① 《侨务会号召华侨响应国际援华会》,《新华日报》1938年1月23日。
② 参见《本省各界举行国际反侵略运动宣传周》,《江西地方教育》1938年第106期。
③ 参见中共中央党史研究室:《中流砥柱——中国共产党与全民族抗日战争》中册,中共党史出版社2005年版,第1300页。

形成的背景下,国共两党的领导人对反侵略运动宣传周均极为重视,他们或为反侵略运动宣传周题词,或亲自参加反侵略运动宣传周各宣传日的相关活动,或在反侵略运动宣传周期间向世界广播宣传中国抗战、主张和争取国际援助。

从领导人题词可以反映出政要对该一事件的关注程度。蒋介石为反侵略运动宣传周作了"为正义人道而奋斗"的题词,汪精卫为反侵略运动宣传周作了"中国是世界的一部分,中国为国家民族之生存而抗战,同时为世界之正义和平而抗战"的题词,林森、冯玉祥等也为反侵略运动宣传周题词。中国国民党党政要员为反侵略运动宣传周的题词,从宏观层面指出了中国抗日战争与世界反法西斯战争的关系,以及发起反侵略运动宣传周的意义所在。

中国共产党领导人则为反侵略运动宣传周各宣传日的专题题词居多。周恩来在中共中央长江局的机关报《新华日报》农工日特刊中题词:"工农大众是中国抗战的柱石,是世界反侵略阵线的先锋";叶剑英在《新华日报》儿童日特刊中题词:"大时代的中国儿童,时刻准备着加强国际反侵略阵线";郭沫若在国际反侵略运动大会中国分会主办的《反侵略》杂志妇女日特刊中题词:"和平为侵略者蹂躏,欲求恢复和平只有从反侵略做起。妇女,在平时是和平的象征,在抗战时便尤当为反侵略运动的宣传使"。另外,博古(秦邦宪)为伤兵难民日题词、王明(陈绍禹)为青年日题词,等等。

农民是抗战的中坚、工人是抗战的主力、青年是抗战的先锋、儿童是抗战的小战士、妇女是抗战的烽火巾帼。中国共产党领导人为反侵略运动宣传周宣传日的专题题词,激励中国社会各阶层参加到抗日救国的伟大洪流中去,是中国共产党倡导的全面抗战路线即人民战争路线的生动实践。

国共两党领导人在反侵略运动宣传周期间纷纷参加各种集会、茶会等,并致词或发表演说,为抗战发出强有力的呐喊,增强国人的抗战意识。毛泽东在延安反侵略大会上发表演说,高度评价了即将召开的世界援华制日大会对中国人民持久抗战的意义。冯玉祥在武汉宗教界举办的宗教日为国难祈祷典礼上发表演说,历诉日本侵略者屠杀中国平民等的罪行,鼓舞民众的抗战热情。邵力子在武汉妇女界举行的妇女日大会上致词,指出:"中国有二万万女同胞,望一致奋起,增加抗战力量"①。邓颖超也在武汉妇女界妇女日大会上发表演说,对全国妇女提出了组织起来、抗战到底的希望。武汉妇女界大会会后还举行了游行,具体情况请见图4-1②。

图4-1　武汉妇女界响应世界援华制日大会游行情形

---

① 中央社:《反侵略宣传第二日汉市妇女大游行》,《申报》1938年2月8日。
② 参见寄洪:《全国妇女反侵略宣传大会》,《妇女生活》1938年第8期;《反侵略运动在汉口:武汉反侵略运动宣传周之"妇女日"在商会门前整队出发》,《新生画报》1938年第1期;《中国反侵略运动大会宣传周妇女日游行的妇女群众》,《妇女共鸣》1938年第3期。

中国国民党中央宣传部长邵力子在商人日邀请商界人士举行茶会，报告国际反侵略和平运动的意义及接下来应当开展的工作，并在武汉向世界青年广播演讲《倭寇侵华后之青年问题》①。史良、于右任、王昆仑、陈铭枢、鹿地亘、沈钧儒等人也在反侵略运动宣传周期间发表演讲，开展宣传活动。

广播宣传是抗日宣传的重要喉舌。在反侵略运动宣传周期间，中国国民外交协会、国际反侵略运动大会中国分会还请国共两党领导人向世界广播，冯玉祥于1938年2月6日、宋美龄于2月7日、王宠惠于2月8日、汪精卫于2月11日的每晚8点定时向世界广播讲演，广播讲演以国际反侵略和平运动的意义及争取国际援助为主题，以"唤起国内外同胞，联络各国民众一致扩大反侵略运动，对侵略者实施制裁，以促成世界真正之和平"②为目的。这些广播宣传压倒了日伪广播的声音，起到了舆论引导的作用，促使世界了解中国、了解中国抗战，从而对推进世界和平力量的舆论转向同情中国抗战发挥了积极作用。

抗战期间，中国国内两大政党——中国国民党和中国共产党携手合作，外御其侮，是抗战得以最终胜利的最重要条件之一。国共两党领导人对反侵略运动宣传周高度重视，动员全国积极开展反侵略运动宣传周，是中国国内团结抗战的巨大力量迸发的重要表现。这些表明了在全民族抗战初期，国共两党基于对国际和平力量发展和国内救亡运动壮大认识的深化，体现出中华民族巨大的凝聚力。

（四）社会各界积极参与反侵略运动宣传周

中国社会各界积极行动起来，投身到开展反侵略运动宣传周的活动

---

①　参见中央社：《国际反侵略运动宣传周之青年日》，《南宁民国日报》1938年2月10日。

②　中央社：《反侵略大会开幕日汪向世界广播，冯王等亦定期演讲》，《申报》1938年1月31日。

中去。在反侵略运动宣传周中,抗日救国活动丰富、规模宏大,显示出全国人民反对侵略、坚持抗战到底的坚强意志。

在中国近代史上,中国国内往往会针对不同阶段所面临的主要社会矛盾,开展有针对性的宣传动员,提出了不同的动员口号。这些动员口号在外张贴、悬挂,形成了特色鲜明的宣传标语。在反侵略运动宣传周期间,中国的各团体、学校、工厂和商店等均张贴相关标语,主要宣传标语有"日本帝国主义是国际强盗!""拥护国际和平阵线!""反侵略运动是民族自决的先声!""反侵略运动就是扶持人类正义!""中华民族解放万岁!""我们的一文钱、一点血、一分力、一句话都要用在抗战上!",等等①;兰州各界反侵略运动宣传周的标语有:"杀尽汉奸""打倒贪官污吏""亡国奴的生活不如猪狗""日本鬼子最怕中国广大的老百姓组织起来",等等②。另外,在反侵略运动宣传周中,充满民族呐喊的反侵略运动小册子和传单散发到中国城乡的每一个角落。这些标语、小册子和传单,使中国民众了解到自己民族所遭受的险境,认识到自己所肩负的时代使命,这对凝聚中华民族的抗战力量具有重大作用,促进了全国抗日救亡运动的发展。

中国社会各界纷纷集会和游行,响应反侵略运动宣传周的举行。在全民族抗战初期,武汉成为中国事实上的抗战首都,武汉的响应活动最为热烈。中国农工响应国际反日运动宣传大会于农工日在武汉举行,并通过了致电全世界农工及慈善团体请求实行抵制日货等提案;武汉各界在儿童日召开宣传大会,在宣传大会上由难童代表报告他们逃难流离的经过以及日寇的暴行,每位儿童在所获赠的点心包上有"打倒小日本,保护大中华"等字样,宣传大会还通过了宣言;武汉宗教界在宗教日集会,为阵亡将士、抗敌将士、抗战胜利与世界和平祈祷,参加者唱颂《为国祈祷歌》等歌曲;中国文化界于文化日在武汉举行宣传大会,招待旅华各国文

---

① 梅县民众抗敌后援会宣传组:《反侵略宣传周标语》,《抗敌》1938年第4期。
② 《兰州各界反侵略运动宣传周标语》,《甘肃民国日报》1938年2月12日。

化界人士,通过了致世界援华制日大会的电文,电文中说:"贵会主持正义,振导和平,尚希继续领导世界爱护和平人士,努力排斥侵略主义,以期贯彻维持和平初衷"①。该电文呼吁世界各国文化界人士援助中国、反抗侵略。

1938年2月1日上午,武汉青年妇女指导专员办公室在中国国民党湖北省党部会议厅召集各青年妇女行动委员、各青年妇女团体举行联席谈话会,讨论青年妇女团体参加反侵略运动宣传周的一切进行事宜。武汉青年妇女行动队,为加强民众抗敌意志,每日下午在武汉建夏号渡轮开展广播宣传,2月1日当日,张瀛月讲演《今日的总反省》②,吴泽发表《中国青年誓为国际反侵略的先锋》③一文,表达了中国青年反侵略的决心,呼应反侵略运动宣传周的举办。

全国其他地方也举行了各种集会。广州学生在青年日组建青年反侵略运动宣传队、演讲队和歌咏队展开宣传,并于青年日当晚公开上演反侵略话剧④;上海市各界在文化日举行反侵略运动宣传大会,邀请社会名流用外语报告中国文化机关遭受摧残的情况以及中国抗战的决心,并决定组建文化界反侵略运动宣传队,通过了大会宣言、提案及致世界援华制日大会的电文;陕西各界在伤兵难民日举行反侵略扩大宣传会,省政府主要负责人报告国际反侵略和平运动的意义及世界各国援华近况。这些集会,号召全国各界抗战到底,实现世界和平,并大多在集会后游行,有些还是持烛游行。

全国各地各界在反侵略运动宣传周期间举行论文、讲演、宣传画等竞赛会,举办战利品、抗战摄影漫画等展览会,开展歌咏大会、表演街头剧

---

① 中央社:《反侵略宣传周文化日宣传大会》,《大公报》1938年2月13日。
② 参见中央社:《青年妇女明晨集会参加反侵略周》,《申报》1938年1月31日。
③ 参见吴泽:《中国青年誓为国际反侵略的先锋》,《新文摘旬刊》1938年第5期。
④ 中央档案馆、广东省档案馆:《广东革命历史文件汇集(1937—1940)》,1987年编印,第290页。

等;全国多地的电影院、剧场和其他娱乐场所,每日播放反侵略运动消息、上映反侵略戏剧、奏唱反侵略歌曲;全国各地各界组建了各种反侵略运动研究会,扩大抗日宣传阵地。这些活动讲述和研究反侵略运动的意义,活动贴近群众,成为对敌斗争的有力武器,进一步在中国国内掀起了反侵略运动的高潮。

各类非营利性的社会团体在反侵略运动宣传周期间除了召集社团成员举行集会扩大宣传以外,还通过发表宣言、致电世界援华制日大会等方式阐述本社团的主张和愿望。国际反侵略运动大会中国分会发表《宣传周儿童日宣言》,中华全国歌咏协会发表《为响应国际反侵略运动宣言》,等等。中华全国歌咏协会还谱写《反侵略运动歌》,歌中唱道:打倒侵略的强盗! 建立和平的阵营。为了民族的平等,为了人类生存,团结起来,我们忠挚的朋友,英勇前进,我们苦战的士兵,力争最后的胜利,来保障世界和平。具体内容如图4-2①。

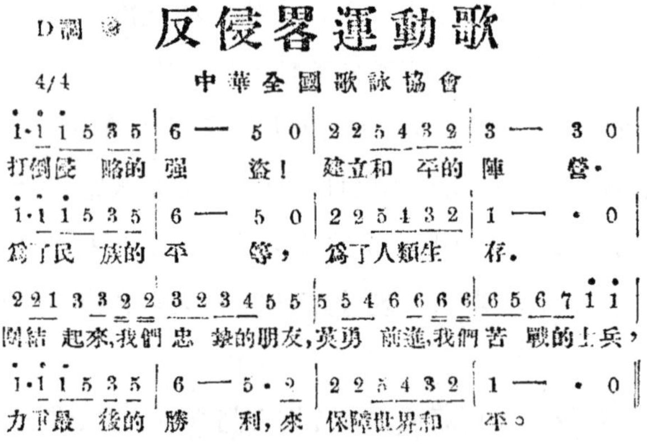

图4-2 《反侵略运动歌》

中国劳动协会、中国回教公会等团体在反侵略运动宣传周期间,纷纷致电世界援华制日大会。中国劳动协会在致世界援华制日大会的电文中

---

① 中华全国歌咏协会:《反侵略运动歌》,《战歌周刊》1938年第6期。

指出:"日本法西斯之暴行,以致东方和平浸归毁灭,事实已昭告于全世界人士之前","务望贵会(世界援华制日大会)及时发动积极号召及具体有效办法,援助中国民众抗战到底,拯救和平于泥潭之中";中国回教公会是当时的中国伊斯兰教民间团体,它在致世界援华制日大会的电文中呼吁:"全世界之回教徒,一致拥护中国之自卫战争"①。这些社会团体凭借自身紧密联系海内外的优势,在发起和响应反侵略运动宣传周的过程中,发挥着独特作用。

海外华侨与国内协力合作,也积极投入到响应反侵略运动宣传周的活动中来。在马来西亚、新加坡等地,华侨团体在反侵略运动宣传周期间联合举行各种活动声援祖国抗日。海外华侨通过发通电、集会、游行示威等方式强烈表达拥护和平反对侵略的主张。在经济上,或捐资输财,或抵制日货,或直接回国投资,与祖国共赴国难;海外华侨还组织了青年回乡参军,补充国内的抗日武装。

中国政府、各类社会团体还在反侵略运动宣传周期间通过对外通讯的形式扩大国际宣传。国民政府国际宣传处将反侵略运动宣传周的详情编成英法文小册子在国外发行,国民政府军委会政训处将每个宣传日的活动拍成电影航寄给欧美各国放映,国际反侵略运动大会中国分会则将国内各地每日举行宣传日的总结报送给世界和平运动大会总会,使世界爱好和平反对侵略的人士了解到了中国抗战的实情,为世界援华制日大会的召开提供了事实依据和舆论准备。

中国抗战是覆盖中国社会所有阶级、阶层的抗战,在抗战时期举行的反侵略运动宣传周也是一次中国抗战力量的大展示。社会各界对反侵略运动宣传周的参与和响应,激发了全体中华儿女的救国抱负,揭穿了日本侵略者的阴谋,在一定程度上促进了世界各国援华制日运动的发展。

---

①　国际反侵略运动大会中国分会:《国际反侵略运动伦敦大会各国代表演讲实录》,1938年编印,第80—83页。

（五）新闻报刊持续关注反侵略运动宣传周

抗战时期，人们主要通过报刊了解国内外的重大事件。新闻报刊反映着意识形态的变化，也在较大程度上影响公共意识的走向。在国共两党团结抗日的新形势下，国内各党派在言论上得到了相对宽松的环境。在反侵略运动宣传周期间，中国国内的主流报刊紧扣全民族抗战这一时代主题，将启蒙群众与组织群众作为战略目标，参与到对反侵略运动宣传周的跟踪报道，起到了团结全国民众支持抗战的作用，成为全国乃至全世界了解中国抗战情况的一个重要窗口。

社评、社论是新闻报刊的灵魂，往往代表着该份报刊的立场。《大公报》先后为反侵略运动宣传周撰写了 2 篇社评，分别是妇女日的《反侵略运动》和伤兵难民日的《难民伤兵》，其中在《难民伤兵》这一社评中指出："自今为始，我们要发大誓愿，尽大力量，为替我们受伤的伤兵、因我们被难的难民谋救济，而更要努力于根本的救济，就是：打退敌人、建设国家！"①全国各界救国联合会的机关刊物《全民周刊》在文化日发表社论，指出了中国人民在文化宣传领域应实现"造成全民族在抗战中的意识的总动员"和"扩大国际宣传与联络动员全世界各国的文化界更有力地援助与支持中国的抗战"②等两大任务。地方报刊、专业报刊等也为反侵略运动宣传周发表社评、社论。中国国民党甘肃省党部的机关报《甘肃民国日报》发表社论，对开展反侵略运动宣传周提出了"以民众的力量积极促进争取国际的集体安全保障"和"马上把民众用切实工夫组织动员起来"③等两点建议。这些社评、社论，以反侵略运动宣传周为载体，指出了中国人民努力的方向，为全国军民作抗战精神动员，起到了良好的舆论宣传作用。

---

① 社评：《难民伤兵》，《大公报》1938 年 2 月 10 日。
② 社论：《反侵略运动宣传周文化日献辞》，《全民周刊》1938 年第 10 期。
③ 社论：《兰州各界反侵略运动宣传周》，《甘肃民国日报》1938 年 2 月 7 日。

特刊是报刊为纪念某一重要人物、重要事件、重要节庆而编辑出版的,中国国内的许多报刊为反侵略运动宣传周编辑出版特刊。武汉文化界抗敌协会编撰全国文化界响应世界反日援华大会特刊,该特刊中有歌曲《为自由和平而战》和邵力子的文章《文化界一齐努力》等内容①。《新华日报》出版国际反侵略宣传周儿童日特刊和农工日特刊。在这些特刊中,歌曲以饱含激情的歌词,激励中国民众团结对外;文章也在教育民众、组织民众等方面起着重要作用。这些特刊,内容精益求精,有消息、专论、官方或半官方的宣传材料等,贴近大众生活,人民性突出;形式方面除了采用文字外,还配有图画等,全面反映反侵略运动宣传周的实况,传播理念与时俱进,时代色彩浓郁。

中国国内众多报刊在反侵略运动宣传周期间每日均刊发相关消息,广泛报道反侵略运动宣传周的开展情况。《大公报》发表的消息有《反侵略运动宣传之日期》《反侵略宣传周妇女日扩大宣传》和《反侵略宣传周文化日宣传大会》等。《申报》和《新闻报》是民国时期两份著名的报纸。《申报》每日在其重要版面均有反侵略运动宣传周的消息,主要有《反侵略运动规定宣传办法》《儿童日定十三日举行孩子剧团表演》和《国际反侵略宣传周结束》等;《新闻报》也发表了《同情中国大会明在伦敦举行》《反侵略运动宣传周开幕》《国际反侵略运动宣传周之第一日》《国际援华大会今在伦敦开幕》和《国际援华大会谴责黩武行为》等消息。《新华日报》发表了《伟大的反侵略妇女日》《反侵略运动宣传周今天第四日》《反侵略商人日宣誓不卖日货》和《反侵略宣传周儿童日大会告武汉小朋友书》等报道。由于战时新闻统制以及通信条件所限,这些消息大多来源于国民党中央通讯社,但也刊登了一些各报刊的自采消息。这些有关反侵略运动宣传周的消息,注重报道手法,提高了中国人民对抗战的关注

①　参见武汉文化界抗敌协会:《全国文化界响应世界反日援华大会特刊》,《新华日报》1938年2月12日。

度,增强了中国人民的抗战信心。

《西安晚报》《南宁民国日报》《新新新闻》和《西京日报》等区域性报刊,《西北文化日报》和《世界知识》等专业性报刊,《抗敌》《动员周刊》和《全民抗战》等抗战类专门报刊,以宣传抗战救国为中心内容,对反侵略运动宣传周给予了跟踪报道,及时推介反侵略运动宣传周的最新信息,研究扩大抗日宣传的办法。从《全民抗战》来看,该刊是由邹韬奋创办的《抗战》三日刊和柳湜主编的《全民》周刊合并而来,它在当时的销售量突破 30 万份,居全国刊物发行量之冠,鼓舞了中国人民抗击日本法西斯的斗志。

中国国内各类报刊对反侵略运动宣传周的持续关注,使反侵略运动宣传周迅速成为舆论的焦点。这厚植了中国人民反侵略事业的舆论基础,彰显了文化自信,强化了民族信仰,各类报刊的政治性、人民性、时代性与艺术性在反侵略运动宣传周的舆论宣传中达到了统一。

二、国共两党对世界援华制日大会寄予厚望

抗战时期的中国外交推动了世界反法西斯同盟的建立、发展和巩固。自 1931 年九一八事变开始,中国在孤军对日作战中深感建立反日同盟的重要性,从民众到政府都呼吁国际社会联合起来制止日本的侵略①。在世界援华制日大会召开前夕,德意日法西斯强盗在西方攫取埃塞俄比亚和侵略西班牙等,在东方侵略中国,国际局势发生了变化。国际局势的变化促使世界和平运动进一步发展,奠定了援华制日的民意基础,全世界反对侵略与拥护和平的人士相继开展援华制日运动。在中国国内,中国共

---

① 参见胡德坤:《中国抗战与世界反法西斯战争进程》,《中国社会科学报》2010 年 8 月 5 日。

产党与中国国民党看到了这种变化,中国共产党倡导建立抗日民族统一战线起到了重要的政治领导作用。

(一)中国国民党

在 1938 年 2 月 12 日世界援华制日大会开幕之时,蒋介石、宋子文与邵力子等致电世界援华制日大会,对大会的召开表示祝贺,并希望大会能在巩固世界和平力量、反对国际侵略、制止日本侵略者的残暴行为等方面作出努力。

中国国民党中央宣传部对国内各地响应世界援华制日大会的工作作出了部署,以训令的形式对全国各地发动民众举行拥护世界援华制日大会的活动提出了具体要求,并明令各省应于 1938 年 2 月 9 日在各省会所在地发动民众举行拥护世界援华制日大会的活动。

在世界援华制日大会召开之际,众多中国国民党要员与中国国民党地方组织纷纷响应。冯玉祥演讲《共同铲除人类的公敌》,王宠惠演讲《为增进和平与抗战》,章伯钧演讲《由反侵略到和平之路》,陈铭枢演讲《伦敦大会开幕献词——对于援华制日大会的几点希望并勉国人》,王造时演讲《我们是为生存正义和平民主而战——为国际反侵略运动而战》,范子遂演讲《和平乎? 战争乎?》,等等[1]。王宠惠在演讲中"对日本侵华七个月(1937 年 7 月至 1938 年 1 月)中国人所受之损害及惨痛,详为说明,并表示全民抗战之决心,更揭发日本破坏条约之事实,以及进一步将使任何国家皆无法避免掷入战争漩涡之危险,希望各国能一致起来,采共同行动,以谋制裁此侵略国家"[2]。陈铭枢认为中国在响应世界援华制日大会的过程中,应"组织并扩大中国分会组织","乘此时机扩大国际宣传","进行拥护政府抗战到底之投票反日

---

[1] 参见国际反侵略运动大会中国分会:《国际反侵略运动伦敦大会各国代表演讲实录》,1938 年编印,第 64—83 页。

[2] 中央社:《外长王宠惠向世界广播望共同制止侵略》,《申报》1938 年 2 月 11 日。

和平铜元运动,向全世界表示我四万万五千万人均为拥护和平之斗争"①。中国国民党湖南省党部特派员赖琏在湖南省响应世界援华制日大会的致词中指出,对于世界援华制日大会一方面要表示拥护,另一方面更应增加抗战的决心。

四川省政府则发出电令,决定在全川各县组织各界大会响应世界援华制日大会的召开,电令中指出:"各县县政府鉴:顷接四川省动员委员会函称,敝会为响应国际反侵略运动,经第八次大会决议,由敝会于本月十三日(1938 年 2 月 13 日)在本市(成都市)少城公园开成都市各界反侵略大会,应请贵府转令全川各县,同时举行,以资扩大宣传,至纫公谊,等由准此,查国际反侵略运动于我国抗战前途,利赖实深,理应同时响应,扩大宣传,合亟令仰该府于电到之日遵照办理为要。"②

1938 年 2 月 11 日下午,陕西各界在西安体育场举行反侵略扩大宣传会,蒋鼎文代表陕西省政府主席谷正鼎报告国际反侵略运动的意义、世界各国同情中国抗战和各国援华最近情形,通过拥护全世界反侵略运动大会,向全世界人士宣布日本帝国主义侵华罪恶等要案;安徽各界反侵略运动大会在六安泾川会馆举行市民大会,由主席团提出通过拥护世界援华制日大会的电文;江西军政界举行反侵略运动宣传大会,警备司令赖伟英主持并作报告。③

1938 年 2 月 15 日,中国驻法大使顾维钧代表中国出席世界援华制日大会的代表致电国民政府外交部,报告了大会的经过、情形和成果,"对于参加廿国家代表与廿四国际团体代表之积极反侵略主张,及援华抗战之热烈情绪,表示印象极佳"④。电文中说:

---

① 陈铭枢:《国际反侵略大会之意义及经过》,《闽政与公馀非常时期合刊》1938 年第 18 期。

② 《川省政府令各县举行反侵略大会电》,《四川省政府公报》1938 年第 107 期。

③ 参见中央社:《各地一致举行反侵略宣传会》,《申报》1938 年 2 月 12 日。

④ 中央社:《顾维钧谈时局》,《申报》1938 年 2 月 16 日。

　　国际和平会所召集之世界援华和平大会,于(1938 年 2 月)12、13 两日在伦敦举行,参加者英、美、法、苏联等 22 国代表,一切宗教、政治、学术、工人合作社、退伍军人,各国家及国际团体,我国分会所派代表,及国际联盟同志会,海外华侨团体救国会,学生会等代表,合组代表团出席,汉口大会所提四项,已于总决议案,及各决议案中,全部表现,全世界代表一致赞助中国抗战到底精神,各组决议案,另行航空邮寄。兹钧决议案如下,本大会全体会员,对日本暴力侵华,深为愤慨,此种暴力侵略,国际联盟会员国与美国,及其他国际组织,业已判为违背条约矣。兹更加以严惩声讨,因其不但破坏文明古国在建设中之和平,并危及全世界人士之安全与福利,唯军阀之暴行,有赖各国供给,其军用原料及买卖日货,吾人不论有意无意,实负助长侵略之直接责任,故本会号召全世界一切组织,尽力作一切援助。制止对日作任何援助,非至日本停止侵略,日军退出华境之日不止,尤须要求各国政府,不与日本合作,停止供给军需,不予以经济便利,减少其购买力,并号召全世界爱好和平之人民及团体,参加此空前伟举,以援助中国,保障世界和平,再本会敬告日本国民,从速表示反对军阀暴行,必如此然后其国家之荣誉与真正利益,始能不受军阀暴行所侵害。①

　　在时间相当长、范围相当广的波澜壮阔的抗日战争中,国共两党在不同的区域和战线上共同实施了对抗日战争的政治领导、组织领导和行政领导,这是实现全民族抗战的重要因素。当然,随着抗日战争形势的发展,国共两党的力量出现了此消彼长的局面:敌后抗日根据地和解放区不断发展壮大,中国共产党在政治、组织、行政领导等方面作用扩大,而中国国民党的政治影响也因政权的腐败而萎缩。

---

　　① 　中央社:《我代表团电告援华大会经过》,《申报》1938 年 2 月 19 日。

（二）中国共产党

抗战军兴之初,对中国持同情者主要是苏联和共产国际;支持日本侵略者,除了德国外,增添了意大利。中国抗日战争的世界性和持久抗战的巨大消耗,促使中国共产党把如何对待国际援助作为一个重要的国际战略问题来对待。当世界和平运动大会将在英国伦敦举行世界援华制日大会的消息传到延安时,中共中央掀起了轰轰烈烈的声援活动①,在对外传播中讲述延安故事,传递延安声音,从而凝聚中华民族全民族的力量、协调中国国内各党派的关系、赢得国际社会对中国抗日战争的支持。

1938年2月11日,延安各界举行反侵略大会,毛泽东等出席大会并发表演说②。毛泽东在演说中指出:

> 今天举行的反侵略大会,从它的意义来说,不仅是延安的,而且是全国性的,全国各地在这几天均举行同样的大会,都是为了一个目的,就是反对侵略战争。这个大会不仅是中国的,而且是世界性的,在明天(1938年2月12日),伦敦将举行全世界的反侵略大会,几十国代表都参加,表示一个空前伟大的世界斗争的开始。现在,世界的侵略者结成一种侵略阵线,破坏世界的和平,反侵略者则团结世界上大多数人民保卫世界的和平,反对侵略战争,这样两个相反方向的阵线在全世界斗争着。过去历史上还没有过这样伟大的世界运动,还没有过像今天这样动员全世界地区的大运动,现在是全世界大多数好人向着世界上少数坏人算总账的时候。
>
> 因为中国今天是处在生死存亡的关头,所以全中国人有了一个空前伟大的团结,这也是过去中国历史上没有过的。我们的全国大团结,现在已经有了基础,正在向着前途扩大。尽管暂时打了一些败

---

① 参见雷志松:《中共对世界援华制日大会的反应》,《党史研究与教学》2014年第4期。
② 参见全民:《毛泽东先生讲反侵略运动》,《前进》1938年第12期。

仗,失了一些土地,但这样伟大的团结,是力量无比的,加上世界与日本人民的援助,一定能战胜日本侵略者。现在有三个反侵略的统一战线:中国的统一战线,世界的统一战线,还有一个是日本的统一战线,在日本有广大人民群众不赞成他们政府侵略中国,正在组织反侵略的统一战线。这三个统一战线的目标是一样的,就是一致反对日本帝国主义的侵略战争。有人说,中国过去几十年的反侵略运动都失败了,今天的反侵略运动也会失败。这是不对的。今天的情况和过去不同,主要因为今天不但有了全国的反侵略统一战线,而且这个统一战线恰好和历史上空前的全世界反侵略统一战线相遇合;不但能和全世界的统一战线相遇合,而且恰好又和历史上空前的日本内部矛盾相遇合,即同日本人民的统一战线相遇合。这些历史特点是从前没有的,现在恰巧都有了。所以我们说中国的打败仗是暂时的,中国的抗战一定可以取得最后的胜利,其根据就在这里。这三种统一战线,正如日初升,向着日益巩固日益扩大的方向走去,最后的胜利必属于我们,悲观主义是没有根据的。

因此,今天延安城的大会,有它的全国性及世界性的意义。全中国不愿做亡国奴的人,不分党派,不分信仰,不分男女,不分老幼,统统向着同一的目标而团结起来。全世界一切爱好和平、厌恶战争的人,也统统向着同一的目标而团结起来。日本国内的广大人民,也统统向着同一的目标而团结起来。这个目标就是反侵略,这就是今天世界政治的总方向。这样的全中国人民、全世界人民和全日本人民的大团结,其力量是如何伟大,这种伟大的力量是无疑要把侵略者的力量逐渐削弱下去,最后把它打倒。因此我们坚定地说:只要我们努力,中国一定能够战胜侵略者,新中国的创立是必然的。①

---

① 中共中央文献研究室、中央档案馆:《建党以来重要文献选编(1921—1949)》第15册,中央文献出版社2011年版,第75—76页。

抗日战争时期,中国共产党不是全国范围内的执政党,难以全面推行自己的外交政策。但中国共产党作为当时中国国内的一股重要政治力量,被国际社会所重视。中国全民族抗战爆发后,国民政府承认中国共产党的合法地位,中国共产党积极开展战时外交活动。毛泽东的演说,从当时复杂的国际环境出发,提出了积极争取外援的思想,反映出了中国共产党对世界援华制日大会的认识。另外,朱德在世界援华制日大会召开之际发表反侵略斗争的演讲①,陈绍禹(王明)则在世界援华制日大会开幕之日发表《中国抗战与世界和平》的演讲。

1938年2月13日,中国共产党领导的陕甘宁边区文化界救亡协会致电世界援华制日大会,电文中表示:"虽然我们已经遭受了很大的牺牲,但我们敢请你们转告全世界爱好民主和平的政府、人民和文化工作者:我们为求中国民族的生存,为争取世界和平阵线的胜利,也为保卫被法西斯摧残的文化,我们永远不会在日本军阀的面前屈服,并且,我们相信:有我们坚决持久的抗战,国际的积极援助,最后胜利一定是属于我们的。"②同日,陕甘宁边区文化界救亡协会召集文化工作者及各种文化团体在抗敌后援会召开边区文化界反侵略运动大会,响应世界援华制日大会,周扬、艾思奇、何干之、吕骥、李凡夫、董纯才等人到会。

在中共中央长江局和中共湖北省委的领导下,在长江局工委、青委、妇委以及各抗日救亡团体的组织、推动下,武汉各界群众先后组织了尊敬伤兵和慰问难民的活动、响应国际反侵略运动周年纪念日、空军祝捷大会、总理逝世周年纪念、第二期抗战扩大宣传周、雪耻兵役宣传周、七七献金、国际援华制日运动等一系列抗日救亡运动。董必武出席了国际反侵略运动大会中国分会的成立大会和武汉各界拥护国际援华制日运动大会

---

① 之:《朱德演讲反侵略斗争》,《孤岛》1938年第1期。

② 来件:《边区文化界大会致国际反侵略运动大会电(二月十三日)》,《解放》1938年第31期。

的集会,参加武汉民众要求国际联盟援华制日大游行①。这些活动,呈现了日本侵略者的暴行,诠释了抗战建国的基本方针,升华了历史经验,批判了投降妥协的倾向,弘扬了民族精神,彰显了中国抗战的地位,展示了抗战胜利的前景。

世界援华制日大会召开前后,中国共产党的其他地方组织也积极开展响应世界援华制日大会的活动。中共鄂西中心县委组织召开宜昌各界拥护援华制日民众大会,会场设在宜昌学院街小学,会后参会民众举行绕城游行②;中国共产党四川地方党组织积极组织成都各界反侵略运动大会和火炬游行,万县的反侵略运动宣传周的活动顺利开展,梁山等地则举行了拥护世界援华制日民众大会的集会和游行③。团结抗敌的巨大能量得以迸发,气贯长虹的抗战精神在这里逐渐形成。这对于塑造中国共产党的形象、提升中国共产党抗战动员的影响力、整合各方力量赢得抗战胜利都发挥了积极作用。

1937 年七七事变爆发的次日,中国共产党即发出通电,号召"全中国同胞,政府,与军队,团结起来,筑成民族统一战线的坚固长城,抵抗日寇的侵掠"④。1937 年 7 月 15 日,中共代表将《中国共产党为公布国共合作宣言》交付中国国民党,这是中国共产党全民族抗战主张的重申,也是中国共产党抗战动员基本立场的表达。9 月 23 日,蒋介石发表《对中国共产党宣言的谈话》,标志着以抗日为共同目标的第二次国共合作正式形成。正是在这个基础上,中国全民族的抗日战争终于启动。1937 年 9

---

① 参见《董必武传》撰写组:《董必武传(1886—1975)》上卷,中央文献出版社 2006 年版,第 330 页。

② 参见湖北省宜昌县地方志编纂委员会:《宜昌县志》,冶金工业出版社 1993 年版,第 21 页。

③ 参见中共四川省委党史工作委员会:《中共四川地方党史大事年表》,四川人民出版社 1985 年版,第 73 页。

④ 中共中央文献研究室、中央档案馆:《建党以来重要文献选编(1921—1949)》第 14 册,中央文献出版社 2011 年版,第 357 页。

月 29 日毛泽东在《国共合作成立后的迫切任务》一文中就曾指出："这在中国革命史上开辟了一个新纪元。这将给予中国革命以广大的深刻的影响，将对于打倒日本帝国主义发生决定的作用。""历史的车轮将经过这个统一战线，把中国革命带到一个崭新的阶段上去。"①世界援华制日大会召开前后，中国国内民族意识觉醒、民族解放浪潮日渐高涨，抗日民族统一战线思想逐步深入人心。

中国国民党、中国共产党及其领导人对世界援华制日大会寄予厚望，动员全国积极响应世界援华制日大会。这些都表明了国共两党自 1937年七七事变后基于对国际形势存在法西斯侵略阵线与和平阵线的认识，把世界援华制日大会视为一支同情与赞助中国抗战的力量，并积极争取这种同情与赞助。

三、国内报刊对世界援华制日大会持续关注

研究中国国内舆论对世界援华制日大会的认知，报刊是很好的研究客体。世界援华制日大会的召开引爆了中国国内的舆论媒体，《大公报》《全民抗战》《抗战三日刊》《妇女共鸣》《动员周刊》《新华日报》《群众》《新中华报》《东方画刊》等报刊纷纷发表社论、时评、消息与文章等，有些还配有图片或照片，对世界援华制日大会进行了大幅度报道。

（一）《大公报》和《申报》

《大公报》是民国时期的主要报纸，是我国迄今为止发行时间最长的中文报纸。它重视国内时事的报道，对国际时局的动向也很敏感。世界援华制日大会的召开是抗战时期国内外的一个重要事件，《大公报》也毫

---

① 《毛泽东选集》第 2 卷，人民出版社 1991 年版，第 364 页。

不例外地对这次大会给予了关注。相较于当时热销的中国国民党中央机
关报《中央日报》，抗战时期舆论界的重镇《大公报》以其客观的评论立场
更能体现出抗战真相。1938年2月12日，世界援华制日大会开幕当日，
《大公报》发表社评，呼吁："参加大会之各国各团体代表及各名流，运用
你们正义的权威，感动你们各政府及各政党，以形成反侵略的国家阵
线"；认为"中国是保障世界未来和平的主要分子之一"①。2月15日，
《大公报》再次发表社评，认为中国"一方对世界大众，深表感谢，一方则
促使军民同胞们，更认识世界大势与自己责任"②；同日，《大公报》还发
表消息称："伦敦大会（世界援华制日大会）通过决议案，请政府勿供给日
本军火金钱，抵制日货并举行援华运动周。"③新闻报道和新闻评论是报
纸的两种主要体裁，报道是主体，评论是灵魂，《大公报》对世界援华制日
大会既有报道又有评论，实现了主体与灵魂的统一。

　　《申报》原名《申江新报》，1872年4月30日在上海创刊，1949年5
月27日停刊。《申报》是近代中国发行时间最久、具有广泛社会影响的
报纸，是中国现代报纸开端的标志。它前后总计经营了77年，历经晚清、
北洋政府、国民政府三个时代，共出版27000余期，出版时间之长、影响之
广泛，同时期其他报纸难以企及，在中国新闻史和社会史研究上都占有重
要地位，被人称为研究中国近现代史的"百科全书"。《申报》也对世界援
华制日大会给予了高度关注，代表性的有：《邵力子今日邀各界茶会报告
反侵略应进行事项》（1938年2月10日第2版）、《文化界今日举行宣传
大会》（1938年2月12日第2版）、《武汉各界开会响应国际反侵略运动，
发表宣言愿与世界友人携手》（1938年2月12日第2版）、《全国文化界
昨整队游行响应反侵略大会》（1938年2月13日第2版）、《中国决竭人
力物力继续神圣战争》（1938年2月13日第2版）、《临汾举行提灯游行

---

① 社评：《祝国际反侵略运动大会》，《大公报》1938年2月12日。
② 社评：《感谢伦敦反侵略大会》，《大公报》1938年2月15日。
③ 《援华反日办法》，《大公报》1938年2月15日。

会唤起民众抗日情绪》(1938年2月15日第2版),等等。

(二)国民党报纸

《西北文化日报》1931年创刊于西安,初为中国国民党陕西省党务指导委员会机关报,后杨虎城接管该报,改组为西安绥靖公署和陕西省政府机关报。抗战爆发后由官办改为民营,但仍积极宣传抗日救亡,支持群众和青年学生的爱国运动。在世界援华制日大会召开前后,《西北文化日报》刊登的相关消息有:《孙夫人将至英伦出席国际援华制日大会》(1938年1月29日第2版)、《反侵略运动昨扩大宣传会到会民众三万极为热烈,国际大会今在伦敦开始》(1938年2月12日第2版)、《国际援华制日,美代表称美行动必不后人,印度决予以无限制之援助》(1938年2月14日第2版)、《顾维钧在援华制日会议上吁请各国集体行动,普遍抵制日货实施经济制裁,注重国际法治维持世界和平》(1938年2月15日第1版)、《援华制日会议通过议决案,中国政府设置情报局》(1938年2月16日第1版)。

《西京日报》系中国国民党中央宣传部在西安出版发行的机关报,原为《天津民国日报》。1932年中国国民党中央宣传部派邱元武将该报移至西安,改名《西京日报》。该报于1933年3月21日正式创刊,1949年终刊。《西京日报》每日对开1大张(抗战期间缩为4开小张),发行量每期平均2000份左右。在世界援华制日大会召开期间,《西京日报》刊登《国际反侵略大会今日在伦敦开幕,任务在组成国际反日扶我阵线,我分会昨举行响应国际反日会》(1938年2月12日第1版),《国际援华制日会开幕世界名流群集,讨论援我有效办法,大会议程为抵货援华反侵略,将发动大规模抵制日货运动》(1938年2月14日第1版),《顾大使电告援华制日会详情,由我设情报局俾向各国宣传》(1938年2月16日第1版)等文,对大会给予报道。

《南宁民国日报》是中国国民党广西省党部和广西省政府的机关报。

《南宁民国日报》刊登《国际反侵略大会今在伦敦召集会议,谋组织国际上抵制蛮夷扶助中国之阵线》(1938 年 2 月 12 日第 3 版)等文对世界援华制日大会给予报道。

《甘肃民国日报》起止时间为 1928 年至 1949 年,是中国国民党甘肃省党部的机关报,是新中国成立前甘肃省出刊时间最长、影响最大的地方报纸。《甘肃民国日报》刊登了《兰州各界反侵略运动宣传周标语》(1938 年 2 月 12 日第 3 版)和《我反侵略运动分会响应伦敦援华大会》(1938 年 2 月 12 日第 2 版)等文,对世界援华制日大会予以关注。

(三)中共报刊

列宁指出:"报纸不仅是集体的宣传员和集体的鼓动员,而且是集体的组织者。"抗日战争时期,中国共产党建立起全党办报和全民参与的动员体制。

《新华日报》是抗日战争时期中国共产党的大型机关报,是中国共产党第一张在全国公开发行的报纸。作为抗战时期中共的大型机关报,《新华日报》在世界援华制日大会召开前后用了相当大的篇幅对大会进行详细的追踪报道,以出特刊的形式对世界援华制日大会进行广泛的宣传,并且还经常为此发表社论、专论和短评。1938 年 2 月 10 日,《新华日报》发表了社论①;2 月 12 日,《新华日报》专门出版武汉文化界抗敌协会编的全国文化界响应世界反日援华大会特刊,该特刊内载董必武的题词、邵力子的文章《文化界一齐努力》、歌曲《为自由和平而战》和《朝鲜民族战线联盟致国际反侵略运动大会书》等②,其中董必武的题词写道:"文化是民族生命中一种不可磨灭的力量,因此,日寇在灭亡我民族的残酷兽行中,时刻都注意到摧残我国的文化,正因为如此,保卫文化,不仅是文化界

---

① 参见《祝国际反侵略大会》,《新华日报》1938 年 2 月 10 日。
② 参见武汉文化界抗敌协会:《全国文化界响应世界反日援华大会特刊》,《新华日报》1938 年 2 月 12 日。

同仁的任务,同时也是全体同胞的任务,也正因为如此,挽救民族危亡是
全体同胞的天职,尤其是文化人的天职。"①2 月 13 日,《新华日报》设立
国际反侵略宣传周儿童日特刊,该特刊内载叶剑英的题词、李德全的文章
《反侵略运动儿童日》、歌曲《难儿进行曲》和《反侵略宣传周儿童日告武
汉小朋友书》等②;2 月 11—16 日,《新华日报》发布了许多与世界援华制
日大会有关的消息,如《国际反侵略大会今日在伦敦开幕》③《国际反侵
略大会八百余代表一致反日援华》④《国际反侵略大会通过援助中国决
议》⑤《国际反侵略大会中援华抵制日货会议闭幕》⑥等。这些消息的内
容非常丰富,如 1938 年 2 月 15 日《国际反侵略大会通过援助中国决议》
这则消息中就有"全场一致抨击日寇侵略,号召援助中国,要求各国政府
不以军火借款货物供日,英名作家提议举行全世界援助中国周";"顾大
使代表宋庆龄演说,请民治国力行和平政策";"郭大使谓全世界应保证
军需品到达中国不运日"等内容。

　　在世界援华制日大会召开前后,《新华日报》发表的文章、消息还有:
郭沫若的《为反侵略国际宣传周妇女日特刊题词》(1938 年 2 月 7 日第 4
版)、《伟大的反侵略妇女日》(1938 年 2 月 8 日第 3 版)、吴泽的《中国青
年誓为国际反侵略的先锋》(1938 年 2 月 8 日第 4 版)、陈绍禹(王明)的
《为反侵略国际宣传周特刊题词》(1938 年 2 月 8 日第 4 版)、《反侵略运
动宣传周今天第四日——"农工日"》(1938 年 2 月 9 日第 2 版)、《全国
各界反侵略周》(1938 年 2 月 9 日第 2 版)、署名人龙的《敌机空袭下国际

---

　　①　熊华源、陈扬勇:《董必武年谱》,中共党史出版社 1991 年版,第 132 页。
　　②　参见《国际反侵略宣传周儿童日特刊》,《新华日报》1938 年 2 月 13 日。
　　③　参见《国际反侵略大会今日在伦敦开幕》,《新华日报》1938 年 2 月 11 日。
　　④　参见《国际反侵略大会八百余代表一致反日援华》,《新华日报》1938 年 2 月
14 日。
　　⑤　参见《国际反侵略大会通过援助中国决议》,《新华日报》1938 年 2 月 15 日。
　　⑥　参见《国际反侵略大会中援华抵制日货会议闭幕》,《新华日报》1938 年 2 月
16 日。

反侵略大会青年日的行进》(1938 年 2 月 9 日第 3 版)、林森的《为反侵略
国际宣传周工农日特刊题词》(1938 年 2 月 9 日第 4 版)、冯玉祥的《为反
侵略国际宣传周工农日特刊题词》(1938 年 2 月 9 日第 4 版)、何云的《中
国抗战与国际工农大众》(1938 年 2 月 9 日第 4 版)、周恩来的《为反侵略
国际宣传周工农日特刊题词》(1938 年 2 月 9 日第 4 版)、《武汉各界明日
开会响应国际反日大会》(1938 年 2 月 10 日第 2 版)、《工农团体昨举行
反侵略运动宣传大会,今天第五日——"商人日"》(1938 年 2 月 10 日第
2 版)、《反侵略商人日宣誓不卖日货》(1938 年 2 月 11 日第 2 版)、《武汉
各界今日下午三时在市商会举行响应国际反日大会》(1938 年 2 月 11 日
第 3 版)、博古(秦邦宪)的《为国际反侵略运动宣传周伤兵难民日题词》
(1938 年 2 月 11 日第 4 版)、李德全的《反侵略运动儿童日》(1938 年 2
月 13 日第 4 版)、叶剑英的《为国际反侵略宣传周儿童日题词》(1938 年
2 月 13 日第 4 版)、《国际反侵略中国分会反日宣传周儿童日宣言》(1938
年 2 月 13 日第 4 版)、《反侵略宣传周儿童日大会告武汉小朋友书》
(1938 年 2 月 13 日第 4 版)、《昨儿童日宣传大会》(1938 年 2 月 14 日第
3 版),等等。《新华日报》对世界援华制日大会的追踪报道,为中国国内
掀起的世界援华制日大会宣传运动导航[1],起到了宣传动员民众的作用。

为适应抗日民族统一战线的需要,中共中央于 1937 年 1 月 29 日将
《红色中华》改名为《新中华报》,同年 9 月 9 日,《新中华报》改为陕甘宁
边区政府机关报,1938 年 12 月 25 日停刊。《新中华报》于 1938 年 2 月 5
日、10 日、20 日三期登载了世界援华制日大会的议题和国内外民众对大
会的反应等相关内容,拥护与响应世界援华制日大会的召开,激励中国人
民抗战到底。2 月 5 日的要闻简报介绍了"国际联盟讨论助我方式""援
华制日会将展开""英美工人援助我国"和"世界各地抵制日货"[2];2 月

① 参见肖效钦、钟兴锦主编:《抗日战争文化史(1937—1945)》,中共党史出版社
1992 年版,第 110 页。

② 《我国坚持抗战后,国际间开展援华运动》,《新中华报》1938 年 2 月 5 日。

10 日的《全国各地举行反侵略运动响应反日援华大会》①,报道了全国各地响应世界援华制日大会的盛况;2 月 20 日的《伦敦举行民众大会响应世界和平运动》②,则描述了英国伦敦民众大会到会群众慷慨募捐援助中国的感人场面;另外发表了《全国各地举行反侵略运动,响应反日援华大会》(1938 年 2 月 10 日第 1 版),《延市妇孺反对略侵者》(1938 年 2 月 20 日第 2 版)和《边区文化界举行反侵略运动大会》(1938 年 2 月 20 日第 3 版)等消息。

　　《群众》是抗日战争时期在国统区公开出版的中国共产党机关刊物,由中共中央南方局领导。署名编辑兼发行人为潘梓年,实际主持者是许涤新。《群众》于 1937 年 12 月 11 日在汉口创刊,为周刊,以宣传中共抗日救国十大纲领和中国共产党的全面抗战路线为宗旨。在世界援华制日大会召开期间,《群众》出版了反侵略运动专号,发表了《国际援华运动巨潮》和《国际反侵略运动在中国》等两篇社论,以及蔡馥生的《国际反侵略运动与中国抗战前途》和许涤新的《反侵略运动中的国际联盟动态》。

(四)抗战刊物及专业类刊物

　　《全民抗战》《抗战三日刊》《团结周报》和《战时民众》等一大批抗战刊物纷纷在重要版面对世界援华制日大会进行分析与评价。如社论或短评有《国际反侵略的力量》③、《国际反侵略运动》④等,专论有《我们应该怎样加强扩大国际反侵略运动》⑤等。《新新新闻》和《浙江潮》等地方刊物以及《东方画刊》等专业刊物也对世界援华制日大会给予了关注。《国

---

　　①　参见《全国各地举行反侵略运动响应反日援华大会》,《新中华报》1938 年 2 月 10 日。

　　②　参见《伦敦举行民众大会响应世界和平运动》,《新中华报》1938 年 2 月 20 日。

　　③　参见社论:《国际反侵略的力量》,《全民抗战》1938 年第 19 期。

　　④　参见社论:《国际反侵略运动》,《抗战三日刊》1938 年第 40 期。

　　⑤　参见张铁生:《我们应该怎样加强扩大国际反侵略运动》,《抗战三日刊》1938 年第 47 期。

际反侵略大会的成果》①等文章,介绍了世界援华制日大会的经过及取得的成果,对大会给予了高度评价。

《东方杂志》创办于 1904 年 3 月,是影响最大的百科全景式老期刊,是"民国十大善本之一"。在世界援华制日大会召开后,《东方杂志》刊发了《国际反侵略会举行排日援华会议》②一文,对大会进行全面介绍。

《新新新闻》是民国时期四川报界持续时间最长、发行量最大、经济效益最好、影响面最广的民办商业性报纸。发表有《世界和平大会定期开幕,八百余代表将讨论援华,现已派遣外交访员来我国逐日搜集援华可能性情报》(1938 年 2 月 5 日第 3 版)、《有四十国代表出席,援华大会今在英举行——法国共派有代表六十人,各党均前往参加》(1938 年 2 月 12 日第 16 版)、《以和平力量援华制倭,各国拥护反侵略大会》(1938 年 2 月 13 日第 15 版)、《反侵略运动大会全国各地进行中,儿童日妇女日正按日举办纷电伦敦响应大会》(1938 年 2 月 13 日第 3 版)、《蓉市反侵略运动大会今日举行火炬大游行,动委会昨开筹备会议决要案十一件,省府电令各县同时举行》(1938 年 2 月 13 日第 9 版)等文章。

《东方画刊》作为综合性摄影画报,主要栏目有战事照片、时事写真、阅者园地、战事美术作品、国际新闻等。该刊主要刊登中国军队抗战的照片,发布时事新闻图片,转载最新国际局势及新的科学发明照片,将国民在时代前所表现的精神及其他一切活动,用真实的图片反映出来。在世界援华制日大会召开期间,《东方画刊》在其 1938 年第 8 期就曾经发表过"西安各界举行大会拥护国际联盟制裁日本"和"桂林所举行的拥护国际联盟大会"等照片。《中华》1938 年第 71 期有"广州各界拥护国际联盟援华制日示威大游行中的法国援华标语"的照片,《少年画报》1938 年第 13 期则有"九月七日武汉各界拥护国际联盟援华制日大会游行"的

---

① 参见淑美:《国际反侵略大会的成果》,《妇女共鸣》1938 年第 3 期。
② 参见市隐:《国际反侵略会举行排日援华会议》,《东方杂志》1938 年第 1 期。

照片。

《工商日报》在抗战时期以宣传抗日救国为方针,注重经济、商业方面的信息,持论公允,倾向进步,发行逾万份,成为当时西安发行量最大的报纸。在世界援华制日大会召开前后,《工商日报》刊登有《宋庆龄将至英伦出席援华制日大会》(1938年1月29日第2版)、《本省各界昨举行反侵略扩大宣传会,火炬游行招待外宾,情绪壮烈空前未有》(1938年2月12日第2版)、《国际反侵略大会今开幕,组织援华制倭阵线,各主要国代表暨世界名流均参加,宋庆龄准备演说颇为各方所注意》(1938年2月12日第2版)、《伦敦援华制日会上各代表严厉抨击暴日,抵制日货问题成为讨论重心》(1938年2月14日第1版)、《援华制日会议续会,研究抵制日货办法,顾维钧慷慨演说力促各国觉醒》(1938年2月15日第1版)等。

20世纪30年代的世界和平运动是一场反对法西斯、反对战争的群众性运动,世界援华制日大会又是这一时期世界和平运动的重要标志。中国国内报刊对世界援华制日大会的关注和对大会提出的期望,从根本上决定了中国国内报刊及其所从事的事业具有民主进步的性质,为维护世界和平作出了重要贡献,也为中国在第二次世界大战后成为保障世界共同发展的中坚力量积蓄了社会力量并奠定了舆论基础。

四、国内民间团体及社会各界对世界
援华制日大会热烈响应

中国抗战全面爆发后,中国官方外交继续发挥作用,民间外交也日渐活跃。自1937年七七事变后的半年多时间里,日本侵略者的铁蹄蹂躏了半个中国,数千万平民被屠杀,文化教育机关被摧残殆尽。中国的抗战是一场涵盖社会各阶级与各阶层的全民族抗战,在抗战时期召开的世界援华制日大会,也是一场中国抗战力量与国际和平势力的大汇合。

(一)国内各类社会团体对世界援华制日大会的响应

国际反侵略运动大会中国分会作为一个具有广泛群众基础的社会团体,充分利用其与国民政府的密切关系,并发挥其组织完备的优势,积极开展宣传与社会动员工作。在世界援华制日大会召开之际,国际反侵略运动大会中国分会向世界援华制日大会发去《告全世界人士书》,呼吁世界援华制日大会决议:"各国民众团体举行'中国周',尽量揭露日本侵华罪状,实行抵制日货,以为我国抗战声援。"①国际反侵略运动大会中国分会理事陈铭枢致电世界援华制日大会表示祝贺、国际反侵略运动大会中国分会广东支会等也响应世界援华制日大会的召开②。国际反侵略运动大会中国分会还编译了介绍世界援华制日大会内容的小册子,扩大中国国内对世界援华制日大会的了解及对国际援助重要性的认识。

1938 年 2 月 10 日下午,国际反侵略运动大会中国分会会长邵力子邀请社会各界人士在盐业银行举行茶会,报告反侵略运动的意义及应进行的事项。2 月 11 日下午,国民外交协会在金城大楼举行招待各界茶会③。

1938 年 2 月 12 日上午,全国文化界响应国际反侵略大会宣传大会在上海大戏院举行④,出席者有邵力子、张道藩、刘炳藜、沈钧儒、吴国桢及各文化团体代表。全国文化界响应国际反侵略大会宣传大会由张道藩主持,刘炳藜报告大会筹备经过及意义,邵力子、吴国桢、中国国民党上海市党部代表、上海警备部等代表相继致词,军委会电影股并在场摄活动影

---

① 《世界反侵略大会开幕盛况》,《新华日报》1938 年 2 月 13 日。
② 参见中央社:《中国决竭人力物力继续神圣战争》,《申报》1938 年 2 月 13 日。
③ 参见中央社:《邵力子今日邀各界茶会报告反侵略应进行事项》,《申报》1938 年 2 月 10 日。
④ 参见中央社:《文化界今日举行宣传大会》,《申报》1938 年 2 月 12 日。

片。全国文化界响应国际反侵略大会宣传大会通过了大会宣言及致伦敦世界援华制日大会、致全世界文化界等的电文。全国文化界响应国际反侵略大会宣传大会结束后,由陶涤亚任总指挥整队游行至上海民族路孙中山铜像前,由沈钧儒领导行礼致敬并高呼口号。①

中国国民外交协会、中国文化界协会、中国回教公会、中国国际联盟同志会、中国劳动协会等国内团体纷纷致电世界援华制日大会,热烈响应世界援华制日大会的召开。②

中国国民外交协会在致世界援华制日大会的电文中表示:

中国政府与四万万五千万人民,对于抵抗日本帝国主义者之侵略,同具绝大决心,不达到保持"九一八"前领土行政主权之完整之目的不止,此种抗战,不仅对内求自存且对外求共存,以维持全世界之人道正义与和平。唯日本独霸东方,以冀利用广大富源兴广大群众,侵略全世界之基础之野心日益暴露,观于津沪租界常被日军藐视欺侮,英美兵舰早被日军轰炸而益信,是以非联合爱好和平之各国家各民族共同奋斗,则不能制止其暴行,本会等今代表全中国人民向贵会具如下之希望:(一)全世界抵制日货,(二)组织代表团,请求国际联盟对日施行经济制裁,(三)不供给日本以军事上物质上之一切需要与军事技术人才,(四)举行全世界反日运动周,(五)组织参观团来华调查,以明日军欺侮外侨,凌辱各国,兴奸淫中国妇女焚毁中国房屋财产,屠杀中国人民之真相。索仰贵会热心维持和平,对上列希望,必能予以迅速的满意的实施,而共维世界人类之幸福也。

---

① 参见中央社:《全国文化界昨整队游行响应反侵略大会》,《申报》1938年2月13日。

② 参见国际反侵略运动大会中国分会:《国际反侵略运动伦敦大会各国代表演讲实录》,1938年编印,第75—83页。

中国文化界协会在致世界援华制日大会的电文中说：

伦敦国际援华制日大会公鉴：贵会主持正义，倡导和平，维护现代文明，保障人类幸福，举世同钦。顷以援华制日举行大会，度更有具体而有效之方案，使日本侵略暴行为之敛迹，不独嘉惠我国，亦所以保持世界之安宁秩序，远道闻凤，曷胜钦仰。中国全国文化界一致声援外，谨此驰电致敬。尚希继续领导世界爱好和平人士，努力排斥侵略主义。

中国劳动协会在致世界援华制日大会的电文中说：

伦敦国际援华制日大会公鉴：自贵会倡导和平以来，举世闻凤兴起。诸君以爱护和平之伟大精神，作维持正义之积极号召。此实当代人类之福音。日本法西斯之暴行，以致东方和平浸归毁灭，事实已昭告于全世界人士之前，我中华民族于忍受荼毒之余，亦既发动神圣之抗战，且已取得举世人士之同情。贵会揭示之四大纲领，尤为我中国人民所服膺勿忘。务望贵会及时发动积极号召及具体有效办法，援助中国民众抗战到底，拯救和平于泥潭之中。

中国回教公会在致世界援华制日大会的电文中说：

伦敦国际援华制日大会公鉴：中国回教人民，兹谨祝贺大会之成功。务请贯彻抵制日货之主张，对日本施行经济之压力，并积极援助中国。吾人并号召全世界之回教徒，一致拥护中国之自卫战争。

武汉佛教徒在致世界各国佛教团体和世界援华制日大会的电文中说：

　　伦敦国际援华制日大会公鉴:日本侵略中国,残杀人类,其愚实
足怜悯。务请我全世界佛教徒联合一致,以大慈悲,以般若光破其妄
想邪见;建议各国政府,以方便力降其凶暴,速令日本少数军阀的疯
狂消灭,拯救日本多数无辜人民,以及中华国土人民早获安全,世界
得保和平,以符合我佛普度众生之旨。

　　中国文化界协会、中国回教公会、中国国际联盟同志会、中国劳动协
会等国内团体为抗日救亡奔走呼号,同时它们又有着较为开阔的全球视
野,凭借各自的知识文化优势,在响应世界援华制日大会的过程中,发挥
着独特作用。

　　在世界援华制日大会召开前夕,中国国民外交协会、中华海员工会、
全国邮务工会、中国妇女协会、中国国际联盟同志会、汉口总商会及国内
外大学同学会还曾经致电伦敦中华运动委员会爱因斯坦、罗素、罗曼·罗
兰、杜威等人并转伦敦中华运动委员会全体委员,请求"各国人民对日货
自动抵制","共为和平人道民治而奋斗"①。

　　1938年2月13日,中国共产党领导的中国陕甘宁边区文化界救亡
协会、中国陕甘宁边区妇女联合会青年救国会,也致电世界援华制日大
会。中国陕甘宁边区文化界救亡协会在电文中说:

　　国际反侵略大会:我们是边区人民中的文化工作者,昨天(1938
年2月12日)已经参加过边区人民反侵略大会,现在又特别召集一
个文化界反侵略大会,拥护你们,因为你们举起拥护世界和平的旗
帜,发出反侵略战争呼声,并宣言抵制日本法西斯,援助我们。而此
时,我们正用枪炮反对凶暴残忍的日本法西斯。今天虽然我们已经
遭受了很大的牺牲,但我们敢请你们转告全世界爱好民主和平的政

①　中央社:《国民外交协会致伦敦中华运动委员会》,《大公报》1938年1月9日。

府、人民和文化工作者：我们为求中国民族的生存，为争取世界和平阵线的胜利，也为保卫被法西斯摧残的文化，我们永远不会在日本军阀的面前屈服，并且，我们相信：有我们坚决持久的抗战，国际的积极援助，最后胜利一定是属于我们的。①

中国陕甘宁边区妇女联合会青年救国会在致世界援华制日大会的电文中说：

> 伦敦国际反侵略运动大会代表并转全世界一切爱好和平国家与人民：日寇猖狂，肆行侵略，不仅欲灭亡中国，尤欲为世界之霸主。撕毁国际神圣和平条约，以暴力加诸我爱好和平之中国人民，所到之处，烧杀淫掠，横暴凶残，为历史以来所未有。近且发表狂谬宣言，否认我国民政府。疯狂野蛮，不但我中华人民难以忍受，更非世界正义所能容忍。国际反侵略运动大会，拥有全世界一切爱好和平国家与人民，为人类公理、世界和平之堡垒。我们深信当能在此隆重庄严之援华制日大会通过援助我中国人民之决议，通过制裁此世界正义与公理所不容之暴日决议，给侵略者以严重的痛戒，给侵略者以致命的打击，我边区全体妇女与儿童，誓以最大决心，拥护世界和平；自卫抗战到底，务以全力打击此破坏世界和平之罪恶的侵略者，以赤血争得中华民族之解放，以抗战来保卫世界和平。最后我们谨以至诚，敬祝国际反侵略运动大会胜利万岁！全世界一切爱好和平国家与人民万岁！②

---

① 参见来件：《边区文化界大会致国际反侵略运动大会电（二月十三日）》，《解放》1938 年第 31 期。

② 来件：《边区妇女与儿童大会拥护国际反侵略运动大会通电》，《解放》1938 年第 31 期。

1938 年 2 月 13 日,陕甘宁边区文化界救亡协会为响应世界援华制日大会的召开,召集陕甘宁边区各种文化团体及文化工作者在抗敌后援会召开边区文化界反侵略运动大会,到会的文化团体有边区音乐界救亡协会、边区国防教育会、战歌社、海燕社、干部子弟学校歌咏队等。到会的文化工作者有周扬、艾思奇、陈伯达、何干之、吕骥、杨伯年、李凡夫、任白戈、董纯才、左明等人。大会向全国文化界救亡协会提议从速召开全国文化团体代表大会,并派代表出席参加世界援华制日大会。陕甘宁边区文化界救亡协会响应世界援华制日大会的集会于该日下午四点左右结束,会后参会代表分四队出发,高呼口号,向民众宣传,张贴漫画及墙头诗,等等①。

(二)国内社会各界对世界援华制日大会的响应

全民族抗战初期,中国国内各种社会力量形成以武汉为中心的空前大团结。当时中国国内最大的几个国际反侵略和平团体如世界和平运动大会、国际联盟同志会等,都以武汉为中心开展活动。武汉也是国际反侵略运动大会中国分会的所在地,是中国国内响应世界援华制日大会的中心区域。武汉各界成立了拥护援华制日运动筹备会,声援世界援华制日大会②;1938 年 2 月 6 日,为响应世界援华制日大会宣传周的宗教日,武汉基督教徒在人座堂举行为国难祈祷礼,齐唱《我爱祖国》歌③。

1938 年 2 月 11 日,武汉各界由国际反侵略运动大会中国分会与中国国民外交协会发起,在市商会举行武汉各界响应国际反日运动大会,响应世界援华制日大会④,规定"凡各机关、学校、团体及个人参加大会者,

---

① 参见《边区文化界举行反侵略运动大会》,《新中华报》1938 年 2 月 20 日。

② 参见史枚:《武汉各界成立了拥护援华制日运动筹备会》,《全民抗战》(保卫大武汉特刊)1938 年第 7 期。

③ 参见《全国各地举行反侵略运动,响应反日援华大会》,《新中华报》1938 年 2 月 10 日。

④ 参见《今日下午三时在市商会,武汉各界举行响应国际反日大会》,《新华日报》1938 年 2 月 11 日。

一律须凭券入场,无券恕不招待"①。武汉各界响应国际反日运动大会通过了请求世界援华制日大会援助中国的电文,表明中国为阻止日本侵略及恢复世界和平,对于世界援华制日大会抱有深切之希望。电文中说:

　　伦敦牛津街英国实业大楼世界和平运动大会主席薛西尔爵士鉴,日本武力侵华,所占领之土地已在八十一万八千平方英里以上,约为中国全部领土五分之一。中国人民遭受战争之祸害者,为数已在一万万二千五百万以上,约占全国人口三分之一,其中沦为难民者在六十万以上,现集中于平津之难民在五十万以上,集中于上海者在五十万以上,集中于南京者在二十五万以上,集中于汉口者十万以上,其中由战区迁居内地之广大避难群众,尚不在此数之列。自(1938年)一月四日至一月二十三日共二十天之中,在上海一区所发现之难民尸体暴露各地者,已在一万以上。日本对于中国文化机关,亦复恣意摧毁,大学及专门学校被毁者在四十所以上。截至去年(1937年)十月十五日止经精确之调查统计,大学及专门学校被毁者十四校,中学被毁者二十七校,小学被毁者四十四校,其他文化机关被毁者八所。就物质损失而言,上海市内文化机关之损失,统计为中国国币一千零九十四万二千二百四十二元,教堂医院及红十字机关之损失尚不在内。在中国境内欧美损失,至为惨重,举其显著之暴状而言,天津俄国领事馆之搜查,英国大使及参赞之被炸,巴纳号之沉没,女岛号之轰炸,德和大通等商轮之袭击,以及对杭州天主教士之侮辱均为震惊中外之事件,其他外侨男女商民迭次所受之损失与侮辱,尤不可胜数,本会为此恳请伦敦世界和平运动大会通过下列议案四件:(1)公开正式宣布日本为人类之公敌;(2)对日本实施经济上财政上及信用上之抵制并禁止以军用品、技术人才、食料、药品等类

① 中央社:《国际反侵略运动大会》,《大公报》1938年2月11日。

输入日本;(3)为增加中国抗战实力起见,予中国以经济上财政上之援助,并以军需品、技术人才及其他必需之人力物力供给中国;(4)派遣代表呈请国际联盟实施约章第十六条及第十七条之规定,以便予日本以有效之制裁,并由大会决议对于日本在中国所制造之傀儡政府,不得予以法律上或事实上之承认。①

在武汉各界响应世界援华制日大会的集会中,冯玉祥、王宠惠、许世英、陈公博、邵力子、陈铭枢等及各界代表数百人参会。大会总主席邵力子报告称:"国际反侵略运动大会,开会于伦敦,吾人对此崇高而神圣之任务,自当加以响应。同时更当在全世界良友同情之下,加倍努力,以争取最后胜利,巩固世界和平。"陈公博致词称:"我国为保障和平,争取和平,除接受世界同情外,更要自己努力,把鲜血来培养新的生命。"冯玉祥在集会上致词称:"我们今日在此开会,仿佛可听到伦敦发出的吼声,这种吼声,足予日本野兽以重大打击。我国拼命抗战,好比当前的钢叉,而国际的反侵略运动,好比后面的铁链,日本野心,在前后夹攻之下,一定是要死的。日本的野心,不但要侵略中国,并且要并吞全世界,我们要负起打先锋的责任,打倒日本,来救中国,救世界,并且救日本的工农众众。"许世英致词称:"日本侵华,有其整个计划,即是由军事而政治,由政治而经济,军事计划,首为占领华北及上海,次占领南京,再次则打通津浦线,最后企图占领广东和武汉。经济计划,第一,开设华北中央银行,国收现金,破坏法币;第二,日军就地给养,这两项办到,我们不亡自亡。现在我国内有抗战的决心,外有正义的同情,兵哀者胜,我们打倒日本,是有把握的。"陈铭枢、邓颖超及朝鲜民族战线联盟代表王君实相继讲演。最后通过了武汉各界响应世界援华制日大会的集会宣言,宣言中说:"伦敦大

---

① 中央社:《武汉各界今开会响应国际反侵略运动,请伦敦大会制裁日本》,《大公报》1938 年 2 月 11 日。

会,表示全人类拥护正义与和平之连带,而给我们奋斗以无限之援助和鼓励。我们不仅以抗战的呼声响应,且将以更坚决而英勇之抗战,以响应一切爱和平之友人。为达到此目的,决心与全世界友邦及一切爱和平者携手,共同保护全人类所需要之和平。"①

武汉还成立了各界拥护世界援华制日大会的组织,发起武汉各界拥护世界援华制日大会的大游行。2月11日,武汉文化界抗敌协会通知武汉各剧场,要求于次日演映有关抗战意义之戏剧、电影或新闻,广播电台作中英两国文字关于抗战以来文化界所受损害及艰苦奋斗情形之报告,并在武汉三镇通衢张贴中、英、法、德四国文字之标语口号。武汉各界拥护世界援华制日大会游行的情形见图4-3②。

图4-3　武汉各界拥护世界援华制日大会游行情形

湖南各界迅速行动起来响应世界援华制日大会的召开,并以"大中华民国湖南各界响应国际反侵略运动宣传大会"的名义致电世界援华制日大会,电文中说:

日本帝国主义者,挟其侵略野心,恃其优越武器,对我中华民族作残暴之进攻。破坏世界和平,蔑视国际正义。自甘戎首,举世同

---

①　中央社:《武汉各界开会响应国际反侵略运动,发表宣言愿与世界友人携手》,《申报》1938年2月12日。

②　参见傅润华主编:《抗战建国大画史》,中国文化信托服务社1948年版,第120页。

仇。贵会为戢暴惩凶起见,爰有反侵略大会之举行,逖听之余,莫名感奋。我中华民族,誓以最大之决心,长期之抵战。尚望贵会继续奋斗,贯彻主张,共同灭此世界之公敌,人类之蟊贼。①

江西、贵州、广西、广东等地社会各界也举行各种活动响应世界援华制日大会。广东社会各界集会"议决电请实行历届决议援华各案,并请迅速采取有效办法制止日军使用毒气,15 万人示威游行"②,到会群众严肃热烈。1938 年 2 月 11 日,西安各界举行反侵略扩大宣传会③。西安各界召开反侵略扩大宣传会后举行响应世界援华制日大会的游行活动④,广西各界民众也举行了拥护世界援华制日大会的集会⑤,西安、广西响应世界援华制日大会游行情形见图 4-4 和图 4-5。

图 4-4　西安各界响应世界援华制日大会游行情形

---

① 罗玉明:《湖南抗日救亡运动史料》,湖南人民出版社 2011 年版,第 424 页。

② 沙东迅:《广东抗日战争纪事》,广州出版社 2004 年版,第 128 页。

③ 参见中央社:《本省各界昨举行反侵略扩大宣传会,火炬游行招待外宾,情绪壮烈空前未有》,《工商日报》1938 年 2 月 12 日。

④ 参见吴之帆:《国际反侵略大会游行之一》,《青年月刊》1938 年第 5 期。

⑤ 参见广西社:《国内新闻》,《中华》1938 年第 71 期。

图 4-5 广西各界民众拥护世界援华制日大会集会情形

贵州省政府委员会遵照中国国民党中央宣传部对国内各地响应世界援华制日大会工作的部署,议决由贵州抗敌后援会负责办理,定于 1938年 2 月 9 日上午 8 点半在贵阳举行响应活动①。

1938 年 2 月 16 日上午,重庆市抗敌后援会召集重庆市及江津、巴县各界民众在夫子池举行反侵略宣传大会,各机关、学校、团体等党政军商工学各界百余单位共计二万余人参加。集会首先为抗敌殉职将士及被难同胞默哀三分钟,接着各界代表相继演说②。宣传大会由胡文澜主持,他报告了世界援华制日大会缘起及其努力反战工作之情形,会后参会人员按指定线路游行示威③。

在中共中央长江局和中共湖北省委的领导下,在中共中央长江局工青妇组织和各抗日救亡团体的具体组织与推动下,武汉各界开展了第二

① 参见贵州省档案馆编:《民国贵州省政府委员会会议辑要》下,贵州人民出版社2000 年版,第 87 页。

② 参见《渝首次空袭演习第三天弄假成真因戒备严密无大损失》,《申报》1938 年 2月 24 日。

③ 参见中共四川省委党史工作委员会:《中共四川地方党史大事年表》,四川人民出版社 1985 年版,第 73 页。

期抗战扩大宣传周和国际援华制日运动等一系列抗日救亡运动。武汉妇女界召开国民外交协会妇女工作委员会扩大会,邓颖超、沈兹九、刘清扬等到会,国民外交协会妇女工作委员会并在汉口总商会举行国际宣传周妇女日大会。邓颖超在国际宣传周妇女日大会上发出以下号召:"今天妇女的组织太薄弱,我们要为此而努力,团结起来,打倒日本帝国主义。"①

广州学生抗敌联合会发起响应世界援华制日大会。1938 年 2 月 15 日,黄钧庭在《广州学生抗敌联合会工作概况》一文中回顾道:"为保障世界和平而反侵略的呼声在地球的西边发出来了! 国际反侵略运动大会定本月(1938 年 2 月)12 日在伦敦开抵制日货特别会议了! 日寇的血腥的野蛮的面目已被揭露于全世界了! 本会为配合全国响应国际反侵略运动宣传,特由本月(1938 年 2 月)6 日至 12 日举行反侵略宣传周,在 8 日——青年日——我们发动所有留市同学组晨呼队、演讲队和歌咏队出发全市,作大规模的宣传,并于是晚公演侵略话剧,以唤起民众反侵略的情绪。"②

延安的妇女与儿童 600 余人也于 1938 年 2 月 12 日在民教馆集会③,响应世界援华制日大会的召开,陕甘宁边区政府代表出席集会并发表演说,号召延安的妇女与儿童在反侵略斗争中加紧进行抗战动员工作,起到了很好的宣传群众与动员群众的作用。

1938 年 2 月 13 日上午,成都市各界在少城体育场举行了大规模的反侵略大会,并在当日夜间举行反侵略运动火炬大游行,响应世界援华制日大会的召开④;山西临汾各界于 1938 年 2 月 13 日至 15 日连续三日举

---

① 《钱之光传》编写组编著:《钱之光传》,中共党史出版社 2011 年版,第 149 页。

② 中央档案馆、广东省档案馆:《广东革命历史文件汇集(1937—1940)》,1987 年编印,第 290—291 页。

③ 参见《延市妇孺反对侵略者》,《新中华报》1938 年 2 月 20 日。

④ 参见中央社:《国际一致援华,英决普遍抵货,反侵略大会起草决议案》,《申报》1938 年 2 月 14 日。

行提灯游行大会,借以唤起民众的抗日情绪及宣传抗日主张①。

成都各界反侵略运动大会还专门创作了九场街头哑剧《反侵略》,该剧序歌唱道:

> 打倒日本,打倒日本,反侵略,反侵略! 实行全民抗战,实行全民抗战,总动员,总动员!
>
> 打倒日本,打倒日本,反侵略,反侵略! 弱小民族联合,弱小民族联合,永奋斗,永奋斗!②

中国人民同日本帝国主义所进行的战争,实质上也是一场保卫人类文化和文明的战争。对于这场战争的意义,中国国内的进步人士都有着清醒的认识。中国社会名流和一批投身和平运动的学者也是世界援华制日大会的支持者。宋庆龄在香港致电世界援华制日大会,表示"吾辈之胜利亦即世界和平、自由、民主之胜利也",要求"利用世界之和平势力,制裁侵略国家"③。

1938 年 2 月 22 日,臧克家作《通红的火把——为反侵略运动大会火炬游行作》一诗,叙述一对女青年为庆祝世界援华制日大会的召开而参加火炬游行的故事,是一曲抗战时代革命青年生活道路的青春之歌,"火把"是时代光明的象征。诗中写道:

> 晚上七点钟,
> "新民大会场"
> 人汇成海,

---

① 参见中央社:《临汾举行提灯游行会唤起民众抗日情绪》,《申报》1938 年 2 月 15 日。

② 叶琳:《为成都市各界反侵略运动大会作》,《战时戏剧》1938 年创刊号。

③ 时事述评:《国际反侵略大会在伦敦开会》,《时事半月刊》1938 年第 9 期。

灯汇成海，

头颅的波涛

涌动在光的海面。

一串串灯笼，

炫耀在大众的头顶，

像一支支光亮的箭镞，

穿过黑暗霸占了天空。

这不是清明的烟火，

这不是元宵的灯，

这是黄帝的子孙，

一齐站起来反抗敌人！

复仇的热血

要溅出胸外，

我们再也不能忍耐！

我们再也不能忍耐，

全世界正义的大手

一齐向我们伸过来。

灯火燃灼了

心头的火，

心头的火点亮了

救亡的呼声

救亡的歌。

像六月的暴雨。

这声音带起沉雷，

震动得苍天

要坍塌下来！

"燃起我们的火把！"

"燃起我们的火把!"

你也喊叫,

我也喊叫,

几千个喉咙呼出了

同一的要求,

同一的声调。

火把亮了,

一支,两支,几百支,

烧红了长空,

燃红了人脸,

夺去星月,

把黑夜做成了白天。

它是太阳月亮的双生,

它是中华的象征,

它是热,它是力,

它是伟大的神灵!

这火把接起了

五千年历史的辉光,

这火把点亮了

世界上正义的胸膛,

这火把把一切陈腐、懦弱烧光,

这火把引我们到战场,不怕死亡!

火把高举在人手,

人流逐着火流,

火口在啸,

人的口,人的心胸是怒潮。

火把穿红了大街,

> 火把穿红了小巷，
>
> 火把到处
>
> 奔腾着反抗的力量。
>
> 火把燃烧的不是石油，
>
> 那是中华儿女的脂膏，
>
> 它将燃烧过长夜，
>
> 燃烧到无穷，
>
> 直到烧断身上的铐镣，
>
> 照着我们作自由的呼声。①

　　追求世界和平与反对侵略是紧密结合的。中国国内社会各界在响应世界援华制日大会中，向国际社会揭露了日本侵略者在中国犯下的累累罪行，要求国际社会团结起来，同日本侵略者作斗争。这些都反映了中国社会各界的心声，也指出了中国应该努力的方向，希望中华民族形成全民族同仇敌忾的局面，爱国主义与国际主义得到了很好的统一。

　　中国全民族抗战爆发后，中国人民的英勇抗战精神赢得了世界各国人民的同情和支持。世界援华制日大会的召开，更标志着国际援华抗日的共识逐步得以形成。在中国国内，各种团体与社会各界对世界援华制日大会举行了声势浩大的响应活动。从这些响应活动的热烈程度可以看出，反抗侵略的中国人民在呼吁国际社会的同情与支持。这些响应活动也是中国国内社会动员的一次有效演习，显示了巨大的力量，为争取国际社会更多的同情与援助作出了贡献。

---

　　①　臧克家：《臧克家全集》第 1 卷，时代文艺出版社 2002 年版，第 246—248 页。

五、国外对世界援华制日大会的声援

日本侵略者的侵略行径在国际上引起了极大震动,世界爱好和平的人民纷纷强烈谴责日寇的暴行,对中国人民的抗日战争寄予极大的同情和支持。世界爱好和平的人士纷纷站在反对日本侵略、同情中国抗战的一边。世界各国的工人团体、国际团体和亲华团体积极展开了援华制日的活动,加深了世界人民对远东局势的关注,也对各国政府对华、对日政策产生了影响。

（一）海外华人华侨对世界援华制日大会的反应

在中华民族处于生死存亡的关键时期,海外华人华侨具有深厚的救国情感①。他们积极开展国民外交活动,努力争取侨居地各界对中国抗战的同情和支持,侨胞的态度是:"凡同情与帮助中国的都是我们的朋友。"②他们在人力、财力、物力等多方面对祖国的抗战做出了大量贡献。踊跃捐款是华侨抗日救亡运动中支持抗战广泛性的最具体最生动的反映。侨胞发动赈款,捐赠方式丰富多样。海外侨胞对祖国抗战的援助,除捐款外,还表现在努力促进友邦援助方面。由于中国的抗战合乎正义与世界和平的利益,世界各国的民众多数是同情中国抗战的。海外华侨华人广泛地动员起来,展开抗日救亡运动,成立各种抗日救亡组织,利用各种形式同日本侵略者进行针锋相对的斗争,有力地支持中国的抗日战争。

海外华人华侨具有广泛的群众基础。爱国侨领始终站在第一线,起了组织和带头作用。中国抗日的烽烟,点燃了海外华侨心中的怒火,迅速

---

①　参见社论:《侨胞在开展援华制日运动中的作用》,《新华日报》1938年12月23日。

②　陆璀:《晨星集》,人民日报出版社1995年版,第88页。

掀起了抗日救亡运动的热潮。其运动之深入,群众之广泛是空前的。南洋各地侨领还成立了南侨总会,制定了《筹赈办法举要》,扎实组织和领导群众。

抗战时期,中国妇女慰劳会香港分会或劝募救国公债,或捐款慰劳前方,或救护伤兵难民,做了大量工作,取得了较好成效。在世界援华制日大会召开前后,中国妇女慰劳会香港分会秘书处分函各国援华团体,请求继续援助中国,函中说:

在中国目前极度严重时期,国际友好及我旅外侨胞,已表示其深厚之同情,特别是以种种方式,慷慨捐赠救济我国之受伤者及颠沛流离之难民,在过去之数月内,此种由本会转达之人类互助之表现,实使吾人永志感激。我国军队之配备,远逊于敌国军队,此实无可讳言。战事爆发以来,城池虽迭告失陷,唯我民族之荣誉,仍然保存,而我民族不屈之精神,可于前线之忠勇军队及后方服务之民众可见一斑,我国军队深明唯抗战始可拯救中国,奋勇抗战之崇高信念,实为其他国家军队所未见,日军进犯迭受挫折,中国现已渐次占领上风,晋陕间游击队之活动,直寒敌胆,从日军俘虏身上搜获之日记,其中常有怯我国游击队之记载。时至今日,国防阵线已延至二千里,除各地原有之医院外,约有新设医院二百七十所及四十个流动医药团体,一切救济品物,皆几经艰苦,由火车、运货汽车、民船及小艇等,运输前线,而料理运输者,则为年老男子、妇人及儿童等,西北各地之农民,多曾受训练,故能胜任义务救护工作,将伤者移送后方医院,此种农民,为日军之目中钉,动辄格杀,日军之屠杀非武装农民,实所以坚强我国之抗日情绪,虽属妇孺,亦不缺抗日之心,在日军占据下之区域如南京、上海、苏州及浙江等地,无数外国人士,目击侵略者之凶残行为、日军之残暴,不特造成中国之灾劫,且足以危害世界和平,兹特检同敝会工作报告书一份,奉呈台览,敝会仅代表千万苦难灾民与英勇伤兵,再向阁下呼吁,请予慷慨输助,不胜感谢①。

在世界援华制日大会召开前夕,1938年1月21日,中华民国政府侨民事务主管机关——侨务委员会致电海外各华侨团体,号召全世界各地华侨响应世界援华制日大会,要求全世界各地华侨"对国际反日援华大会(世界援华制日大会),一起作严正表示"②。侨务委员会在致海外各华侨团体的电文中说:

国际和平运动大会为各国爱好和平之各界人士所组织以持国际正义,维护集体安全及援助被侵略之国家为主旨。最近鉴于暴日发动侵华战争,威胁国际和平,屠杀无辜民众,特定于二月十二日在伦敦召开制日援华大会。据闻国际间名人如英国薛西尔爵士,法国众议院议长赫里欧先生等,均被邀出席,我国亦推定代表前往参加。此举关系抗战前途至巨且大,诚以各国人士既结集其力量,一面对被侵略者为严正之表示,一面对被侵略之我国为实际之援助,期必能予暴日以深重之打击,可无疑义③。

侨务委员会在致海外各华侨团体的电文中,还要求各华侨报纸在世界援华制日大会开会期间,广泛宣传世界援华制日大会的意义、活动及所有决议。

在世界援华制日大会召开前后,海外华侨的抗日宣传活动形式多样,主要有利用报刊发表文章、集会演讲、文艺演出、致电声讨,分发传单小册

---

① 《妇慰会港分会函恳国外继续捐助,历述我军勇战及难民苦况并报告该会工作以昭大公》,《申报》1938年3月20日。

② 中央社:《国际反侵略运动中国分会定今日开成立会》,《申报》1938年1月23日。

③ 中央社:《侨委会电各地侨胞》,《大公报》1938年1月23日。

子、上街示威游行等。他们利用各种形式和场所进行宣传动员,在当时抗日救亡宣传活动中具有较大的影响力。海外华侨有力地揭露了日本的侵略罪行,孤立和打击了日本侵略者,给当地政府的对华和对日政策施加了政治压力,谴责民族败类投敌叛国行为,号召人们积极支持中国的抗日斗争①。华侨救国团体编印《日本侵略中国史略》《日本军阀暴行实录》和《救中国与救世界和平》等英文小册子,直接散发达万册②。为了唤起世界各地民众支持中国抗日,美国檀香山中华会馆与中华商会共同致电日内瓦国际联盟,要求国际联盟出面制止日本侵略者的暴行,维护世界和平。几乎所有的海外华人报纸,也都用大量篇幅报道世界援华制日大会的消息。在抗日救亡宣传中,文艺创作和演出起到了很大作用,华侨的抗日救亡话剧运动曾盛极一时。剧本创作空前繁荣,著名的话剧有星洲业余话剧社、南岛旅行剧社和晨钟剧社等。在新马各地,华侨组织了抵货会、锄奸团,如中华肃清劣货委员会、中华抗日锄奸铁血团、中华抗敌后援会等组织,公开或暗中检查进出口货物,侦察惩戒买卖日货者。

(二)国外各界兴起反日援华怒潮

随着日本侵略中国的加深,英美等国民众日益认识到"国际援华反日运动的日益高涨,是不容否认的事实"③。世界劳工阶级、国际重要人物、名流学者、宗教人士、妇女青年、弱小民族等对中国抗日运动开展援助和声援活动。④

世界援华制日大会"全世界爱好和平的国家,都派代表参加,主张无

① 参见陈乔之:《华侨华人社会经济研究》,香港地平线出版社 1998 年版,第 66 页。
② 参见郑鸿儒:《华侨救国阵容的总检阅》,《华侨战线》1938 年第 3 期。
③ 思慕:《英国的援华反日运动与张伯伦外交》,《新战线》1938 年第 28 期。
④ 参见于苇:《援助中国的世界反侵略运动》,生活书店 1938 年版,第 1 页。

限制的援助中国,并用有效办法,抵制日货活动,即当拒绝日本制造与运输军用品"①。比如世界援华制日大会召开后的 1938 年 2 月 23 日,英国援华会在伦敦放小气球,上面写着"不买日丝"的标语,开展不用日丝运动,华侨、英国妇女和国际友人在英国各大城市举行抵制日货示威游行,劝导英国妇女不用日本丝织品。

在世界援华制日大会召开前夕,多国外交人员来到中国了解援华制日的情报②。在世界援华制日大会召开之际,多国派出规模较大的代表团参会③。

世界各国的工人团体积极开展援华制日活动,声援世界援华制日大会的召开。如英国码头工会开展拒绝装运日货的活动④,世界多地工人开展拒制运日军火的活动⑤。1938 年国际劳工组织召开的第二十四届会员大会,"决议申斥暴日侵华"⑥。由英国总工会、工党消费合作社联合会等团体倡议抵制日货、排货运动日有序展开⑦。世界学生代表团推动援华运动⑧,印度国民大会主席号召印度民众援华⑨,等等。

各国共产党组织响应共产国际的号召,纷纷发表通电、宣言等声援中国人民。各国工人阶级和人民,也都在本国共产党的领导和影响下,以各

---

①　《一片反侵略声:上月二十六日国际联盟开会》,《老百姓》1938 年第 5 期。

②　参见《世界和平大会定期开幕,八百余代表将讨论援华,现已派遣外交访员来我国逐日搜集援华可能性情报》,《新新新闻》1938 年 2 月 5 日。

③　参见《有四十国代表出席,援华大会今在英举行,法国共派有代表六十人,各党均前往参加》,《新新新闻》1938 年 2 月 12 日。

④　参见《中国国际联盟同志会致英国码头工会电》,国际反侵略运动大会中国分会:《国际反侵略运动伦敦大会各国代表演讲实录》,1938 年编印,第 69 页。

⑤　参见《国际反侵略大会八百余代表一致反日援华》,《新华日报》1938 年 2 月 14 日。

⑥　《国际劳工大会决议申斥暴日侵华》,《新华日报》1938 年 6 月 27 日。

⑦　参见思慕:《英国的援华反日运动与张伯伦外交》,《新战线》1938 年第 28 期。

⑧　参见《世界学生代表团推动援华运动》,《新华日报》1938 年 10 月 18 日。

⑨　参见《印度国民大会主席号召印度民众援华》,《新华日报》1938 年 7 月 2 日。

种方式支援中国人民。加拿大、美国医疗队，印度援华医疗队，长途跋涉来到中国。德国共产党员希伯、美国进步人士史沫特莱等，都为中国人民的抗日战争贡献了力量①。日本共产党采取多种方式开展反战宣传，号召日本人民"不送一兵一卒到中国去"。日共中央发出的《给在华日本士兵诸君的号召》中指出："你们起来为日本帝国主义的失败而斗争吧！日本帝国主义的失败就是我们日本劳动人民的胜利。"②日本和平同盟发布传单，号召发扬国际主义精神打倒侵略者。在日本国内，反战的怒潮亦时有发生，工人罢工斗争也未曾中断过③。

世界各国部分民间团体也加入响应世界援华制日大会的活动中来。随着各国民众逐步了解中日战争的真相，各国民意开始发生变化，民意测验表明绝大多数人赞成对日本实行武器禁运并抵制日货④。朝鲜民族战线联盟发表致国际反侵略运动大会书⑤，美国"五百团体决抵制日货"⑥，国际反侵略运动大会"散传单百万劝人抵制日货"⑦。部分人士主张采取经济手段，逐渐倾向通过限制对日贸易的办法来制裁日本援助中国。1938年1月间，"全美学生大会，曾决议抵制日货，反对孤立政策，要求政府以集体行动反对侵略，援助中国；全美国防妇女会议代表会员250万人，要求政府停止对侵略国家供给原料"⑧。

在世界援华制日大会召开之际，留在武汉的朝鲜革命者的组织——

---

① 参见肖凡编：《党史百问》，北方妇女儿童出版社1991年版，第63页。
② 中共中央书记处编：《六大以来》上，人民出版社1980年版，第865页。
③ 参见张注洪：《抗日战争时期世界人民的援华活动》，《抗日战争与中国历史——九一八事变60周年国际学术讨论会文集》，1991年，第705—713页。
④ 参见王建朗、曾景忠：《中国近代通史》第九卷，江苏人民出版社2009年版，第356页。
⑤ 参见武汉文化界抗敌协会编：《全国文化界响应世界反日援华大会特刊》，《新华日报》1938年2月12日。
⑥ 《国际反侵略大会今日在伦敦开幕》，《新华日报》1938年2月11日。
⑦ 《国际反侵略大会下星期举行中国周》，《新华日报》1938年2月17日。
⑧ 张仲实：《张仲实文集》上，中国文联出版公司1993年版，第365页。

朝鲜民族战线联盟特致函世界援华制日大会主席团,函电中先对该会维护和平与制裁侵略的苦心表示感谢,列举了日本帝国主义统治朝鲜与侵略中国的种种罪恶,指陈日本内部矛盾的激化与国际上的孤立和走向崩溃的事实①。朝鲜民族战线联盟在致世界援华制日大会的建议书中提出五项建议,要求世界援华制日大会予以采纳,该建议书中的五项建议分别是:

(一)朝鲜民族在日本帝国主义的暴压统治下,数十年间不断地为着国家的独立与民族的生存而奋斗。而且这一民族阵线,无疑地是反对日本侵略阵线即保卫世界和平阵线的最有力的战斗部队。因此,贵大会应该把朝鲜作为一国家单位,决定设置朝鲜分会。

(二)爱护和平的世界各国公民及团体,应一致宣布日本为侵略主义的急先锋,并宣布日本为压迫和屠杀朝鲜和台湾民族,侵略中国,破坏世界和平的人类之公敌!

(三)世界各国一切公民及团体应一致拒绝买卖日货,并对日本拒绝供给各种经济、军用品及其他制造原料、技术人才、食品、药品等等。

(四)世界各国一切公民及团体应积极援助中国各种经济、军用品及其他制造原料、技术人才、食品、药品等,以增强中国的抗战力量。

(五)世界各国一切公民及团体对于朝鲜民族解放运动,也正如援助中国一样,予以物质上及精神上的援助。②

---

① 参见朝鲜民族战线联盟:《对国际反侵略运动大会反日援华特别会议建议书》,《朝鲜民族战线》1938年创刊号。

② 杨昭全:《关内地区朝鲜人反日独立运动资料汇编》上册,辽宁民族出版社1987年版,第336—337页。

1938年10月10日,朝鲜义勇队在武汉成立。朝鲜义勇队的任务是"要唤起不愿做殖民地奴隶的千百万朝鲜同胞,在朝鲜义勇队这面旗帜下集合起来,更联合在日本法西斯军阀压迫下的一切民众,打倒我们真正敌人日本法西斯军阀,以完成东亚真正永久的和平"①。朝鲜义勇队活跃在遍地烽烟的中国华北前线,他们以伟大的国际主义精神,与中国抗日军民一道,战日寇、抓敌特、散传单、阵前喊话,出生入死,谱写了一首悲壮的国际主义战歌。

各国同情中国抗战、爱好和平的人士,纷纷发表演讲声援中国,坚信"中国如抗战到底,定获得最后胜利"。英国伦敦举行反日运动大会,法国巴黎则举行抵制日货大游行②。阿尔伯特·爱因斯坦、约翰·杜威、伯特兰·罗素等国际文化界名人吁请一切国家的人民组织起来,抵制日货,不卖、不装运军火原料给日本。法国作家毛阿利等致函世界和平运动大会,谴责法西斯日本对中国狂轰滥炸的罪行。西班牙画家毕加索、著作家贝尔伽曼,印度诗人泰戈尔等也纷纷发表宣言,要求本国政府援助中国。日本反法西斯文化战士鹿地亘撰写《现实的正义》,发出呐喊,要求帮助战斗着的中国大众。一些外国文化工作者来到中国,他们或采访,或考察,或救护,不仅亲身感受了中国军民抗敌英勇不屈的精神,并把这种精神传达到世界各国,而且以自己对中国人民的深情厚谊为中国进步文化与世界反法西斯文化密切联系而写下了可歌可泣的文字③。

世界友好人士积极参加募集捐款活动、购置医药设备给中国。如在

---

① 中央社:《朝鲜义勇队昨在汉正式成立,宣言尽力支持中国抗战》,《大公报》1938年10月11日。

② 参见《各国正义的呼声:拯救中国,即拯救和平! 英国伦敦举行反日运动大会盛况、法国巴黎抵制日货大游行》,《新战线》1938年第28期。

③ 参见中共四川省委党史研究室、中共重庆市委党史研究室、四川省中共党史学会编:《南方局党史研究论文集》,重庆出版社1993年版,第193—195页。

世界援华制日大会召开之际,1938 年 2 月 13 日晚,英国伦敦数千人参加募捐①。德国红十字会购置医药设备,用以资助中国,其数量足以疗治伤兵十万人②。英国援华会不以英政府的一纸抗议书为满足,举行第二次全英反日援华周,目标集中在"加紧抵货运动""不卖煤油给日本"和"请政府撤回驻日大使"等方面③。英国援华运动协会发起"一碗饭"聚餐会,为中国难民募捐药品④。印度孟买放映抗战影片,所得收入全部用于援助中国抗战⑤。

　　世界和平运动大会的世界各国分会发动本国民众抵制日货。世界和平运动大会英国分会发动民众抵制日货并游行示威;世界和平运动大会澳洲分会举办援华展览会,援华展览会内多有抵制日货之标语,例如"抵制日货"(BOYCOTT JAPANESE GOODS),"拒买日货"(REFUSE TO BUY JAPANESE GOODS),"拯救中国,即拯救和平"(SAVE PEACE,SAVE CHINA),等等。

　　1938 年 2 月 11 日午后,同情中国宣传委员会在英国伦敦牛津街举行反日示威运动,多数示威者手持标语,吁请英国民众拒购日货。英国各界社会名流、文学界知名人士与教会人士参加了此项示威运动,国际联盟同志会执行委员格拉斯东爵士夫人、工党下议员培克之夫人、工党国会党团领袖阿德里夫人、工党下议员威尔逊女士等妇女界名流也参加了本次反日示威运动⑥。

　　1938 年 2 月 22 日,国际和平促进会法国支部举行公开集会。他们

---

　　①　参见《伦敦援华群众大会》,《新华日报》1938 年 2 月 15 日。
　　②　参见《举世同情我抗战到底,各国发表援我反敌行动》,《新中华报》1938 年 2 月 10 日。
　　③　参见思慕:《英国的援华反日运动与张伯伦外交》,《新战线》1938 年第 28 期。
　　④　参见《国际援华运动:英援华运动协会发起"一碗饭"聚餐会》,《新华日报》1938 年 10 月 20 日。
　　⑤　参见《国际援华运动:印援助我抗战》,《新华日报》1938 年 12 月 17 日。
　　⑥　参见中央社:《英京民众反日名流妇女参加示威游行》,《申报》1938 年 2 月 11 日。

举行集会的目的,"一则使市民对于伦敦援华抵制日货大会(世界援华制日大会)所有决议的拥护,再则以使大家知道加入和平促进会的各团体做些什么"①。

(三)世界各大报刊均对世界援华制日大会给予关注

在世界援华制日大会召开前后,《中国每周评论》(*The China Weekly Review*)先后发表有《英国自由党领袖呼吁抵制日本》(*British Liberal Leader Urges Boycott of Japan*)②《和平组织呼吁帮助中国抵制日本》(*Peace Group Urges Credits for China, Boycott for Japan*)③和《世界和平运动大会发起抵制日货》(*International Peace Campaign Sponsors Boycott of Japanese Goods*)④等文,其中 1939 年 2 月 19 日的 *International Peace Campaign Sponsors Boycott of Japanese Goods* 一文中指出:

在为期两天的世界和平运动大会(世界援华制日大会)上,审议通过以抵制日货和其他方式来结束中国战争的行动,一致通过了一项谴责"日本侵略,危害世界和平"的决议。

《中国报》(*The China Press*)发表《世界会议申明抵制日本援助中国》(*World Meeting to Boycott Japan, Aid China Stated*)⑤、《支持中国抵制日本的会议》(*China Backs Conference to Boycott Japan*)⑥、《援助中国的和平会议正在举行,决定发起抵制运动》(*Peace Parley to Aid China Now*

---

① 中央社:《法国对于伦敦援华大会的响应》,《国际和平促进会通讯》1938 年第 4 期。

② *British Liberal Leader Urges Boycott of Japan*, The China Weekly Review, Oct. 9, 1937.

③ *Peace Group Urges Credits for China, Boycott for Japan*, The China Weekly Review, Jul. 30, 1938.

④ *International Peace Campaign Sponsors Boycott of Japanese Goods*, The China Weekly Review, Feb. 19, 1938.

⑤ *World Meeting to Boycott Japan, Aid China Stated*, The China Press, Jan. 14, 1938.

⑥ *China Backs Conference to Boycott Japan*, The China Press, Feb. 12, 1938.

Underway: Decision Reached to Launch Boycott Campaign)①、《支持和平和抵制运动,大元帅致电伦敦会议》(*Support of Peace and Boycott Move: Generalissimo Cables to London Conference*)②、《英国可能会给中国更多贷款》(*Grant of More British Credits to China Likely*)③和《20 国联合抵制会议谴责日本侵略》(*20 Nations Condemn Japanese Aggression at Boycott Meeting*)④等文。

《泰晤士报》(*The Times*)是英国综合性全国发行的日报,是一张对全世界政治经济文化具有重要影响的报纸。《泰晤士报》在世界援华制日大会召开前后发表了大量有关援助中国、抵制日本侵略中国的新闻、时评和读者来信,如《援助中国》⑤《援助中国》⑥《援助中国》⑦《抵制日本》(*Suggested Boycott of Japan*)⑧和《日本侵略》(*Aggression by Japan*)⑨等,其中 1938 年 2 月 14 日的 *Aggression by Japan* 这一报道中写道:

> 星期六和昨天在伦敦举行的一次世界会议上讨论了抵制和采取其他措施来结束日本在中国侵略行为的问题。会议由世界和平运动

---

① *Peace Parley to Aid China Now Underway: Decision Reached to Launch Boycott Campaign*, The China Press, Feb.14,1938.

② *Support of Peace and Boycott Move: Generalissimo Cables to London Conference*, The North-China Herald and Supreme Court & Consular Gazette, Feb.16,1938.

③ *Grant of More British Credits to China Likely*, The China Press, Dec.21,1938.

④ *20 Nations Condemn Japanese Aggression at Boycott Meeting*, The China Press, Feb. 15,1938.

⑤ D.H.Quo, Evelyn Maclean and Flora Kate Hayim, *In Aid of China*, The Times(London, England), Wednesday, Oct.20,1937, p.10.

⑥ D.H.Quo, *In Aid of China*, The Times (London, England), Monday, Oct. 25, 1937, p.10.

⑦ C.C.Wang, *In Aid of China*, The Times(London, England), Monday, Apr.11,1938, p.8.

⑧ *Suggested Boycott of Japan*, The Times (London, England), Monday, Jan. 17, 1938, p.19.

⑨ *Aggression by Japan*, The Times(London, England), Monday, Feb.14,1938, p.18.

大会组织,来自 21 个国家的 800 多名代表出席。开幕式在伦敦牛津街英国工业大厦举行。

另外,在瑞士日内瓦出版的《立报》发表消息,报道欧洲各地纷纷抵制日货、波兰组织援华协会和开罗举行反日运动的情况①。

---

① 参见中央社:《欧洲各地纷纷抵制日货》,《立报》1938 年 4 月 25 日。

第五章　世界援华制日大会对
中国抗日战争的意义

习近平总书记在纪念全民族抗战爆发七十七周年仪式上的讲话中指出："中国人民抗日战争的胜利证明,中华民族是具有顽强生命力和非凡创造力的民族,只要我们紧密团结起来,就没有克服不了的困难。"[①]在中华民族全民族抗战的伟大征程中召开的世界援华制日大会通过了许多帮助中国抗战和制裁日本侵略者的办法,极力制止日本侵略者行凶和侵略势力的蔓延,积极宣传中国抗日战争,大力揭露日本侵略者的反人类罪行。世界援华制日大会为中国反侵略事业以及世界反法西斯伟业奠定了重要的舆论基础与社会基础,扩大了中国政府与中国国内社会各界对国际援助的认识,唤醒了国际和平势力对中国抗日战争的支持,增强了中华民族全民族抗战的意志,在一定程度上使日本侵略者产生了危惧感,为中国抗日战争的最终胜利争取了更好的国际环境。世界援华制日大会对第二次世界大战后中外关系的变动也产生了影响,这些影响不是局部的、枝节的,而是全局性的变动,有着根本性的意义。这个意义,只有置于中华民族走向复兴前后相续的过程中,作为一个特定阶段去考察,才能真正得到理解。

---

① 习近平:《在纪念全民族抗战爆发七十七周年仪式上的讲话》,《人民日报》2014年7月8日。

一、世界援华制日大会进一步唤醒了国际和平力量对中国抗战的支持

毛泽东曾经指出："伟大的中国抗战，不但是中国的事，东方的事，也是世界的事。"①中国全民族抗战爆发后，全世界反对侵略以及拥护和平的国家和人民开展援华运动。中国战场是世界反法西斯战争的东方主战场，随着战争的不断进行，中国的抗日战争也吸引了越来越多国际社会的关注和帮助，如很多国际组织和记者开展了一系列的活动，不仅积极宣传中国抗战，更大力揭露日军的反人类罪行，为中国抗日战争的最终胜利争取了更好的国际环境。1938 年 2 月世界援华制日大会的召开，夯实了国际援华制日发展方向的社会基础，使得国际社会制裁日本援助中国的共识逐步形成。

（一）世界援华制日大会夯实了国际援华制日的社会基础

世界各国民众的努力是推动本国政府向援华制日方向发展的重要社会基础。从中国全民族抗战之初各国民众对援华制日就有着积极的反应，并以各种方式支持中国抗战，给予了中国人民极大的国际道义支持。

从 1931 年九一八事变到 1941 年珍珠港事件前夕，英美等国的东亚政策经历了绥靖、绥靖与抗衡交织至抗衡政策的轨迹。中国全民族抗战爆发后，中国政府在国内利用广大的国土、团结各种势力对日本侵略者展开了持久抗战之势，在国外则向美英苏等国以及国际联盟控诉日本侵略

---

① 《毛泽东文集》第二卷，人民出版社 1993 年版，第 145 页。

的非法性,以期在国际上形成对华支援、对日制裁的环境①。1937 年七七事变爆发,当时美英法等西方列强及国际联盟虽对日本侵略的扩大抱以警戒心、厌恶感,却始终坚持不冷不热的对应姿态。而世界和平运动大会却展开谴责日本侵略、支援中国抗战的活动,国际上和平势力的这种努力,对中国来说是一种极其贵重的激励。

在 1938 年世界援华制日大会召开之前,国际局势发生了变化。当时就有人总结了这种变化,认为:"日德意法西斯强盗,不断地在东方侵略中国,在西方攫取阿比西尼亚,侵略西班牙。他们毁灭着人类的正义,破坏着国际的和平。侵略者的惨毒行为,激起了全世界爱好和平者的愤怒;被侵略者的遭际,引起了拥持正义者的同情,种种愤怒和同情,结晶成为伟大的国际反侵略运动。"②世界和平运动大会作为在欧洲和平运动的潮流中诞生的团体,在中国全民族抗战之前除了进行一般性的和平宣传活动外,还主要针对欧洲重大的战争与和平问题,致力于开展如反对意大利干涉西班牙内战、救济西班牙难民、反对德国对捷克斯洛伐克的侵略等活动。

国际局势的变化促使世界和平运动和国际反侵略运动的形成,而世界和平运动和国际反侵略运动的形成则奠定了国际援华制日的民意基础。邹韬奋在《伟大的世界反侵略力量》一文中指出:"日本侵略强盗是我们全国人民的公敌,也是全世界人类的公敌:这样不分界限,不分国别的对于侵略者的痛恨,使我们可以具体地认识到反侵略运动的伟大力量。"③

赵可师在《拥护国际反侵略大会》一文中指出:"国际反侵略运动大

①　参见[日]土田哲夫:《国际和平运动与中国抗战——"国际和平联合"(RUP/IPC)简析》,王建朗、栾景河主编:《近代中国、东亚与世界》上卷,社会科学文献出版社 2008 年版,第 351—364 页。

②　《国际反侵略运动宣传大纲》,《团结周报》1938 年第 10 期。

③　邹韬奋:《伟大的世界反侵略力量》,《抗战》1938 年第 45 期。

会,这次以反日援华为题,在伦敦开特别会议。这真是历史上空前的一个人类福音,因为人类现在已经有了大觉悟,而且马上就有大力量表现出来。何以说人类已经有了大觉悟?因为这个会议是由(世界和平运动)大会召集,尤其是正名定义称为'反日援华特别会议'。参加这会的人,又都是各国人民中的最优秀分子。"①

世界援华制日大会的召开表明:"中国抗战已经获得全世界的广大同情,我们如抗战到底,更可加强这种同情,扩大到地球上任何一个角落"②。中国向世界展现了自强不息的精神风貌,也因此从国际社会获得了积极的回应。

世界援华制日大会的召开也促使各国民众"推动或压迫他们的政府援华反日",因为"公理正义终究抬头,强权霸力结果必遭失败。而握彼此消长之机的,决不在各国的政府,而实系于全世界的舆论。现时无论欧美何种政体的国家,其政府一切措施,决不能不察其国内民意舆情之向背。积之既久,于是全世界民意舆情之所向,亦即全世界或各个民族福利之所关,各国政府不得不以国内舆论为其因应事变之指归"③。参加世界援华制日大会的世界各国代表和各团体代表,"可以运用你们正义的权威,感动你们各政府及各政党,以形成反侵略的国家阵线"④。通过世界援华制日大会的召开,由大会代表"发动去推动各国政府,推动他们国内的民众团体,那影响实在是非常巨大的"⑤。

世界援华制日大会闭会之后,国际援华制日继续向纵深方向发展。欧美各国工人团体、左翼团体的活动极为积极,不仅反日援华的集会和宣传活动得到扩大,而且还发起了抵制日货、拒绝为日本船装卸货物等实际

① 赵可师:《拥护国际反侵略大会》,《江西地方教育》1938年第106期。
② 张铁生:《我们应该怎样加强扩大国际反侵略运动》,《抗战三日刊》1938年第47期。
③ 吴亮夫:《不要忽视了国际反侵略大会》,《创导半月刊》1938年第8期。
④ 社评:《祝国际反侵略运动大会》,《大公报》1938年2月12日。
⑤ 邹韬奋:《伟大的世界反侵略力量》,《抗战》1938年第45期。

行动。这些工人团体与左翼团体,多数加入世界和平运动大会或与世界和平运动大会保持着协作关系,促进了各国工人团体与左翼团体决定实施援华制日的政策。

1939年7月1日,比利时中国友谊会举行全国大会,一致决议对中国政府和中国人民致敬,表示同情和愿意援助中国抗战,并通过了以下决议案:

(一)唤起比国人民注意,关于国际联合会比国代表曾正式表示援助中国抵抗日本之侵略行为,及比国系九国公约签字国,负有极明显无条件之义务;

(二)请求比国人民竭尽可能,运用一切方法,使负责执政当局,尊重吾人签订条约之义务;

(三)请求比国全国人民,阻止出口货基金担保局,勿受一二无耻工业家之怂恿,利用租税之收入,作为供给日本购货之担保品;

(四)请求比国各个人民,切勿参与日本侵略行为及购买日货,并在可能范围内,设法赈济中国人民之痛苦;

(五)为具体实行上项决议案起见,请求比国人民,用不可分散之无上精神,聚集于中国友谊会,向受无理侵略而牺牲之中国,予以精神上及物质上之完全援助。[①]

英国曼彻斯特曾经组织援华运动委员会,该援华运动委员会多次在曼彻斯特自由贸易厅举行抗议日本的集会,这使得英国"援华运动即渐渐扩张,且颇得舆论界及各法团与一般公民之赞助"[②]。英国曼彻斯特援

---

① 中央社:《宝贵的同情:比利时中国友谊会促其国人援华制日》,《大公报》1939年7月27日。

② 中央社:《英国援华运动地方援华运动委员会成立,募得巨款及医药品十余吨》,《大公报》1938年6月8日。

华运动委员会还组织了一个地方援华运动委员会，负责筹募捐款和物品寄给中国，支援中国抗日战争。

1937年11月18日，世界和平运动大会会长薛西尔荣获诺贝尔和平奖。他在接受记者采访时表示：正在召开的布鲁塞尔九国公约会议，应向日本发出停止战争之最后警告，并且应经济制裁日本，促使日本无法维持其战争经济。薛西尔还在接受采访中，极力声援中国代表顾维钧在布鲁塞尔九国公约会议上提出的布鲁塞尔九国公约与会国对日本进行经济制裁、停止向日本提供贷款和军需物资、向中国提供军事援助的要求。

英国于1938年2月，也就是世界援华制日大会召开的那个月，专门举办援华运动宣传周，伦敦还召开了民众大会，响应世界援华制日大会①。巴黎以销售日货为主的大商店于1938年2月21日发起反日大示威，示威民众高呼抵制日货的口号②。英国苏桑普顿工人，不愿为白伦迦利亚号轮船起卸日棉，致使此货运回纽约③。

1938年5月17日，美国救济中国难民联合委员会聚餐，当时中国驻美大使王正廷即席发表演说，指出："中国对美国千余城市群起募捐救济中国非战斗员之义举，殊深铭感。美国人民自愿为救济中国百万饥渴无衣无食之人民，极为庆幸。今日欲孤立世外已不可能，今日为吾人避择之时期，即吾人是否愿在野蛮恐怖与武力之环境中讨生活，抑愿极力设法维持世界之和平与法制，若吾人愿维持和平，则必须联合一切不愿战争之国家，共同维护之"。次日，美国驻德国前大使吉拉特在美国援华委员会上发表演说，认为中国的抗日战争足以代表所有民主国家一致对抗暴力之扩张，指出："世界上一日有依武力之国家，则吾人即应一日为和平而充

---

① 参见《"中国周"引起英人同情，伦敦将开民众大会》，《大美晚报晨刊》1938年2月26日。

② 参见塔斯社：《英援华运动热烈，宣传周成绩极为良好，举行民众大会示威游行》，《大公报》1938年2月27日。

③ 参见中央社：《苏桑普顿工人拒绝卸运日货》，《申报》1938年2月14日。

实国防。中国因事前缺乏准备,致招外侮,实为吾人前车之鉴,吾国须知加紧充实国防"①。

及至 1939 年年初,美国援华制日运动"有积极发展之势"②。美国朝野多数人士主张对日本侵略者实施经济制裁,要求对日禁运军火限制贸易,增加战时对华贷款③。加拿大民众在维多利埠举行示威游行要求禁运军械往日本,世界和平运动大会法国分会在巴黎发起的抵制日货游行④。加拿大民众在维多利埠举行示威游行要求禁运军械往日本的情形见图 5-1,世界和平运动大会法国分会在巴黎抵制日货游行的情形见图 5-2。

图 5-1 加拿大民众在维多利埠要求禁运军械往日本游行情形

---

① 中央社:《美援华委员会开会,前驻德美使演说斥责侵略国,王大使对美国同情表示感谢》,《大公报》1938 年 5 月 19 日。

② 小评:《美国援华制日》,《申报》1939 年 4 月 30 日。

③ 参见中央社:《美朝野一致主张对日经济制裁:禁运军火限制贸易,增加战时对华贷款》,《申报》1939 年 4 月 30 日。

④ 参见李毓芬:《国际反侵略运动》,《良友》1939 年第 144 期。

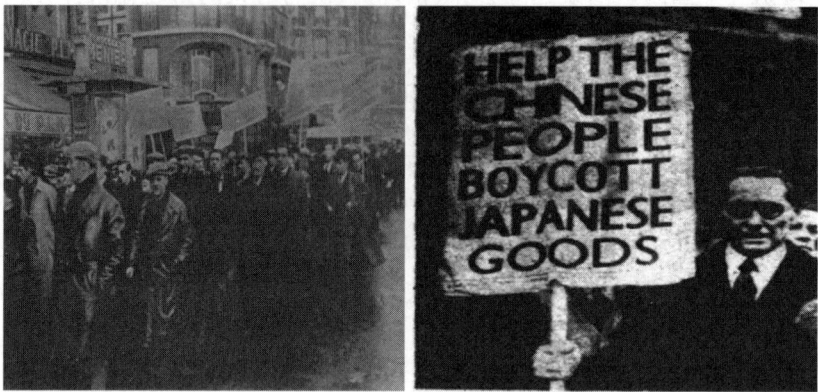

图 5-2　世界和平运动大会法国分会在巴黎抵制日货游行情形

中国共产党抵抗外来侵略的高度民族自信和提出的正确主张被越来越多的中国人所了解和接受。在国外,联合一切爱好和平的力量,建立广泛的反法西斯统一战线。中国人民的抗日救国运动普遍高涨,中国国内的抗日民族统一战线正式形成并迅速得到发展,各民族、各阶级、各党派、各社团、各界爱国人士团结一心,义无反顾地投身这场关系到中华民族生死存亡的伟大斗争中。

世界援华制日大会的召开,使中国国内进一步认识到统筹国内国际两种力量对中国抗日战争的意义。1938 年 2 月 15 日,《大公报》发表社评,指出:

我们对于伦敦大会(世界援华制日大会)所决议的援华反日之实际效果,应当不作过速的估量。仗,毕竟要自己打,不能靠友人。且援助是远水,而战争是近火,所以对世界公论的威权,不能从眼前战略上判断其价值,应当向未来政治上观察其归趋。

同胞们读关于伦敦反侵略大会(世界援华制日大会)之纪事,应当有如下之认识:

第一,日本征服中国的企图,已遭受全世界进步分子一致的反对,从人道上,认为是野蛮残暴;从政治上,认定是危害世界和平。同时我们军民的英勇抗战,全世界认为是正义的行动,得到一切道德上的声援。简单说:全世界的好人,都赞助我们,而反对日本。我们是汉,日本是贼。以诉讼比喻,我们在法律上业已胜利了,只是被告拒捕,还不能执行判决。

第二,我们所得者,不止是精神的,而且一天天要实质化。前面说过,我们不可作过速的估量,但往远处看,影响却非常之大。因一来国际公论,可以逐渐引导各政府之联合行动;二来,各国民间发起的排日运动、援华运动,逐渐直接的发生实际效果;三来,暴日与各民治大国的矛盾,更要尖锐化,而暴日内部,将因国际反日运动之高涨,而日益不安。

第三,但有最要一点就是,我们要有出息,要加倍努力,勿令世界公论有任何失望。今天几十个国家的民众代表,同情我们拥护国家的神圣抗战,那么,我们自己当然更要加倍为拥护国家而努力。暴日就是公然要征服中国民族,使成为日本奴隶。世界公论,所以为大规模的反日援华运动者,就是为此。那么,我们自己当然更要感责任之重,与境遇之危,当然更加倍团结为救亡建国而奋斗![1]

中国劳动协会编撰的《国际劳工反日援华运动与中国抗战》一文中指出:

中国抗战的两大任务:对内在求民族独立自由生存;对外是维持整个世界和平。中国抗战之能否获得最后胜利,不只是中华民族生死存亡所系,实亦为世界安宁秩序能否再建的关键:因此中国的抗战,不仅每一个中国人民应当竭尽其全力来参加,全世界人类都有义

---

[1] 社评:《感谢伦敦反侵略大会》,《大公报》1938年2月15日。

务应该给中国予鼓励和支持。

从三年多来国际间种种事实来观察,中国反抗侵略的圣战,显然已获得了全世界爱好和平人士的一致同情与拥护!你看无论哪一个国家都在谴责日本破坏和平的罪行,为中国发出持正义的呼声。尤其是各国劳工群众,更是国际反侵略中一支最有力的队伍!他们在"反侵略反法西"一贯任务策动之下,以有组织有计划的实际行动来制裁暴日;由于国际劳工群众的热烈倡导呼吁,反日援华运动已在各国继续不断地发展和扩大,这不是给中国抗战以很大的支持作用,且将是中国"抗战必胜"的有力保证!

从中国开始抗战到现在,国际劳工反日援华运动曾在各国表现过很多轰轰烈烈的正义行动,一切工厂、工场、矿山、铁路、港埠和劳工组织里都在热烈地执行抵货、罢运,停止供应原料贷款的制裁日本的运动。

国际劳工团体对于中国之同情援助既如此热烈伟大,中国工人对此自不应仅有感激的表示,而必须迎头赶上去,与全世界劳工紧密合作,力争更大的帮助。根据这一重大意义,中国工人近来对外活动显然是朝着一方向前进,其实施步骤,可分为三点:

(一)加紧对外宣传。我们虽然在进行空前的战争,但全国劳工大会仍多次派遣劳工代表,借以宣传日本罪恶,如二十二届大会宣传华北走私问题,华盛顿纺织会议宣传日本统制中国棉业阴谋,二十三届大会宣传日本武装侵略之暴行,二十四届大会更为积极,每届均有制裁日本之提案。

(二)加入国际组织。中国海员工会于1937年加入国际运输总工会;中国劳动协会于1939年加入国际工会联合会;从此中国工人与各国工人开始建立了正常关系,团结日益密切。

(三)保持经常联系。由国内劳工团体随时与各国工人团体通讯,报道中国抗战及劳工界情形,结果都有很好的反响,这足以说明全世界工人在反侵略运动中，已经坚强的联合起来，凝成一个伟大的力量了。

为了争取最后胜利之早日来到，为了完成国际工人反对侵略的共同任务，我们认为今后对于国际工人联络还有积极加强的必要。第一，我们认为今后对于国际宣传工作要经常的广泛的进行，切实向全世界工人们宣传日本人的暴行和中国人被难和失业的痛苦；第二，我们要立即促请国际工会联合会援华委员会之成立，督促各国政府对日实施制裁；第三，我们要大规模的搜集资料和进行研究工作，供给国际宣传上的需要；第四，希望政府和社会以充分的精神和力量帮助国内劳动团体，完成艰巨工作；最后，中国工人对于欧洲正在遭灾难的工友，寄于无限关切与同情，并愿与全世界工友更进一步团结，来铲除破坏和平的公敌，重建人类永久的和平幸福。①

需要指出的是，国际援华活动对于抗击着日本陆军主力，始终把日本陆军主力牢牢牵制在中国广阔的战场上，并予日军重大伤亡，而又十分贫弱的中国来说，实在是杯水车薪。广泛争取外援是中国抗日战争胜利的重要因素，但"自力胜敌"是中国抗日战争胜利的基点。

2020 年 9 月 3 日，习近平总书记在纪念中国人民抗日战争暨世界反法西斯战争胜利 75 周年座谈会上的讲话中指出：抗日战争期间，"苏联给予中国抗战有力的物资支持，美国'飞虎队'冒险开辟驼峰航线，朝鲜、越南、加拿大、印度、新西兰、波兰、丹麦以及德国、奥地利、罗马尼亚、保加利亚、日本等国的一大批反法西斯战士直接投身中国抗战。加拿大医生白求恩、印度医生柯棣华不远万里来华救死扶伤，法国医生贝熙叶开辟运输药品的自行车'驼峰航线'，德国的拉贝、丹麦的辛德贝格在南京大屠

---

① 中国劳动协会：《国际劳工反日援华运动与中国抗战》，《大公报》1940 年 5 月 1 日。

杀中千方百计保护中国难民,英国的林迈可、国际主义战士汉斯·希伯等记者积极报道和宣传中国抗战壮举。"①

同时,我们也应看到国际援华活动具有双重性质:一方面,它从物质上壮大了中国的抗战力量,从道义上鼓舞了中国人民的民心士气,对扼制国民党的妥协政策发挥了积极作用;另一方面,抗战后期的一些外援也有其反共的一面,这些援助在一定程度上加强了蒋介石的专制统治。

(二)世界援华制日大会使国际社会制裁日本援助中国的共识进一步形成

中国人民为世界反法西斯战争取得最终胜利作出了不可磨灭的贡献。第二次世界大战既开始于亚洲,又结束于亚洲②。中国这一世界反法西斯战争的东方主战场,写下了抗击日本侵略者时间最长、消灭日军数量最大的纪录③。中国坚持持久抗战,有力地制约了日本南进战略、西进战略、北进战略和外交战略等的展开,有效地支援了美英苏等盟国的反法西斯战争。在这个过程中,国际社会对华援助也实现了一个从拒绝援华,到零星援华,再到大量援华的转变。

1938年1月,国际反侵略运动大会中国分会成立。国际反侵略运动大会中国分会成立之后即积极开展活动,在国内大力发展组织,中国各地普遍设立了国际反侵略运动大会中国分会的各地支会,在短时间内即设立贵阳、桂林、上海等地方支会组织,大量发展会员。在海外华人华侨中则设立有世界和平运动大会英国分会、法国分会等海外组织。

这一时期的中国外交也在积极推动世界反法西斯同盟的建立、发展

---

① 习近平:《在纪念中国人民抗日战争暨世界反法西斯战争胜利75周年座谈会上的讲话(2020年9月3日)》,《人民日报》2020年9月4日。
② 参见岳连国:《俄专家学者认为中国抗战为世界反法西斯战争作出重要贡献》,《人民日报》2005年9月7日。
③ 参见白瑞雪:《中国抗战:世界反法西斯的起点和终点》,《新华每日电讯》2005年9月1日。

和巩固,中国国内从普通民众到各级政府都呼吁国际社会联合起来制止日本侵略,争取苏美英法等国家的经济援助和物资支持,密切同这些国家的联系。

1938 年 2 月,为了支援中国而召开的世界援华制日大会,通过了斥责日本侵略中国的决议,提出了具体的国际性对日经济制裁方案,号召全世界各国团体尽力援助中国,并要求各国政府停止对日借款、供应军火和物资。这些,都是对中国抗战的贵重援助行为,对于声讨与揭露日本法西斯的罪行,动员世界人民支援中国抗日战争起到了推动作用。中国人民的浴血奋战在国际上得到了道义、人力、物力、财力上的支持。正如邹韬奋在《伟大的世界反侵略力量》一文中所说的:"在这次伦敦的国际反侵略大会(世界援华制日大会)中,我们所见到的是全世界各国代表对于我们毫无保留的同情,发动完全一致的抵制日货,拒运日货,援助我国,与推动国际对日制裁的行动。"①

日本侵略者的罪行及国际局势的变化,使得国际和平人士认识到必须对日本侵略者采取行动。世界多地积极组建各类援华制日的组织,宣传日本的暴行,开展各类援华活动。英国共产党号召英国工人阶级援助中国,保卫远东和平②。苏联《真理报》连续发表多篇文章谴责日本侵略中国华北的行径,赞扬中国坚持抵抗的精神,认为"日本军队在一夜之间能够占领几十个城市的时代已经一去不复返了"③。苏联在国际联盟会议上声援中国,并呼吁国际社会经济制裁日本,大幅度削减与日本的贸易,禁止向日本出口军事战略资源,贷款给中国等。

吴亮夫在《不要忽视了国际反侵略大会》一文中指出:"及去年(1937

---

① 邹韬奋:《伟大的世界反侵略力量》,《抗战》1938 年第 45 期。

② 参见彭明:《中国现代史资料选辑》第五册(1937—1945)上,中国人民大学出版社 1989 年版,第 644 页。

③ 周文琪、褚良如:《特殊而复杂的课题:共产国际、苏联和中国共产党关系编年史(1919—1991)》,湖北人民出版社 1993 年版,第 319 页。

年)卢沟桥事件发生,敌军炸毁华北文化机关,任意杀戮我国人民,于是世界舆论,始为之一变。'八一三'以后,敌机更到处轰炸,及于外侨,暴戾凶残,令人发指;至是全世界舆论始一致同情于我,而目敌人为侵略者;而同时制裁暴日,抵制日货之声,日益加甚;各国工会自动罢运日货风潮,一时如风起云涌;及最近世界援华制日大会在伦敦举行,于是世界舆论,由空言而渐趋实际,由空泛运动而渐趋有组织有系统之积极动作。"①世界援华制日大会使全世界爱好和平的人民认识到:"现在到立即实施制裁的时候,唯有制裁,才能打击侵略者,挽救世界和平。这就是本届国际反侵略大会(世界援华制日大会)的意义。"②

1938 年 2 月 12 日,茅盾在《我们怎样回答朋友的热心》一文中指出:

前此六个月中(1937 年 7 月至 1938 年 1 月),世界各国的劳苦大众曾经继续不断地以有效的手段来抵制日本帝国主义对于中国的侵略,世界各国的爱和平憎恨侵略的人士曾经不断地对日本强盗口诛笔伐,提倡普遍的抵制日货,经济制裁日本。伦敦大会(世界援华制日大会),在这样步步高涨的全世界人民的反日行动在今日(1938 年 2 月 12 日)开幕,无疑的一方面是全世界反侵略力量的检阅,而又一方面则是今世界人民反侵略力量的更广泛而强有力的发动。这是一。

其次,全世界人民反对日本而援助中国的情绪与行动的步步高涨与步步白热化,是因为我们中国民族英勇地抗战已有六个月了;到今日为止,我们抗战的决心不因军事上初期的挫败而馁怯,不因敌人的阴险毒辣的分化手段而动摇。

因此,在援助中国的伦敦大会(世界援华制日大会)的今日,我们中国人民为不辜负世界人民的热心相助,为求自己民族的自由生

存,所必须尽的本分,就是加强巩固全民族的团结,上下一心一德,抗战到底!①

中国全民族抗战爆发后,中国人民的英勇抗战精神,赢得了世界各国人民的同情和支持,英美等国民众掀起援华抗日的热潮,以多种方式表达对中国的声援。世界援华制日大会的召开,更是标志着国际援华抗日的共识逐步得以形成,标志着国际援华反日运动的日益高涨和进入新的阶段②。中国人民坚持持久抗战,也展示了中国抗战存在的价值,体现了中国作为一个抗日大国所起的作用,为世界反法西斯阵营的形成作出了突出贡献,赢得了盟国人民的尊敬,为自己成为反法西斯阵营中的四强之一创造了关键性条件。

当然,事实并非全如一些"欧洲中心论"者所宣扬的那样,国际援助是中国坚持抗战到底和抗战取得胜利的唯一的和根本的因素。对华援助也并非全然出自国际主义的精神,中国人民长期艰苦抗战的成绩无愧于所获得的国际援助,实际上也在支援着盟国。世界各国人民支援了中国的抗日战争,中国抗战又为世界反法西斯战争的胜利作出了巨大贡献。我们无意贬低抗战胜利所必需的国际条件,并应永远铭记各国曾给予过的大力帮助。但我们也应认识到,援助不等于慈善事业,国际援助的到来和抗日战争的胜利是中国人民长期浴血奋战的结果。

二、世界援华制日大会有利于增强中华民族的抗战意志

世界援华制日大会的召开,使中国民众进一步认识到需要将中国抗

---

① 茅盾:《我们怎样回答朋友的热心》,《大公报》1938 年 2 月 12 日。
② 参见思慕:《英国的援华反日运动与张伯伦外交》,《新战线》1938 年第 28 期。

日战争与世界反法西斯战争联系起来,认为"今后中华民族的抗战,必因国际反侵略运动的扩展,获得更多国际友人的协助";"加强和国际友人们的联络,这是保证胜利的重大条件之一"①。世界援华制日大会的召开,使中国民众加深了对国际援助重要性和紧迫性的认识,正如当时在新四军教导总队任职的薛暮桥所说:"此次制日援华大会,更同我们的抗战前途有着很密切的关系"②。在这个认识的基础上,中国民众积极主动地开展宣传,争取国际友人对中国抗战的认识与同情。世界援华制日大会的召开,同时增强了对"抗战最后胜利属于中国"的认识,增强了中华民族全民族抗战的意志,使中华民族的民族自觉达到新的高度。

(一)世界援华制日大会使得中国国内抗战和世界反法西斯战争融为一体的意识形成

共同的遭遇,把中华民族的命运与世界反法西斯国家的命运紧紧地联结在一起。中国与世界反法西斯国家在不同战场,相互声援,共同为打击世界法西斯作出贡献。第二次世界大战是以德日意等法西斯轴心国及其仆从,同以反法西斯同盟国和世界反法西斯力量,所进行的一场侵略与反侵略、法西斯与反法西斯的全球规模的战争。反法西斯战争格局的形成对战争的胜利起到了推进作用,反侵略的反法西斯统一战线最终打败了法西斯侵略,推动世界走向民主和进步。

中国国内民众开展的抗战动员和民间外交活动,有力地配合了官方外交的开展,争取了国际社会对中国抗战事业的同情与支持。1937 年七七事变爆发后,日本侵略者加快了灭亡中国的步伐,中华民族的危机恶化到了极点,"举世震惊,我以得道多助,广获国际同情,有识之士,已预感中日战争将为世界战争之序幕,而欲揭破敌寇阴谋,唤起世界警觉,则

---

① 《国际反侵略运动宣传大纲》,《团结周报》1938 年第 10 期。

② 薛暮桥:《国际反侵略运动大会》(1938 年 2 月 1 日),《薛暮桥文集》第 2 卷,中国金融出版社 2011 年版,第 6 页。

必赖国民外交之推动”①。救亡图存成为中华民族压倒性的时代主题。以正义战争来对抗非正义战争，建立起稳固的反法西斯战场，并由此构筑起抗击法西斯的战争格局，对受到法西斯威胁的中国来说，就成为当务之急②。

法西斯的疯狂行为，“毁灭全人类的幸福，摧残全世界的文明，所以各国和平运动者便结成一队联合阵线——国际反侵略运动大会”。1936年成立的世界和平运动大会就是世界反法西斯力量汇合的集中体现。中国人民意识到“国际反侵略会还会继续地以最大的努力用于中国”，而且认识到中国国内“应当与国际反侵略会建立更密切的关系，予以更大的帮助”③。世界和平运动大会（国际反侵略运动大会），“对于世界正义和平与人类共同福利之积极努力，数年如一日，实在令人钦佩感谢”④。

李祖庆在《拥护国际联盟援华制日大会记》一文中指出：“中华民族的这一次抗战，不但是为了自身的生存，且为了世界的和平，这是的的确确的事实，谁也不能否认的。那么我们要求国际联盟来制裁日本，并不是制裁中国单独的敌人，是制裁世界和平的敌人，反过来说，这要求是人类的要求，是世界上凡有理性的人，都应当赞成这要求，都应当发动这盟约，否则我们人类就不堪设想了，让这许多魑魅魍魉弄得不成体统。”⑤

世界和平运动大会成立后，即派遣该会代表来到中国，向中国当局说明发起世界和平运动和成立世界和平运动大会的意义，广泛联系并努力争取中国社会各界的支持。在世界和平运动大会代表的支持下和中华民族危机加剧的背景下，国际反侵略运动大会中国分会于 1938 年 1 月（即

---

① 中国国民外交协会：《中国国民外交协会会务概要（民国廿七年一月至卅一年六月）》，1942 年编印，第 1 页。

② 参见韩永利、张愿：《中国抗战与世界反法西斯战争格局的形成》，《武汉大学学报》（人文科学版）2008 年第 4 期。

③ 王礼锡：《述国际反侵略会》，《时代文选》1939 年创刊号。

④ 乃君：《国际的反侵略运动》，《民意》1939 年第 60 期。

⑤ 李祖庆：《拥护国际联盟援华制日大会记》，《抗敌导报》1938 年第 31 期。

世界援华制日大会召开前夕)在汉口宣告成立。在国际反侵略运动大会中国分会的成立大会上,于右任、邵力子、谷正纲、宋斐如等出席了会议并发表演说,表明了对国际反侵略运动大会中国分会的重视。国际反侵略运动大会中国分会还在瑞士日内瓦设立秘书处。

日本国内进步人士的反战活动,也给了中国抗战有力的声援。在日本近代反战史上,包括早期社会主义者、日本共产党、劳农党、工会团体、高校教师群体、学生团体、文艺界人士以及基督教等在内的日本国内各界人士,都曾对日本军国主义、法西斯主义的侵略行径开展过多种形式的反抗运动。1937 年七七事变爆发后,日本的一些学者及知识分子对日本关东军的非法战争行为进行谴责,对日军在中国东北的行动超出自卫权的范围为理由提出质疑。

世界上许多国家的群众组织和国际友人也对中国抗战给予同情和支持,在道义上、政治上、物质上给予中国无私的援助。正是通过援助,将中国抗日战争与世界反法西斯战争紧紧地联系在一起,成为水乳交融的一体①。

中国人民同日本帝国主义所进行的战争,就其实质而言是保卫人类文化和文明的战争。对于这场战争的意义,全中国乃至全世界的进步文化人士都有着清醒的认识。全国文化界热烈响应世界援华制日大会,中国的文化人士为抗日救亡奔走呼号,并把这种行动与世界人民的要求和愿望联系起来,有着较强的全球意识。1940 年 5 月 27 日《大公报》社评提到:"战争发展到目前的阶段,任何一国都不能无动于衷。中国怎么样? 这个问题,不但中国人自己关心,就是国际间一般视线,也不能不充分注视。""中国的认识很清楚,而又恩怨分明,对于侵略者,绝不妥协,对于任何友邦,过去现在所给予我们的同情,绝对尊重。"②

---

① 参见汤重南:《中国抗战与世界反法西斯战争的相互支援与互动》,《群言》2005 年第 7 期。

② 社评:《欧战与中国抗战》,《大公报》1940 年 5 月 27 日。

中国国内对世界援华制日大会的意义有着深刻认识。乃君在《国际的反侵略运动》一文中指出："在伦敦举行的国际反侵略代表大会（世界援华制日大会），重申拥护正义制裁侵略之旨，又给暴日以当头一棒。""现在世界正义诸国朝野，多已发动了反侵略的运动。我们希望，百尺竿头更进一步，则其潮流所至，侵略者必定屈膝就范的。"①1938 年 2 月 15 日《大公报》的社评则注意到，世界援华制日大会"促使军民同胞们，更认识世界大势与自己责任"②。

彭芳草在《国际反侵略运动的展望》一文中指出："自从全面抗战以来，各国人民的反侵略运动本已在个别地进行着，这次大会（世界援华制日大会）无疑意地使全世界各国人民的反侵略运动由计划不周密及步骤不一致进到计划周密及步骤一致，换言之，即将全世界各国人民的反侵略运动汇合起来，成为世界反侵略的巨流，而维持世界和平。同时，世界反侵略的巨流，又因这次大会（世界援华制日大会），与中国的抗日浪潮汇合了。"世界援华制日大会的重要性，"在于参加国家的普遍，在于各国人民自动地来参加，在于反日援华，尤其在于其反侵略的办法之相当的切实有效"③。

邹韬奋在《伟大的世界反侵略力量》一文中认为，世界援华制日大会的召开表明，"自从我们发动抗战以来，这是全世界人民同情我国反侵略的一个最盛大的表现"。"从这次伦敦的大会（世界援华制日大会）与我国各界的反侵略运动，我们更可以认识，确确实实的，一定要各方面团结合作，一致行动，才能最高度地发挥反侵略的伟大力量，在国际上是如此，在我们国内也是如此。""不分国别的对于侵略者的痛恨，使我们可以具体地认识到反侵略运动的伟大力量。"④中国共产党领导的陕甘宁边区各界代表大会在致世界援华制日大会的电文中也深信，世界援华制日大会

①　乃君：《国际的反侵略运动》，《民意》1939 年第 60 期。
②　社评：《感谢伦敦反侵略大会》，《大公报》1938 年 2 月 15 日。
③　彭芳草：《国际反侵略运动的展望》，《抗战》1938 年第 22 期。
④　邹韬奋：《伟大的世界反侵略力量》，《抗战》1938 年第 45 期。

"一定能给予我们神圣的自卫战以极大的援助,同时无疑地将给予暴日的侵略以很大的打击!"①

中华民族在反抗外来侵略者的战斗中将自身民族所蕴藏的巨大能量凝聚起来,这是抗日战争能够顽强坚持下去直至取得最后胜利的力量源泉所在。中国全民族抗战,唤起了中国人民团结御侮的抗战精神,促进了中华民族抗日救国的新觉醒,汇聚起磅礴的中国力量,将中国推进民族复兴的新阶段。何仁在《国际反侵略运动大会》中指出,世界援华制日大会是"反抗侵略来维持和平的",并且发出如下疑问:"小朋友,世界上并不是有强权无公理的,只要人们凭良心,照着正义来奋斗,公理一定可以伸张的。现在我国军民正在拼命的抵抗日本的侵略,维持正义,我们自己该做些什么呢?"②中国人民认识到,长期的妥协退让只会骄纵侵略者,自强才能自立,能战方能言和;中华民族的团结统一,组织起来的民众,是战胜一切敌人的最伟大最深厚的力量之源;民族尊严和地位是要靠自己不懈奋斗争取的,穷兵黩武,终将自取灭亡。

(二)世界援华制日大会唤醒了中国人民开展宣传以争取国际友好人士同情中国抗战的意识

在战火纷飞的抗日战争年代里,共同的遭遇,类似的命运,把中华民族与世界各国人民紧紧地联结在一起。战时宣传工作是抗战工作中非常重要的一环,它是"唤起民众,号召民众,组织民众,以及动员民众参加抗战的一个根本手段"③。它是现代战争中决定胜败的一个重要因素,"没有哪个政府奢望赢得战争,除非有团结一致的国家作后盾;没有哪个政府能够享有团结一致的后盾,除非他能控制国民的头脑"④。抗战时期,在

---

① 来件:《边区各界代表大会致国际反侵略运动大会电》,《解放》1938 年第 31 期。

② 何仁:《国际反侵略运动大会》,《江西地方教育》1938 年第 106 期。

③ 郭沫若:《战时宣传工作》,重庆青年书店 1940 年版,第 2 页。

④ [美]哈罗德·D.拉斯韦尔:《世界大战中的宣传技巧》,张洁、田青译,中国人民大学出版社 2003 年版,第 22 页。

中日双方力量对比悬殊的情况下，以动员民众为诉求的宣传工作显得尤为重要。

世界援华制日大会使中国人进一步认识加强国际宣传、开展国际联络对扩大世界援华运动和反侵略运动的重要性。1938年4月20日，抗日战争时期中国共产党的大型机关报《新华日报》在其社论中提出了开展民间外交的建议，希望"民众团体和各国性质相同的团体如职工会、农会、学生会、文化团体、宗教团体及同情于我国抗战的政党，建立密切联系；中国的民众团体应当大规模地派遣代表到各国去进行宣传工作；同时，要欢迎各国民众团体组织代表团到中国来参观，欢迎各国记者来华调查，藉使各国的民众都能明了日本强盗在中国屠杀轰炸的暴行"①。

1938年2月12日，中国左翼文化总同盟下属的中国世界语者联盟的负责人叶籁士在其《反侵略要建立国际联络工作》一文中指出：

　　日本帝国主义强盗在中国的种种暴行，它的残杀妇孺，破坏文化，业已遭逢全世界人民的同声控告。抵制日货，拒绝装卸日货的运动，在全世界蔓延着。这说明了中华民族在争取自己的独立自由的抗战中，决不是孤立的。中国的抗战乃是整个世界反侵略斗争的一部分，它必然获得全世界的支持。这更说明了争取国际的同情和援助乃是孤立敌人，削弱敌人，以及最后消灭敌人获取民族解放胜利的一大保障。

　　对于各种国际友人的伟大同情，我们不但应该用巩固全国团结坚持抗战到底来答复，并且必须加强我们的国际宣传工作，而尤其迫切的是建立国际联络的工作：在世界各地建立广泛的、经常的、密切的联络网，并且通过这些联络网来发动如下的各种工作：

_____

① 社论：《怎样开展我国的外交》，《新华日报》1938年4月20日。

（一）在各国组织援助中国的经常的团体；

（二）在各国举行中国抗战展览会；

（三）在各国举行播音、演讲会及其他类似的集会；

（四）在各国加紧抵制日货及拒绝装卸日货的运动；

（五）在各国发起募捐及征集物品；

（六）在各国募集各种技术人员来华；

（七）经过各国向日本散发宣传品，以进行对敌宣传工作。

这些工作，而尤其是最后的对敌宣传，只有靠了这个广大的联络网，才能收事半功倍之效。只有建立这样的联络网，我们的国际宣传才不是盲目的，才能以最小的努力发挥最大的效果，才能更广泛地展开国际反日援华运动，才能更有效地打击我们的敌人。

建立这样的国际联络网，是万分必要的。我希望中央方面主持国际宣传的机关，以及国际反侵略运动大会中国分会和别的团体，来注意这个问题。我更希望我们中国的世界语同志们起来提供自己的语言技术为建立这个联络网加强国际宣传而努力，因为只有靠了世界语所独有的现成的国际机构（各国的以及各种职业、各种信仰、各种学术的世界语团体），这个联络网才能顶快顶顺利地建立起来。①

中国全民族抗战后，许多外国记者来到中国，活跃在中国抗战的前线和后方。世界各界与援华运动步调相随，积极翻译与介绍中国的抗战情况，世界对中国开始有广泛而真实的了解。在中外交往的过程中，与世界各界的主动性相映照的是，中国国内各界也有了主动地走向世界的紧迫感和自觉性。中国的社会名流利用自己在国际社会上的影响力，向世界宣传中国的抗战主张，吁请各国政府和世界爱好和平的民众共同抵制法西斯的侵略，体现了中国国内的社会精英对国家和民族的高度责任感，为

---

① 　参见叶籁士：《反侵略要建立国际联络工作》，《大公报》1938 年 2 月 12 日。

抗日战争的胜利作出了重要贡献。

中国国内为了客观报道日军暴行和中国抗日的情况,增进世界各国人士对中国抗日战争的认识与同情,编译印成大量期刊以及小册子寄往国外,期刊有英文季刊《中国呼声》等,英文小册子有《参加反侵略运动之中国》等。这些,使英美等国民众深入了解日本侵略者在华暴行和中国人民英勇的抗战情况,并采取行动援助中国与反对日本侵略,给予中国人民宝贵的精神与物资援助。通过发送大量函件,宣传中国人民抗战建国的基本立场,要求外国政府采取遏制日本侵略的措施。例如,中国国民外交协会于1938年在给伦敦合作社的函件中就要求其贯彻主张抵制日货,致函美国驻华大使请其转电美国政府制止贷款给日本。①

国际反侵略运动大会中国分会还向国际社会揭露了日本侵略者在中国战场不顾国际法的规定,使用毒气等暴行。国际反侵略运动大会中国分会还搜集中国军队英勇抗战等方面的照片寄给世界和平运动大会总会。国际反侵略运动大会中国分会的宣传在国外引起了积极的反响,博得了国际社会对中国抗战事业的同情与支持,为中国坚持抗战作出了贡献。

1938年3月,为广泛团结抗日力量而建立的全国性文艺团体——中华全国文艺界抗敌协会成立。在中华全国文艺界抗敌协会的成立大会上,周恩来明确指示文艺界要与世界进步文化界联合起来。中华全国文艺界抗敌协会通过的《告全世界的文艺家书》中表示,担负着对外作战以求生存责任的中国文艺人,一定能够得到全世界文艺者的同情和赞助②。

对于世界援华制日大会,国际反侵略运动大会中国分会并未只是象征性地参加一个会议了事,它还向大会具体要求:"请求决议,各国民众

---

① 参见中国国民外交协会:《中国国民外交协会会务概要(民国廿七年一月至卅一年六月)》,1942年编印,第10—29页。

② 参见中共四川省委党史研究室、中共重庆市委党史研究室、四川省中共党史学会编:《南方局党史研究论文集》,重庆出版社1993年版,第193—195页。

团体举行'中国周',尽量揭露日本侵华罪状,实行抵制日货,以为我国抗战声援。"①中国代表在世界援华制日大会上还提出:"全世界应保证军需用品到达中国而不运至日本,号召各国人民向中国伸出援助之手。"②并要求中国国内做到:"联合世界上一切爱好和平的国家,粉碎日本破坏国际和平战线的阴谋与活动";"联合日本国内一切反战的分子,并推进他们的运动"③。

中国国内对世界援华制日大会寄予极高的期待,通过电报给大会送去信文,在国内动员民众举行声援世界援华制日大会的各种集会。在大力宣传中国抗战对国际社会的意义的同时,又编译发行介绍世界援华制日大会内容的小册子,扩大中国民众对国际援助的认识。1938 年 6 月 8日,国民政府内政部部长何键在欢宴世界学生代表团的即席欢迎词中指出:"中国自抗战以来,土地虽被敌侵占甚多,生命财产损失极大,但中国为争取民族之独立自由,及维护世界之正义和平而抗战,则愈战而愈英勇,务求最后之胜利。""中国为爱好和平之国家,此次又为人类正义而奋斗,深望全世界人士予以协助,俾可完成其使命"④。

中国国内认为需要通过世界援华制日大会这个桥梁,把外部的支持转化为中国国内抗战的动力。正如抗战时歌《国际反侵略》中所唱道的:"伦敦开大会(世界援华制日大会),侵略誓反对,国际大联合,暴日必崩溃。暴日是野兽,世界之公仇,先要亡我国,而后霸全球。"⑤

另外,《动员周刊》和《江西地方教育》等刊物也在世界援华制日大会召开之际纷纷发表文章,文章中表示世界援华制日大会的召开,"这种伟大的同情精神,实在使我们铭记不忘"。"我们除了宣传国际法西斯势力

---

① 《世界反侵略大会开幕盛况》,《新华日报》1938 年 2 月 13 日。
② 《国际反侵略大会通过援助中国决议》,《新华日报》1938 年 2 月 15 日。
③ 张铁生:《我们应该怎样加强扩大国际反侵略运动》,《抗战三日刊》1938 年第47 期。
④ 中央社:《何部长欢宴各代表》,《大公报》1938 年 6 月 9 日。
⑤ 冯玉祥:《抗战时歌选》,三户图书印刷社 1938 年版,第 183—184 页。

的残暴、国际和平势力必须团结等以外,更应注意两件大事:一是促进国民外交;一是加强内部团结"①。"这次以反日援华为题,在伦敦开特别会议(世界援华制日大会)。我们应该竭诚拥护这个会,并且先依照这个会的决议,彻底做去。"②

在社会各界积极主动的宣传之下,国际反侵略运动在中国逐步形成一种国际反侵略的伟大实践。正如于右任在《中国是国际反侵略的大本营》中总结到:"由于我们是反侵略,各国便作了我们忠实的朋友;由于我们不屈不挠,坚持到底的反侵略,觉醒了英国,……鼓励了美国,使它从对我们的同情,转变到援助,转变到反侵略民主国家的兵工厂。……国际反侵略战线,从未有今日之坚强有力。国际反侵略,在今日已经不再是一种宣传,一种运动,已经成为如火如荼的实践,已经面迎着总胜利的凯旋。"③张铁生在《我们应该怎样加强扩大国际反侵略运动》一文中也呼吁:"我们对于国际反侵略运动不可仅希望加强,应该用我们的力量来加强,不可处于被动的地位,不可消极的参加,应该积极的扩大。"④

(三)世界援华制日大会增强了中华民族全民族抗战的意志

1937年七七事变爆发后,日本侵略者轻易地占领了中国平津等地。日本首相宣称,在3个月内,以3个师团兵力,可以尽取华北,幻想再造一个"华北国"。但是,日本的估计完全错了,日本虽然在军事上有优势,占领了中国许多土地,而中国因暴敌之侵略,使民族解放的斗志更激昂,因暴敌的疯狂屠杀使中国同仇敌忾之心更坚强,中国民族因暴敌的侵略和奴役而空前团结起来,全民下最大决心,作出巨大牺牲。

---

① 巨渊:《谢国际反侵略运动大会》,《动员周刊》1938年第4期。
② 赵可师:《拥护国际反侵略大会》,《江西地方教育》1938年第106期。
③ 全国政协文史资料研究委员会、中国国民党革命委员会中央宣传部编:《于右任文选》,中国文史出版社1987年版,第370—371页。
④ 张铁生:《我们应该怎样加强扩大国际反侵略运动》,《抗战三日刊》1938年第47期。

　　同时因日本侵略者破坏世界和平,世界多国相继声明反日援华。日本帝国主义黩武终必败,这是世界有识之士共同的认识,日本的武力远比中国强大,但中国有人,有坚强的信念,为图存而战,为反抗武力压迫而战,而日本侵略者则为野心驱使而战,为压迫他人而战,日本帝国主义可以逞雄一时,但不能持久,中国之持久战,可使日本陷入泥足而不能自拔。

　　作为世界和平运动的一个重要环节和重要组成部分,世界援华制日大会的召开,对当时处于对日坚持艰难作战中的中国而言,无疑显示了世界舆论对中国抗日战争的支援,促使了中国抗战意志的增强。它在政治上、道义上声援中国人民,增强了中国人民的抗战信心。

　　中华民族之所以能够历经磨难而不衰,饱尝艰辛而不屈,千锤百炼而愈加坚强,靠的就是强大的民族精神。中华民族历经五千多年血雨腥风而生生不息,历经无数次外敌入侵而不散不灭,就因为中华民族始终具有一种坚实坚韧的民族凝聚力。1935年12月27日,毛泽东在《论反对日本帝国主义的策略》一文中曾将其形象地概括为:"我们中华民族有同自己的敌人血战到底的气概,有在自力更生的基础上光复旧物的决心,有自立于世界民族之林的能力。"①在中国历史上,每当国难当头,民族处于生死存亡的重要关头,以爱国主义为核心的民族精神,一再激发起无数志士仁人为祖国的独立和富强而前仆后继。中国战场是世界上开辟最早和持续时间最长的反法西斯战场,中国以巨大的民族牺牲推动了第二次世界大战走向胜利的历史进程,为第二次世界大战的胜利作出了重大贡献②。

　　世界援华制日大会"痛陈日帝国主义,集合国际间人民力量反抗侵略"③。在中国与日本法西斯浴血苦战并急需外援之时,苏联主动伸出援

　　① 《毛泽东选集》第一卷,人民出版社1991年版,第161页。
　　② 参见胡德坤:《中国抗战与世界反法西斯战争进程》,《中国社会科学报》2010年8月5日。
　　③ 包清岑编:《抗战文选》第2辑,拔提书店1938年版,第90页。

助之手。1937 年 8 月,苏联驻华大使主动表示愿意贷款援华,其援助也的确对中国树立抗战信心起了重大作用。① 一些国际友好人士大力宣传中国人民的抗战决心。1937 年 7 月以后在美国成立的中国救助教会委员会,呼吁美国民众救助中国,并强烈谴责日军在华滥炸无辜百姓的罪行。

在中国全民族抗战爆发到世界援华制日大会开幕这一时段,"世界各国人民早已分别地进行着反侵略的活动(如抵制日货,拒运军火赴日等等),不过没有全面的计划和统一的步骤,致效果虽有而不大"。世界援华制日大会的作用,"不待言,就在汇合这些反侵略者的行动,期望能产生出全世界反日的伟大成就。……反侵略运动的前途是极其光辉灿烂"②。

1938 年 2 月 1 日,薛暮桥在《国际反侵略运动大会》一文中指出:世界援华制日大会"提出切实而且具体的办法,督促自己的政府,并号召自己的同胞,同来制裁日本侵略者的暴行,并给我国以物质上和精神上的援助"。"向国际联盟要求实施盟约第十六条、第十七条,以及其他制裁侵略国的有效办法,并宣布对日本暴力控制之下各种傀儡组织,决不予以法律上和事实上的承认!"③世界援华制日大会的号召和决议,对中国抗日战争确实有着很大的意义,给中国政府、前方抗敌将士、中国民众有着一定的鼓励作用。

世界援华制日大会在政治上和道义上的声援,揭露了日本法西斯野蛮行径,增强了中国人民的抗战信心;传达了中国人民不屈的精神和意志,讲述了中国人民在战争中所受的灾难以及中国人民奋勇抗战的事迹,增加了中国人民的抗战力量;在一定程度上指出了中国抗战在整个反法

---

① 参见刘波:《抗日战争时期的国际援助》,《纵横》2000 年第 8 期。

② 淑美:《国际反侵略大会的成果》,《妇女共鸣》1938 年第 3 期。

③ 薛暮桥:《国际反侵略运动大会》(1938 年 2 月 1 日),《薛暮桥文集》第 2 卷,中国金融出版社 2011 年版,第 6—7 页。

西斯战争中所处的伟大历史地位以及中国人民必胜的信心。[①] 世界援华制日大会表达了对同情以及支援中国人民抗日战争的各国人民的谢意，并呼吁他们一如既往的支持中国人民的抗战事业。

葛乔在《蓬勃发展的世界反日援华运动》一文中深信世界和平运动的展开一定能增强国际和平力量对于中华民族抗战的援助，指出：

> 一年以来(1937年7月至1938年6月)，这种反日援华的运动，已成了国际间一种澎湃的浪潮，它泛滥全世界的一切国家里面。从社会主义的苏联以至在斗争中的西班牙，从古老民主主义的英、美以至人民阵线的法兰西，都涌现着这种浪潮，甚而，就是法西斯国家内部，我们敌国心脑的中心区域，都受着这种浪潮的冲击，而有了热烈的反应。

> 自在伦敦召开的盛大的反日援华大会(世界援华制日大会)后，由各国反侵略分会推动的反日援华运动便异常蓬勃的在发展，各国人士抵制日货，对我捐助金钱及医药用品，码头工人拒为日本起卸军需原料等等事件，都相继的日益扩大起来。

> 这许多事实证明，中华民族英勇的抗战并不是孤立无援的，它已经藉得了全世界爱好和平、民主、自由人士们的声援。每一个有正义感的国际人士，都把中国的抗战，当作了他们自己共同的事业，而使反日援华运动一年来有了广泛的开展。

> 这种运动的开展，不仅在精神上、物质上加强并支持了我们的抗战，而且给了日寇以重大的打击。在国际上，将使日寇更加孤立，使世界上广大的民众更加在反帝反侵略的战线上携手团结起来，在经济上将使他陷入困难的境地。[②]

---

① 安徽省新四军历史研究会：《纪念新四军江北指挥部成立70周年文集》，2009年编印，第276页。

② 葛乔：《蓬勃发展的世界反日援华运动》，《文化国际》1938年第1期。

在世界援华制日大会召开之后,世界学联代表团来中国考察了包括华中、华东、西南、西北等区域,收集日本侵略者侵华暴行以及中国军民英勇抗战的资料,然后带往美国参加世界青年和平大会。世界学联代表团访华鼓舞了中国军民的抗战士气、促进了中国抗战力量的团结、宣传了中国共产党领导的陕甘宁边区在全国抗战中的地位,使全世界更能鼓起同情中国,从而增加援助中国的力量①。

1938 年 5 月 25 日,周恩来主持举办茶会欢迎世界学生代表团。茶会会场正中悬挂着一幅很长的"救中国即是救世界"的红布白字标语,四周有许多壁画,其中有一幅壁画写着"万世之仇,凡我中华民族,誓当报复!"王明代表中国共产党致欢迎词,他希望代表团回到本国后"对日为有效制裁:抵制日货,不卖军火给日本,不借款给日本,反对日机的轰炸,反对日本封锁我国海岸;同时实际的援助我们:借款我国,供给军火,募捐和募集药品,提倡充当志愿兵"②。

1939 年世界和平运动大会总会会长薛西尔制绣旗帜一面,上书"纪念中国抗日二周年,并祝中国成功,获得抗战胜利"。1939 年 8 月 18 日,在重庆举行献旗典礼,由李石曾代表薛西尔献旗、张治中受旗。

世界上许多有识之士认识到日本帝国主义黩武最终必然失败。正如1938 年 9 月《大公报》在社评中所指出的:"日阀此次侵略中国,发动空前的大战,本以为在很短期间,可使中国屈服,甘为日本附庸,岂意开战十二个月,虽然占领许多要区,而中国抗战意志,依然坚决,战事结束无期。"③在当时,美国著名记者斯诺就曾著文断定日本终必失败,认为:"日本决不能打败华人,不论日本军事优势如何,时间空间与国民团结,利于中国大有裨益。日本渴望先征服亚洲,进而统治全世界。然日本实小看中国

---

① 参见于苇:《援助中国的世界反侵略运动》,生活书店 1938 年版,第 53—54 页。
② 本报时写:《周恩来等昨举行茶会欢迎世界学联代表》,《申报》1938 年 5 月 26 日。
③ 社评:《日阀统治中国的新梦想》,《大公报》1938 年 9 月 24 日。

抵抗力量,共产党与国民党团结则为日人深感沮丧之事"①。斯诺在和欧洲的一名医生谈话时,非常坚定地指出:"在这个战争,中国虽然一切战斗打了败仗,但他却站在赢的一边,你要我用一句话答复你,这就是它的答案,打败仗的将是赢者,而获得最后胜利的将是输者"②。

　　世界援华制日大会将全世界爱好和平的力量动员起来,使日本侵略者获得了人类文明刽子手的称号,使全世界认识到中国是一个爱好和平的国家,也是一个不能用武力征服的民族,对中国抗战倍加称赞,一致预言最后胜利属于中国。中国军民坚持持久抗战为中国的崛起提供了基础,带来了中国国际地位的提高。第二次世界大战是国际关系发展史上的一个重要转折时期,也是中国外交的重要变迁期,中国从世界政治舞台的边缘走向中心。

三、世界援华制日大会在一定程度上使日本侵略者产生了危惧感

　　日本侵略者企图一举亡华,进而霸占东亚,世界各国开始纷纷谴责日本侵略者的暴行,抗日援华运动渐次展开。援华在于增强中国进一步抗日的能力,制日是为了在军备物资方面给日本侵略势力制造困难。世界援华制日大会的召开,在削弱敌人力量、动摇敌军意志等方面起到了一定的作用。国际反侵略运动大会中国分会曾对世界援华制日大会有一个较为恰当的评价,指出:"发动抵制日货运动的结果,日本对若干国家之输出大见减少,已使日本政府对之感觉危惧"③。

　　①　中央社:《美名记者斯诺断定日本终必失败》,《申报》1938 年 6 月 6 日。
　　②　陈鹏仁:《铁蹄底下的亡魂》,近代中国出版社 1997 年版,第 46 页。
　　③　国际反侵略运动大会中国分会执行部:《第二次常年大会特刊》,1939 年编印,第 30 页。

（一）世界援华制日大会促使国际社会转向孤立日本侵略势力

1936年世界和平运动大会这一组织的成立，"在这欧亚两洲都蕴蓄并酝酿战争危机的今日，这一和平力量的集合，颇有重大意义。他虽未必就能挽救未来惨酷的战争的勃发，但至少也可给予两洲（亚洲和欧洲）的黩武国家一些精神上的打击。我们是被侵略的民族，自然应当与世界反战反侵略的和平力量取得密切的联系"①。为了宣传日本侵略者的罪行和中国抗战的重要意义，世界和平运动大会派了包立德、色斯、毛那等来华考察，在日内瓦印发了《中文通信》，在通信上刊载总会会议纪要和《包立德对中日战争的观察》《色斯离汉前的杂感》《欧洲学者名流对反轰炸运动书札》和《巴黎反轰炸大会决议案》等宣传援华的文章。

在近代历史上，破坏人类文明最严重的是德国、意大利和日本。日本一直宣传"日本是最优秀的民族"，"中国不是一个国家，只是一个地理名词"，以此论调为指导，凭借其军事武力，任意侵略蹂躏中国。世界援华制日大会的召开则表明："国际间一切同情中国抗战的群众，乃是援助中国的可靠基础，反侵略反日的中坚，能予日本帝国主义以致命的打击"②。世界人民和各种国际力量的不同形式的援助，形成互相配合、内外夹攻的态势，从而加速了日本法西斯的灭亡。

在中国抗战初期，各国普遍对日实行绥靖政策，坐视日本侵华，甚至在一定程度上成为日本侵华的帮凶。在这种情况之下，国际反侵略运动大会中国分会积极开展活动，对这些国家施加外交压力，促使国际社会转变态度，孤立日本侵略势力。美国曾一度以中立为标榜，坚守所谓《中立法案》，在一定程度上助长了日本的侵略气焰。针对美国的这个态度，国际反侵略运动大会中国分会要求："分会驻外常务代表团即请大会国

---

① 《在北京举行的世界和平运动大会》，《四川旬报》1936年第6期。

② 张铁生：《我们应该怎样加强扩大国际反侵略运动》，《抗战三日刊》1938年第47期。

际秘书处予以注意;本分会并电美国不参加日本侵略委员会、和平运动联合委员会暨国际反侵略运动大会美国分会表示意见,请其运用权威以影响国会,教育群众,纠正孤立主义。"①在有些外国政府破坏中国权益、帮助日本侵华的事件发生之际,国际反侵略运动大会中国分会积极开展外交活动,将中国人民的声音传递出去,对这些国家制定外交政策产生影响。

1938年年初,日本近卫内阁发表第一次声明,英美等国对其远东政策进行了调整。虽然英美等国主观上是从维护自身远东利益的现实主义角度出发,而非从国际秩序与正义的角度出发打击侵略和维护被侵略国的领土完整,但这一政策调整,尤其是在援助中国、遏制日本的步伐的迈出和对日威慑的努力,都在客观上有利于中国抗战,对保持中国抗战士气有积极影响。

当1938年中日战争进入相持阶段后,面对日本侵略者一面进行军事攻击,一面施行政治诱惑,中国人民更清醒地认识到:"我们在意志上要绝对不受敌人的诱惑,在行动上要坚决对敌人抗战。因此,我们要认识现阶段的抗战局面,是敌人业已相当疲惫,急欲收得战果,政治诱惑之技既不得售,它必拼命作最后的挣扎。""针对敌人这最后挣扎的企图,我们需要从各方准备应付这阶段的局面,以粉碎敌人的挣扎。""现在国际的情势一般的与我们有利,各国社会间的援华反日运动正普遍的强化。现在抗战的客观条件,是敌人已疲惫,友力在加多;我们要在主观上坚强意志,振奋力量,暴敌必败,我们必胜!"②

在中国国内全民族抗战的基础上,中国向美英苏等国寻求并获得支持与援助。中国抗战外交的正式确立,其长远意义在于加强了中国与未来反法西斯盟国之间的联系。中国促进并与苏美英盟国合作,在地缘上

---

① 国际反侵略运动中国分会:《两年来之国际反侵略运动中国分会》,重庆新蜀报社1940年版,第71页。

② 社评:《我们的准备》,《大公报》1938年6月22日。

构筑了欧亚大陆战场连接太平洋战场的战略态势,并会同大西洋与北非战场,将德意日法西斯轴心国从战略上彻底隔绝开来,为反法西斯盟国各战场的连接创造了有利条件①。

各国援华抗日团体从经济上孤立和打击日本侵略者等支持中国抗战,制止日本法西斯侵略。由于日本侵略者在中国实施排斥英美等国的政策,直接威胁到英美等国各自在华利益,因此他们要求本国政府对日采取强硬政策。壳牌石油英国分公司、英美烟草股份有限公司等商人团体,美国国内的援华制日团体,强烈谴责日本的侵略行径,要求政府援助中国,对日本采取强硬政策,并停止向日本输出任何战争资源②。

各国无产阶级和日本国内的反法西斯人士也加入到同情和援助中国抗战的行列。中国人民反抗日本帝国主义的奴役,捍卫国家独立和民族生存,这是爱国主义和国际主义的体现。中国国民外交协会通过广播在日本人民之中做民间外交努力,用日语广播呼吁日本人民醒悟过来反对日本政府发动的侵略战争③。把日本国内爱好和平反对侵略的人士与日本国内的对外侵略势力区分开来。

世界援华制日大会促进了世界反日形势的发展与日本侵略势力国际地位的孤立。世界援华制日大会"所举出日本帝国主义的侵略事实,正可以说是给敌人的暴行,作一初期的总结算。这些事实告诉了全世界:日本帝国主义是破坏世界和平的元凶,是残杀人类的恶霸,又是毁灭文化的巨魔:它口口声声说没有土地野心,而实际上我国已有八十一万八千多方里的土地被它武力占领;它口口声声说维持东亚和平,而我国的和

---

① 参见韩永利、张愿:《中国抗战与世界反法西斯战争格局的形成》,《武汉大学学报》(人文科学版)2008年第4期。

② 参见韩永利、方长明:《论抗战初期英美民众援华制日运动》,《民国档案》2009年第1期。

③ 参见中国国民外交协会:《中国国民外交协会会务概要(民国廿七年一月至卅一年六月)》,1942年编印,第51页。

平人民受它侵略战争的祸害的,已在一万万二千五百万以上,它对于各国在华侨民与财产的损害,更是无法计算的。我们把敌人这种初期侵略的结果昭告世界,当能使全世界更多的人民,知道以集体力量反对侵略者的重要"[1]。

世界援华制日大会的召开使世界人民认识到日本侵略者对中国的侵略,"不仅毁灭着中国的文化,屠杀着中国的人民,奸污着中国的妇女,烧抢着中国的财产,并且严重地打击着列强在华的利益,危害着列强在华的生命"。"敌人的强暴行为,已经引起英美法苏等民主国家的切齿,虽然因为美国孤立派及英国顽固派的牵制,还没有施行对日的集体制裁,但国际联盟却已经号召各会员国对华作个别的援助,而且各国正在个别援助之中,例如军火及军事人才的供给就是的。"[2]世界援华制日大会在促进国际社会转向援华制日起到了积极作用。

世界援华制日大会的宗旨"在于遏止中日两国的战争,如果不能成功,就应该促请出席大会的各国的公民,洁身自好,勿参加日本的罪恶"[3]。世界援华制日大会"给日本以无限的打击,孤立了日本"[4]。世界援华制日大会通过揭露远东的事态和日军的暴行让更多的世界民众了解到了远东局势的发展,推动世界民众积极参与到抵制日货和终止对日贸易的运动中去。世界援华制日大会的参会代表对日本帝国主义的罪行无不恨之入骨,不约而同地认定日本侵略者是全世界各国共同的敌人,这对于打破中国在远东孤立作战的局面起到了一定的作用。

世界援华制日大会闭幕后不久,法国著名记者、世界和平运动大会代表色斯来华考察中国抗战的情况,他考察了整个中国社会的抗战意识、集体精神。1938年4月27日,色斯在中国多个团体联合为他举行的欢

---

[1] 邹韬奋:《伟大的世界反侵略力量》,《抗战》1938年第45期。
[2] 《国际反侵略运动宣传大纲》,《团结周报》1938年第10期。
[3] 世界论坛:《伦敦和平大会谴责日本》,《集纳》1938年第9期。
[4] 于苇:《援助中国的世界反侵略运动》,生活书店1938年版,第53—54页。

迎会上指出："由于贵国的抗战经验,给世界的人民贡献,知道维持集体安全,和制裁侵略者,须有广大的力量,换言之,就是以人民的力量,代替政府的力量,世界和平运动大会,便在这种条件之下而产生。记得伦敦开会(世界援华制日大会)时,曾发出小册子,题为'救中国就是救世界',一致的主张经济制裁日本,使日本减少了 40% 的力量,这是很有效的工具。"①色斯在中国考察后得出的结论是:中国抗战必然持久,而日本对中国侵略战争终必失败。

　　1938 年 6 月,世界和平运动大会执行委员会在评价世界援华制日大会的影响时指出:"我们对于前次在伦敦所举行之援华抵制日货大会(世界援华制日大会),表示满意。日本输出的减少,至少有一部分由于抵货的结果。今后更希望(世界和平运动大会)各国分会与各个国际团体,在可能范围内,用一切的方法,以加强抵制日货运动。我们承认过去仅有同情是不够,现更须积极进行研究具体援助中国的方法。在医药方面,本委员会已派遣许多救护人员到中国来服务,凡一切努力供给医药与粮食于中国人,本委员会不仅热烈赞助,并要求所属的各团体加入援助,以充实中国急切的需要"②。

　　日本侵略者在国际社会日益孤立,反抗侵略的中国人民日渐获得国际社会的同情与支持。世界援华制日大会宣言的发表,谴责日本侵略者的暴行,督促世界各团体尽其所能帮助中国,再次要求各国政府停止与日本侵略势力合作。世界援华制日大会闭会后,世界和平运动大会执行委员会多次通过决议,要求它所属的各国分会督促各本国政府给予中国贷款,供应中国医药、食品,加紧援助中国抗战。世界援华制日大会给日本侵略者以强大的政治压力,孤立了日本侵略势力。

---

　　①　本报特写:《反侵略会代表色斯慷慨陈词,挥独臂责敌大逆不道,打中国如子女打母亲》,《申报》1938 年 4 月 28 日。

　　②　中央社:《国际反侵略会援华决议案对我英勇抗战表示钦佩》,《大公报》1938 年 6 月 22 日。

（二）世界援华制日大会决议抵制日货给予日本侵略者较为沉重的打击

世界援华制日大会又名全世界抵制日货及助华特别会议，号召世界各界人士抵制日货是其主要内容之一①。世界援华制日大会"首要日程为对民众抵制日货方法及步骤，其目的在唤起舆论，提倡有组织之民众抵制，以期促进政府经济制裁"②。在世界援华制日大会召开之前，大会筹备委员会就曾宣称："现有十一国中有组织之团体，已开始抵制日货，各团体之人数达 123000000 人"③。

中国全民族抗战爆发之后，由国际援华抗日团体所领导的抵制日货运动，发展迅速。援华抗日的示威抗议运动的掀起和发展，促进了世界各国反对日本法西斯侵略，维护亚洲和世界和平运动的发展，支持和配合了中国的抗日战争，并在一定程度上给垄断军火和其他物资的日本垄断资本家施加了压力。

世界援华制日大会把抵制日货看作支持中国抗日战争的一部分，号召抵制日本商品是全民族抗战初期援华制日较为有效的一种方式。抵制日本商品既向侵略者施加了压力，又因它属于非官方的行为而容易得到更多人的支持。1936 年成立的世界和平运动大会"自我国抗战发生后，极力主张国际联盟根据盟约制止日本之侵略，其后更积极赞助各地抵制日货之运动"④。世界援华制日大会还主张，将所有来自日本的商品明确标上"日本制造"，而不是笼统印上"外国制造"，以便于消费者进行区分。

1937 年 10 月 6 日，《纽约时报》曾经发表美国前国务卿史汀生的一封信。史汀生在该信中指出："可悲的事实是，英美现在正向日本出口各

---

① 参见中央社：《援助中国国际大会下月开会》，《大公报》1938 年 1 月 16 日。
② 中央社：《郭大使电告反侵略大会目的》，《申报》1938 年 1 月 27 日。
③ 中央社：《伟大之同情》，《大公报》1938 年 2 月 2 日。
④ 郭沫若：《国际形势与抗战前途》，自强出版社 1938 年版，第 71 页。

种用于战争的物资而使日本侵略者得到援助,日本对华侵略如无这些援助很可能被制止了。"①

世界援华制日大会号召对日本实施全面禁运并抵制一切日本商品。参加世界援华制日大会的代表们认为,"反侵略运动必须动员整个文明人类,本爱好和平的素志,来拥护国际和平条约的神圣义务及维护人道的立场,尤其是保持人类文明的迫切要求,消极的给予侵略者以有效的制裁,从道德上、经济上、财政上、文化上,甚至军事上给予侵略者以有效之打击"。他们把对侵略势力进行制裁分为消极制裁与积极制裁两个方面,"在物质上不予侵略者以各种作战上必需之接济,在精神上不与侵略者妥协,不为任何直接间接赞助或鼓励侵略之行动,此消极行为也,在物质上尽量的给被侵略者以作战上各种必需之接济,加强抵抗侵略之力量,借以缩短抵抗侵略之时间,减少被侵略者之牺牲与损失,加速和平之到来,在精神除一面斥责侵略者外,更须一面声援被侵略者。此积极行为也。消极与积极之方法同时并进,侵略者纵极凶顽,在最短期内必可予以有效之打击,从而祛除侵略,回复和平,可以断言!"②出席世界援华制日大会的各国代表,"一致攻击日本侵略,并且发起援助中国抵制日货的运动"③。他们认识到,反侵略运动以制裁侵略者及援助被侵略者为手段,以祛除侵略及恢复和平为目的;反侵略运动要做到抑制本国政府对日妥协,促使本国政府切实援助中国抗战。

世界援华制日大会"断然的要商议全世界抵制日货及援助中国的方法与步骤"④。世界援华制日大会"不过短短的两天,但全场一致地通过了谴责日本的侵略,危害世界和平的决议:这个总题目之下,要求各国工

---

① Arthur Clegg, *Aid China, 1937-1949: a Memoir of a Forgotten Campaign*, New World Press Ltd, 1989, pp.17-19.

② 曹树铭:《释反侵略运动》,《黄埔》1938年第3期。

③ 世界论坛:《伦敦和平大会谴责日本》,《集纳》1938年第9期。

④ 赵可师:《拥护国际反侵略大会》,《江西地方教育》1938年第106期。

会及合作社实行抵制日货,并推广个人的抵货运动,由常设委员会研究抵制的组织与方法,同时要求各国议会使其本国政府加以赞助"。世界援华制日大会"还要求禁止煤油输往日本,停止以款项贷与日本,应贷与中国"①。世界援华制日大会决议的这样一种物资上与贷款上对中国的援助,为中国抗日战争增添了物质力量,给予日本侵略者以一定的打击。

世界援华制日大会为了说服各国代表通过抵制日货、经济制裁日本的决议,大会秘书处甚至以"救中国即所以救世界和平"为题编制说帖,发给到会代表作为讨论的根据。"救中国即所以救世界和平"的说帖中详细揭露了"日本侵略中国之事实,日本侵略之法律观",宣传了"全世界对日本之抗议、中国对日之抵抗",强调了"世界和平运动大会调整之使命",并详细分析了"国际经济制裁能否制止日本之侵略"的问题,最后提出具体制裁日本侵略者的方案。这次世界援华制日大会通过了声援中国的决议,并发表大会宣言。世界援华制日大会的宣言指出:"吾人敦促各团体应竭尽所能以援助中国,并停止援助日本,直至日本终止侵略及日军撤退时为止。吾人尤须要求各国政府停止对日之合作,即不对日本供给军用品,金融便利,以及购买力量。吾人邀请全国爱好和平之个人及团体,参加此种公正之伟大运动,以挽救中国,并维持世界和平。吾人吁请日本人民表示不再拥护该国军阀陷害彼等之行动,此种行动,实有害于日本之光荣及真正之利益也。"②

世界援华制日大会通过决议案,主张尽力设法援助中国,制止一切援助日本之行动,并一致指责危害世界和平的日本对华侵略行为,要求各国政府对日本停止一切军火及财政上的供给。

在世界援华制日大会上,英国代安基尔爵士提出一重要议案,主张各国同时举行援华排日运动周,并在援华排日运动周内举行抵制日货的游

---

① 彭芳草:《国际反侵略运动的展望》,《抗战》1938 年第 22 期。

② 国际反侵略运动大会中国分会:《世界和平运动大会对日本经济制裁方案》,1938 年编印,第 1—34 页。

行示威;法国代表格鲁姆拔西要求,各国为本身之安全计,应即封锁日本;英国代表格拉斯东代表购货委员会发言,主张各国立即组织抵制日货运动,同时各国人民应签立誓言,表示拒购日货之决心;英国工党议员诺尔倍克认为,世界各国所用之丝90%均来自日本,故各国之妇女应停止购买日本丝货,她并且表示将在英国国会中提议,凡日本输英货物均应标明为日货,便于民众易于分辨;担任世界援华制日大会经济国际抵制委员会主席的越南前总督范连尼提议,各国应组织设立永久技术委员会,筹划抵制日货方法,并提议停止赊货与日本而赊货与中国①。

加拿大代表麦克雷沃德在世界援华制日大会上宣称:"加拿大实乃日本之兵工厂,日本苟无加拿大以军用原料品接济之,即无法开始侵略,且亦无法继续侵略。加拿大所产之铝,售给日本制造飞机者,占总产额71%,铜占79%。"②

1938年2月9日是中国国内掀起的国际反侵略运动宣传周的工农日。在该日,中国工农暨慈善团体代表举行宣传大会并通过了大会提案。中国工农暨慈善团体代表大会的提案中主张致电世界援华制日大会,要求世界援华制日大会严厉制裁侵略的日本帝国主义者,扩大抵制日货运动;大会提案中还主张致电全世界农工及慈善团体,要求全世界农工及慈善团体抵制日货,停止和日本的一切经济关系,停止对日本军火、煤铁、粮食以及关于军用品原料之供给与运输③。

在世界援华制日大会上,中国参会代表顾维钧也发表演说,呼吁抵制日货。他认为,"抵制日货运动,各国倘能普遍实施,则对付日本当系最有效之办法,因此各国对于此项运动,务当有以组织之,而各国人民尤当个别抵制日货","抵制货物办法,乃国际联盟盟约所载各项经济制裁办

---

① 参见中央社:《反侵略大会通过尽力援华案,斥日危害世界和平,各代表一致主张世界抵货》,《申报》1938年2月15日。
② 中央社:《排日助华会议前日开会情形》,《申报》1938年2月14日。
③ 参见中央社:《工农各团体吁请扩大抵货运动》,《申报》1938年2月10日。

法之一,亦即用以制止侵略保障和平者,倘能人人实行,则众志成城,自不难及时发生实效,此与海洋之由无数小河交流而成,其理实同,更就对付侵略国言之,抵制货物运动,在实际上精神上均系重要之举,因包括反对侵略之主义在内,并以直接行动表示此项反对情绪之好处,倘能普遍实施,并维持至相当时日,则必可在经济上予侵略国以打击,日本既为高度工业国,以此项手段对付之,尤为适宜"①。

世界援华制日大会还采纳了世界和平运动大会各专业委员会的下列建议:"各国工会应在各该国法律所许可之范围内实行抵制日货";"各国应设立常设委员会,研究抵制日货运动组织方法";"停止以款项贷与日本,同时应贷款于中国";"各国国会应促使各国政府赞助抵货运动";"由合作社实行抵制日货";"禁止煤油输入日本";"推广个人的抵货运动,妇女购日货如丝织等为数最大,故应在妇女界特别宣传抵制日货";"在中国各地设立情报局,协助中国,以对世界各国从事宣传。"②

世界援华制日大会闭幕后,英国代表团决议"从事挨户劝募运动,以期确保抵制日货之普遍施行"③。在1938年2月16日召开的国际联盟同志会联合会上通过了以下两项决议:"扩大抵制日货运动";"请求国际联盟会员国自动采取一切外交上财政上及经济上之有效方法,制止日本之侵略行动,并使此种共同行动发生效力。同时促请各国际联盟会员国予中国以各种可能之助力,用以加强其抗战力量,并尽力供给粮食及药品,以救济中国难民。"④

世界和平运动大会一直关注着世界抵制日货运动的开展情况。为了促使世界和平运动大会各国分会根据世界援华制日大会加紧对日封锁及

---

① 中央社:《顾大使激昂演说请各国际联盟联合制裁》,《大公报》1938年2月15日。

② 中央社:《国际抵制日货,在华设立情报局协助对世界宣传》,《申报》1938年2月16日。

③ 中央社:《起草决议案推进抵货运动》,《大公报》1938年2月14日。

④ 中央社:《国际联盟同志联合会决扩大抵货运动,请会员国有效的制止侵略,并协助中国加强抗战力量》,《大公报》1938年2月17日。

抵制日货的有关决议案,国际反侵略运动大会中国分会在欧洲的常务代表团特由李石曾向世界和平运动大会总会提出了一份详明的说帖。说帖的内容除了说明为恢复远东和平从速对日封锁及加紧抵制日本商品的必要性之外,还特别将军用品及主要原料、财政封锁和各有效抵制日本商品的办法等详加说明。世界和平运动大会总会将该说帖分别寄给其下属的各理事及各国分会参照办理①。1938 年 7 月 16 日世界和平运动大会致电国际反侵略运动大会中国分会,电文中称世界和平运动大会非常注重救济难民及抵制日货运动②。

世界援华制日大会闭幕后,英法等国民众切实发起了抵制日货运动。英国伦敦市民举行抵制日货运动大会,标语上写着:"拯救中国,即拯救和平!（Save China,Save Peace)",贴出抵制日货的标语③。英国伦敦市民举行抵制日货运动大会的具体情形见图 5-3。

图 5-3　英国伦敦市民举行抵制日货运动大会情形

---

① 参见中央社:《中国反侵略分会向总会提出说帖,请加紧实施对日封锁,并说明抵制日货办法》,《大公报》1938 年 8 月 24 日。

② 参见《国际反侵略运动大会电我国分会》,《国风日报》1938 年 7 月 17 日。

③ 参见《英法抵制日货》,《国际知识》1938 年第 11 期。

通过抵制日货运动,对日军火及原料禁运和金融绝交,使得"日本对外贸易的逆势必形成巨额入超,抵货运动的发展,势必使其对外贸易愈为萎缩,入超更必增大";"日本不可能维持其国内金融的现状,国内的若干轻工业固不能不相继倒闭,使失业者增加,尤其因为主要输出品的生丝滞销,将瓦解了农村经济,已经走到饥饿线上的农民,事实上绝不能再遭这种意外的损失";"只要抵货运动持久而普遍,倭寇国内的社会矛盾日见尖锐,消失了其作战能力,善良的日本人民也许立刻发动政治革命了"①。开展抵制日货、阻止战略物资资敌,从经济上削弱日本侵略者的侵略实力,从而支援了中国抗日战争。

日本资源贫乏,严重依赖进口。抵制日货动摇日本侵略者的经济根基,日本经济状况渐显恶劣之势。抵制日货导致日本输出额减少,其原因有:"各国人士同情中国而排斥日货","各国商人不信任日本商人而停止订货","各国工人反对日本侵略战争而拒运日货","日货价格涨价而转用别国商品"。世界援华制日大会的召开,"广大地区发动援华反日运动以来,排斥日货的风声已经成了一种世界普遍潮流","日货在世界市场上更要碰壁"②。

为世界援华制日大会的筹备和为大会作出援助中国抗战制裁日军侵略决议出力甚多的王礼锡,在其《述国际反侵略会》一文中谈到了世界援华制日大会召开后世界各地抵制日货的效果:"就抵货讲,日本出口货总额在本年(1938年)已较去年(1937年)同一时期减少21%。至本年(1938年)七月较之去年(1937年)同月减少25%。"再就出口国家来看,1938年7月与1937年7月相比较,日本出口到国外的货物:"英属马来半岛减75%,苏联减72%,荷属东印度(印度尼西亚)减62%,比利时与卢森堡减53%,美国减48%,加拿大减28%,法国减20%,英国减19%"③。

---

① 淑美:《国际反侵略大会的成果》,《妇女共鸣》1938年第3期。
② 深圳台盟主编:《宋斐如文集》第4卷,台海出版社2005年版,第1160—1167页。
③ 王礼锡:《述国际反侵略会》,《时代文选》1939年创刊号。

1939 年 1 月 27 日,国际反侵略运动大会中国分会副会长邵力子应重庆市各界纪念"一·二八"暨响应国际反侵略运动大会之邀,在重庆中央广播电台作《国际反侵略运动的意义及其发展》的播音演讲。邵力子在该播音演讲中指出,世界援华制日大会的主要工作就是发动全世界的抵制日货运动。他说:"由于(世界和平运动大会)总会的积极倡导和各国分会的热烈进行,这种运动收到很大的效果,暴日在 1938 年上半年输出额比上年同期减缩了 21%。暴日对外贸易锐减的原因,虽然不尽属于排货运动,但排货运动确是其中最重要的原因。英美等国的朝野人士,也都承认排货运动是对付暴日向外侵略的良好武器,更可见这种运动的意义重大了。"①

1938 年第 16 期《团结周报》发表文章,文中举了世界各地抵制日货的几个例子。如"巴黎民众聚集于裕罗拉百货公司门前,举行反日示威运动,要求该公司即日起停止买卖日货"。"英国曼彻斯特城消费合作运动干部,决议向全国各消费合作社建议在中日战争期间,对一切日货,停止购买。英全国合作社在曼彻斯特开会,吁请各合作社社员在日本侵略中国时,实行抵制日货。""美国各百货公司所订值 100 万元以上的日货,均已取消合同,并决定不再续购。""日本玩具输进美国数量,虽没有大的变动,但购买之人日益减少,以致存货山积,以后输入必受影响无疑。""巴拿马抵制日货,显见有效,前 3 个月日货输入共值 627620 元,现在在最近 3 个月则减少 30 万元。"②

日本侵略者付出了沉痛的代价。1938 年 8 月 29 日,《申报》在其《战后一年之日本》一文写道:"战争发生后,日本下令征调精壮,以充实兵源来华作战,继则征集 40 岁以上 20 岁以下之老弱充任兵役,各洋行商号在业职员亦在征调之列,苟应征稍迟,即目为有意逃避,临以军法。自军兴

---

①　傅学文编:《邵力子文集》下册,中华书局 1985 年版,第 1034 页。

②　《世界抵制日货的几个例子》,《团结周报》1938 年第 16 期。

以来,日本各大城市精壮绝迹,市上往来,触目者皆为妇人、孺子,毫无生气。而一般被驱来华作战之士兵,遭遇中国之坚强抵抗,幸而得归故国者,都为重伤残废之众,此外则为死者之灵魂及骨灰一而已。现目日本工商百业,均由妇女充任,即电车上之售票员,亦悉由妇女任之,由是可知侵华后人力伤亡之重大也"①。

在世界援华制日大会闭幕的次月,美国《今日中国》杂志发表了世界各国抵制日货结果的正式调查。从这个调查可以看出,当时已有21个国家实行抵制日货:"英国抵制日货,有若干团体进行,如中国救济委员会,有若干英国名人参加为中国募款;该会每日均有医药衣服送往中国。印度亦如英国,近并特别有中国周;印度国民大会对抵制日货亦帮助颇力。澳洲与印度工人均拒绝以货物装运日轮。法国近举行推广抵制日货之大会,已超过百余处。特别有力抵制,系法国工人坚决拒绝装运往日本之货物。"②

这些直接的或间接的效果是与世界援华制日大会的号召与宣传分不开的,也使日本侵略势力在经济上感到了威胁。对中国抗战的此种支援,激发了中国抗战意志。从中国方面来看,抵制日货运动不光使中国在精神上获得反日亲华国际舆论的支持,还实现了事实上的国际性对华援助对日制裁。

抵制日货运动正是世界援华制日大会制裁侵略办法的重心。世界援华制日大会决议发起抵制日货运动的影响主要表现在:"国外市场对于日本帝国主义的重要性,假如国外市场因抵货运动之普遍发展而趋于缩小,第一使其国际收支愈为不平衡,现金必然更为外流,终有流馨之一日;第二使其国内轻工业危及扩大,许多大纱厂丝厂等将因存货堆集而倒闭,失业者愈多,其生活也必愈为困难;第三使其国内农村经济更加破产(日

---

①　本港新闻:《战后一年之日本》,《申报》1938年8月29日。

②　塔斯社:《抵货潮二十一国开始实行》,《大公报》1938年3月24日。

本主要输出品为生丝,生丝是农村经济的支柱),饥饿线上的农民,势将陷于不堪生活之境。后两者,不独使日本官僚穷征聚敛,以应军需之无能为力,而且也加深了其社会的矛盾,因而促发其国内的政治革命。"①抵制日货运动使日本百物腾虚,生活艰难,原料缺乏。

日本对外贸易业受到极大影响。根据国际联盟1938年年初发表的统计数字:"日本出口货数量在1937年12月份已减少6%,在1938年1月份已减少17%,迨至2月份前,又减少18%。各国抵制运动,尤以美国收效为大,日本对美输出数量,在1937年12月份已减少20%,在1938年1月份已减少35%,迨至2月份则又减少52%。此外,日货输往亚洲各地者,尤其是输往英属印度、美属夏威夷群岛、菲律宾群岛、荷属东印度者,较之从前亦已减低。"②从1937年7月到1938年7月,在美国民众抵制日本商品的情况下,美国从日本进口的货物由前一年的204000000日元下降到152000000日元,下降幅度达到26%。③

1938年6月,德国《国民经济》杂志在评论中日两国战事对于中国财政的影响时表示:"中国抗战已九个月之久,所需财源,均能自行筹措,其在最近之将来,似亦可应付裕如";而日本对中国的侵略,"经济问题实与军事问题密切相关,日本对外贸易入超日甚,其因对华作战而推行战时经济政策之后,财政已甚困难,截至目前为止,该国各种设施,重在适应目下需要,其对于战事延长后所引起各项问题之解决办法,究无以便利之"④。

抵制日货给日本以严重打击,抵制日货运动已在经济上发生效果,"对日本所制货物暨注有日本制造字样之货物,已发生切实的影响"⑤。

---

① 彭芳草:《国际反侵略运动的展望》,《抗战》1938年第22期。
② 中央社:《抵货运动使敌对外贸易已大减,对美输出减少一半》,《大公报》1938年5月28日。
③ 参见方长明:《中国抗战初期美国教士阶层的援华运动》,《理论月刊》2009年第1期。
④ 中央社:《德报评论中日经济力量》,《大公报》1938年6月6日。
⑤ 中央社:《美抵货运动普遍,各大商店均停购日货,在经济上已发生效果,巴拿马抵货亦有显著影响》,《大公报》1938年3月2日。

根据日本大藏省(日本自明治维新后直到 2000 年期间存在的中央政府财政机关,主管日本财政、金融、税收)发表的自 1938 年 1 月至 12 月 25 日日本对外贸易情形如下:"输出,日本内地 2611162000,朝鲜 166442000,台湾 35034000,合计 2812638000;输入,日本内地 25980533000,朝鲜 129600000,台湾 36432000,合计 2764096000;入超 48542000"[①]。《金融新闻报》指出:"日本经济状况甚为恶劣,原料品已见缺乏,多数工厂或则减少工作,甚或完全停工,进口贸易亦已退缩。中日两国战事愈益持久,日军所有军械愈觉恶劣。此外金融状况亦愈见恶劣,日本黄金运往国外之事,虽曾禁止发表,但日本银行准备金八万万日圆,原来不许动用者,闻已用去一部分,日本当局乃以全力提高全国黄金产额,强迫人民缴出金货,以为救济之计,此种办法,能否收效,颇可怀疑。"[②]抵制日货声势大、范围广,给日本侵略者以较大的政治压力。

对于抵制日货运动的影响,《美国与远东》杂志刊文认为:"此项运动已在经济上发生效果,因而具有相当意义";《纽约商报》认为:"数月以来,抵制日货运动,对日本所制货物暨注有日本制造字样之货物,已发生切实的影响"[③]。

对于世界援华制日大会决议发起抵制日货运动将会造成的影响,国人纷纷发表《全世界反日援华运动的展开》[④]和《援华反日的国际运动》[⑤]等文章、图片和漫画进行阐述与宣传。彭芳草在《国际反侵略运动的展望》一文中认为:"试问日帝国主义一旦到了这样山穷水尽之地,还能够继续其侵略战争麽?我们深信在这个反侵略办法之下,侵略者终遭受着

① 中央社:《日对外贸易入超》,《大公报》1938 年 12 月 29 日。

② 中央社:《敌经济状况已日趋恶劣》,《大公报》1938 年 8 月 26 日。

③ 中央社:《美抵货运动普遍,各大商店均停购日货,在经济上已发生效果,巴拿马抵货亦有显著影响》,《大公报》1938 年 3 月 2 日。

④ 参见郑洪范:《全世界反日援华运动的展开》,《浙江潮》1938 年第 16 期。

⑤ 参见[美]T.Raien:《援华反日的国际运动》,金戈译,《中苏文化杂志》1938 年第 9 期。

不可挽救的严重打击。"①图 5-4 为版画家陈烟桥所作的漫画《当英美各国共同抵制日货的时候》,该漫画描述了世界各地爱好和平的人们发起抵制日货的运动可以加速日本帝国主义的崩溃②。

图 5-4　漫画《当英美各国共同抵制日货的时候》

这些文章、图片、漫画给了中国人民坚定的启示:中华民族神圣抗战的鲜血已经感动着全世界爱好和平反对侵略的人士,同时全世界爱好和平的人民的同情援助又给了中国莫大的鼓励,全世界爱好和平的人民站在中国这一边,日本侵略者是孤立的。同时,这些也展示了中国作为一个抗日大国所起的作用,表明中国抗日战争为世界反法西斯斗争作了动员,中外携手并肩对日作战为夺取抗日战争的胜利营造了有利的国际环境。

①　彭芳草:《国际反侵略运动的展望》,《抗战》1938 年第 22 期。
②　参见陈烟桥:《当英美各国共同抵制日货的时候》,《抗战画报》1937 年第 8 期。

结　语

在中国全民族抗战中,中国共产党既高举抗日民族统一战线的旗帜,又大力推动国际反法西斯统一战线的形成;既积极倡导、努力争取建立国际反法西斯统一战线,又利用国际反法西斯统一战线巩固和发展抗日民族统一战线。中国人民在中国共产党倡导的抗日民族统一战线的旗帜下,打破了日本侵略者迅速灭亡中国的迷梦,有力地支援了盟国的作战,推动国际上反法西斯国家走向联合,促进了国际反法西斯统一战线在战争发展中的最后胜利。这不仅加快了第二次世界大战胜利的步伐,也为第二次世界大战后国际新秩序的建立作出了重要贡献。

中国抗日战争离不开世界各国人民的无私援助。2020年9月3日,习近平总书记在纪念中国人民抗日战争暨世界反法西斯战争胜利75周年座谈会上的讲话中指出:"中国人民抗日战争胜利是中国人民同反法西斯同盟国以及各国人民并肩战斗的伟大胜利。中国人民永远不会忘记,世界上爱好和平与正义的国家和人民、国际组织等各种反法西斯力量对中国人民抗日战争给予的宝贵援助和支持。"①世界上爱好和平的组织和个人声援中国抗战,外国友人亲赴中国投入抗日战争,中国抗日战争融入了世界反法西斯战争的整体格局之中,中国抗日战争形成同世界大国

---

① 习近平:《在纪念中国人民抗日战争暨世界反法西斯战争胜利75周年座谈会上的讲话(2020年9月3日)》,《人民日报》2020年9月4日。

联合抗日的国际新格局。世界援华制日大会的召开及大会所取得的成果就是这种声援的集中体现。

在中国全民族抗战初期,当西方国家政府在援华问题上摇摆迟疑的时候,各国际和平组织的援华运动却十分活跃。在世界援华制日大会召开和中国国内对世界援华制日大会响应的过程中,中国人民认识到世界援华制日大会"一面联合各国民众,加强反侵略运动,维护国际条约尊严,建立集体之安全";"一面巩固国际反侵略运动阵线,对侵略者实施有效之制裁,成全世界真正之和平"①;世界援华制日大会"在精神方面已激励了各国人民热烈的同情,在物质方面也获得了国际广泛的援助"②;世界援华制日大会"给中国政府、前方将士、民众,以无限的鼓励,告诉我们,我们的抗战已获得了全世界的同情"③;世界援华制日大会"不仅在争取国际的更多同情与援助,而且要给敌人以有力的打击"④。中国国内还认识到了世界援华制日大会使国际和平势力制裁日本、援助中国的共识进一步扩大,世界援华制日大会促进了各国援华制日运动的发展,为中国抗战的最后胜利营造了有利的国际环境。

为了响应世界援华制日大会的召开,中国国内发起了声势浩大的响应活动,这是全民族抗战初期中国抗战力量的一次集中动员,正如茅盾当时所看到的那样:"抗战书刊琳琅满目,到处能见到歌咏队、宣传队、演剧队的活动","大规模的群众集会和游行,工人、青年、妇女、学生、儿童都组织起来了"⑤。中国国内对世界援华制日大会的响应活动真正做到了全面动员、全民参与,它寄托着中国人民追求民族解放的伟大理想,扩大

① 中央社:《反侵略运动宣传周举行》,《大公报》1938 年 1 月 30 日。

② 社评:《怎样开展国际援华运动》,《申报》1938 年 12 月 26 日。

③ 于苇:《援助中国的世界反侵略运动》,生活书店 1938 年版,第 54 页。

④ 史枚:《武汉各界成立了拥护国际联盟援华制日运动筹备会》,《全民抗战》(保卫大武汉特刊)1938 年第 7 期。

⑤ 《茅盾全集》编辑委员会:《茅盾全集》第 35 卷,人民文学出版社 1997 年版,第162 页。

了中国国内抗日救亡和争取国际援助的社会基础,积蓄了中国持久抗战的力量。

世界援华制日大会的召开,为中国人民的爱国救亡运动提供了一个与国际和平势力沟通的重要桥梁。中国国内意识到,世界援华制日大会的召开表明国际反侵略运动"由空言而渐趋实际,由空泛运动而渐趋有组织有系统之积极动作"①;认为"同情于我国抗战者已经遍及全球,这个国际间民众的助力是一种最可靠、最伟大的助力"②。中国国内在响应世界援华制日大会之时,也清楚地意识到自力更生与外部援助的关系,认为要在"自力更生的立场上,来争取友邦的同情与援助"③。这些,体现了中国国内对国际援助与中国抗日战争关系的认识有了更深层次的提高,达到了一个新高度。

中国战场是世界反法西斯战争的东方主战场,随着战争的不断进行,中国抗战吸引了国际社会越来越多的关注与帮助。世界援华制日大会的召开,就是这种关注与帮助的生动体现。世界援华制日大会的召开及中国国内对大会的反应,表明世界援华制日大会对中国人思想变动上的影响,无论是在深度还是在广度上,都超过了以往。世界援华制日大会的召开以及中国国内对大会的反应,为中国人民反侵略斗争与世界人民反法西斯斗争作了进一步动员,扩大了中国社会各界对国际援助的认识,唤醒了国际社会特别是国际和平势力对中国抗战的支持,应验了"中国的抗战是世界性的抗战"的判断。

一场抗日战争,就是一场全世界人民大团结、共同打败法西斯的战争。抗日战争的胜利,也是世界人民联合斗争的胜利。在日本侵略者的野蛮侵略下,中国人民遭受了空前未有的蹂躏和苦难,付出了沉重代价。但正如恩格斯所说:"没有哪一次巨大的历史灾难不是以历史的进步为

---

① 吴亮夫:《不要忽视了国际反侵略大会》,《创导半月刊》1938 年第 8 期。
② 张志让:《国际反侵略运动大会与中国抗战》,《全民周刊》1938 年第 9 期。
③ 之东:《只有坚决的抗战才能争取国际的同情》,《浙江潮》1938 年第 11 期。

补偿的。"①这场战争对中华民族精神疆界的拓展、中国国际地位的提高以及第二次世界大战后中外关系的变动都产生了影响，成为中华民族走向伟大复兴的重要枢纽。

早在 1945 年 4 月 24 日毛泽东在中国共产党第七次全国代表大会上所做的政治报告《论联合政府》中就曾指出："中国是全世界参加反法西斯战争的五个最大的国家之一，是在亚洲大陆上反对日本侵略者的主要国家。中国人民不但在抗日战争中起了极大的作用，而且在保障战后世界和平上将起极大的作用，在保障东方和平上则将起决定的作用。"②抗日战争中所展现出的是中国力量、中国精神、中国自尊，是奋进中挺起的民族脊梁，是抵御外辱和救亡图存凝聚起的共同意志，是气壮山河的壮丽史诗。中国人民以自己的浴血奋战，赢得应有的民族尊严和国际地位。我们要用抗战精神凝聚人心，承担起民族复兴的使命。

中国特色社会主义进入新时代，中国将和国际社会一道，维护国际公理和正义，维护胜利成果，促进世界和平发展。历史是最好的教科书，也是最好的清醒剂。以史为镜，方可知所以。"中国人民对战争带来的苦难有着刻骨铭心的记忆，对和平有着孜孜不倦的追求。纵观世界历史，依靠武力对外侵略扩张最终都是要失败的。这是历史规律。中国将坚定不移走和平发展道路，并且希望世界各国共同走和平发展道路，让和平的阳光永远普照人类生活的星球。"③"只有正确认识历史，才能更好开创未来。""血的教训不能忘却。昨天的历史不是今天的人们书写的，但今天的人们不能脱离昨天的历史来把握今天、开创明天。""历史的启迪和教训是人类的共同精神财富。忘记历史就意味着背叛。"④

————————

①　《马克思恩格斯文集》第 10 卷，人民出版社 2009 年版，第 665 页。

②　《毛泽东选集》第三卷，人民出版社 1991 年版，第 1033 页。

③　习近平：《在纪念全民族抗战爆发七十七周年仪式上的讲话》，《人民日报》2014 年 7 月 8 日。

④　习近平：《在纪念中国人民抗日战争暨世界反法西斯战争胜利 70 周年招待会上的讲话》，《人民日报》2015 年 9 月 4 日。

　　中国共产党既是中华民族伟大复兴的有力推动者,也是人类和平正义事业的坚定捍卫者。我们要进一步汲取历史的智慧和力量,团结一心、自强不息,坚持和平发展,实现中华民族伟大复兴的中国梦。当今世界仍很不安宁,人类依然面临诸多难题和挑战,维护世界和平、促进共同发展依然任重道远。打造人类命运共同体,是党的十八大以来,以习近平同志为核心的党中央深刻洞察人类前途命运和时代发展趋势,准确把握中国与世界关系走向提出的重大战略思想。打造人类命运共同体,就是要建立平等相待、互商互谅的伙伴关系,营造公道正义、共建共享的安全格局,谋求开放创新、包容互惠的发展前景,促进和而不同、兼收并蓄的文明交流,构筑尊崇自然、绿色发展的生态体系。打造人类命运共同体的提出和阐发,引领了人类发展进步潮流,推动了世界和平与繁荣实践,具有鲜明的中国特征,是当代中国共产党对世界和平发展、共同繁荣做出的重要贡献。

附 录

附录1 国际反侵略运动大会
中国分会简章①

（本简章于 1938 年 1 月 23 日经国际反侵略运动大会
中国分会通过施行）

一、名称

本会根据国际反侵略运动大会系统,定名为国际反侵略运动大会中国分会。

二、宗旨

本会以在世界和平运动大会拥护国际联盟,遵守盟约,缩减军备及反对侵略战争四大原则之下,团结同胞,反抗侵略,争取中国自由平等,保障世界和平为宗旨。

三、会员

凡赞成本会宗旨,愿为本会会员,不分个人或团体,经会员一人之介绍,得本会常务理事会通过者,均可为本会个人或团体会员。

四、组织

（一）本会设理事会,以理事八十五人至一百五十人组织之,在大会闭幕时负责处理本会一切事宜。理事由大会选举之。

① 中国第二历史档案馆编:《中华民国史档案资料汇编》第 5 辑第 2 编,凤凰出版社 1998 年版,第 499—500 页。

（二）本会理事会推举常务理事十七人至二十三人组织常务理事会，处理一切日常事务。

（三）常务理事会设主席一人，副主席二人，并设总务、宣传、组织、财务四部，每部正副部长各一人，常务理事会及各部细则另订。

（四）本会理事任期一年，常务理事一年，连选得连任。

（五）本会设名誉主席团，以赞成本会主张，资望隆重者组织之。

五、会期

常年大会每年举行一次，理事会每半年举行一次，常务理事每月举行一次，必要时各会部得召集临时会议。

六、会址

暂设汉口。

七、会费

本会个人会员每年应缴纳会费辅币一角，团体会员每年五元。经费遇有不足时，得由常务理事会决定募集之。

八、本会简章经大会通过后发生效力，如有未尽事宜，得由理事会提议得大会同意修改之。

附录2 国际反侵略运动大会中国分会 各地支会简章①

（本简章于 1938 年 10 月 1 日经国际反侵略运动大会
中国分会会长核准施行）

一、名称

支会定名为国际反侵略运动大会中国分会××支会（英文译名为
×× Center of the China Branch of the International Peace Campaign）。
（注：支会应冠以其所在地之地名，如属于广东者，因其会址系在广州，应
称为国际反侵略运动大会中国分会广州支会）

二、宗旨

支会在分会领导之下，以遵照世界和平运动大会："拥护国际联盟，
遵守盟约，缩减军备及反对侵略战争"四大原则，团结同胞，反抗侵略，争
取中国自由平等，保障世界和平为宗旨。

三、统属

支会直接隶属于分会，并须与分会建立密切之联系。

四、会员

凡支会区域内已依法登记并经呈准备案之各社会团体、职业团体，及

---

① 中国第二历史档案馆编：《中华民国史档案资料汇编》第 5 辑第 2 编，凤凰出版社
1998 年版，第 508—510 页。

救亡团体,皆得为支会团体会员。其热心反侵略运动及赞助本分会宗旨之各界人士而不属于上述法团者,若经会员一人之介绍、得常务理事会之通过,得为支会个人会员。

五、组织

支会之组织如下:

甲、会员代表大会:支会以会员代表大会为最高权力机关。由各团体会员之代表及全体个人会员或其代表共同组织之,每年举行一次,但于必要时,得召集临时代表大会。代表之人数及其产生方法,由理事会另定之。

乙、理事会:支会设理事会,于代表大会闭会期间,代行该会职权。由代表大会选举二十五人至四十九人组织之,每两月开会一次,但遇必要时得召集临时会议,会议时以常务理事之主席为主席,理事任期为一年,但连选得连任。

丙、常务理事会:由理事互选七人至十五人为常务理事,代表理事会负责处理一切会务,并指导执行部执行会务,每月开会二次,常务理事会之主席,由常务理事轮流充任之。

丁、执行部:常务理事会之下设执行部,部设主任一人,由常务理事会推选提请分会会长聘任之,根据常务理事会之决议,处理该会一切会务。执行部之下,得视事务之繁简,分设总务、组织、宣传三处,各处得分组办事,处设主任一人、组主任及干事若干人,由执行部主任提请分会会长聘任之,以分别处理各项会务。

戊、各种委员会:支会得应事实上之需要,分设各种委员会,专理各种会务,其委员由常务理事会推定之。

己、名誉理事:除分会之名誉理事在支会地域以内者,均为支会当然名誉理事外,支会得另由会员代表大会聘请地方党政军及各界领袖若干人为名誉理事,与当然名誉理事共同组织名誉理事,为支会之最高指导咨询机关。

六、会员

支会会员之会费应暂照分会简章第七条之规定,个人会员每年应缴纳会费辅币一角,团体会员每年五元,其全部会费收入,得由支会分配之,但须将决算书报告分会备案。

七、经费

支会经费由支会就地设法筹集,但如有特殊情形者,得请由分会辅助之。

八、附则

简章由分会会长核准后施行,如某地支会因特殊情形,有修改之必要时,得呈请分会会长核准修正之。

附录3　国际反侵略运动大会中国分会各地区会简章①

（本简章于 1938 年 10 月 1 日经国际反侵略运动大会中国分会会长核准施行）

一、名称

区会定名为国际反侵略运动大会中国分会××省××区会。（注：区会以县为单位，区会之上冠以该县县名）

二、宗旨

区会以在分会领导，支会系统之下，遵照世界和平运动大会"拥护国际联盟，遵守盟约，缩减军备及反对侵略战争"四大原则，团结同胞，反抗侵略，争取中国自由平等，保障世界和平为宗旨。

三、统属

区会直接隶属于支会，在分会领导之下，进行工作。

四、会员

凡依法登记，并经呈准备案之各社会团体皆得为区会团体会员。其热心反侵略运动及赞助本分会宗旨之各界人士而不属于上述法团者，若经会员一人之介绍，得常务理事会之通过，得为区会个人会员。

---

① 中国第二历史档案馆编：《中华民国史档案资料汇编》第 5 辑第 2 编，凤凰出版社 1998 年版，第 510—511 页。

五、组织

区会之组织如下：

1.会员大会

为区会最高权力机关。如会员过多或事实上不易举行大会时，得改为会员代表大会，每半年开会一次，代表之人数及其产生方法，由理事会决定之。

2.理事会

区会设理事会，由会员大会或代表大会选举七人至十一人组织之，于大会闭会期间，代行该会职权，除必要时外，每两月开会一次，以常务理事会主席为主席，理事任期为一年，但连选得连任。

3.常务理事会

由理事互选三人为常务理事，组织常务理事会，代表理事会分别负责总务、宣传、组织等日常会务，于必要时得设干事若干人襄助工作，常务理事会之主席，由常务理事轮流充任之，每月开会二次。

4.各种委员会

区会得应事实上之需要分设各委员会，专理各种会务，其委员由理事会确定之。

5.名誉理事

除分会、支会之名誉理事在区会地域以内者，均为区会当然名誉理事外，区会得另由会员代表大会聘请地方党政军及各界领袖若干人为名誉理事，与当然名誉理事共同组织名誉理事会，为区会之最高指导咨询机关。

六、会费

区会会员之会费应暂照分会简章第七条之规定："个人会员，每年应缴纳会费辅币一角，团体会员每年五元"，其全部会费收入，得由区会分配之，但须将决算书报告支会转分会备案。

七、经费

区会经费由区会就地设法筹集,但如有特殊情形者,得请由支会或分会辅助之。

八、附则

本简章由分会会长核准后施行,如某地区会因特殊情形,有修改之必要时,得呈请分会会长核准修正之。

附录4 国际反侵略运动大会中国分会告全世界人士书[①]

当今日全中国各地各职业人民之代表在汉口集会,举行国际反侵略运动中国分会之扩大会议之时,我们敬向全世界一切爱好和平爱中国之人类,向一切维护正义之政治家、实业家、宗教家、工人、农人、妇女、军人、知识分子与学生,作紧急之呼吁。因为我们相信,不仅我们和你们同由爱护和平的信念所连结起来,而且我们和你们有不可分离之命运。无论今日或明日,日寇在远东所燃之火,对于你们已经不远。

当我们向你们说话之时,正是中国人民之生命财产,文化事业及机关,妇女与小孩,受日本军阀有意的接续不断的及惨酷的滥加轰击与屠杀之时,而此时之全世界和平动摇,而你们亦均威胁之时。然而无疑的,如日寇之凶残不受制止,则远东之火将立即延烧于中国国境之外。

如你们所知,中国是以最爱和平之民族。而最近五十年来,日本军阀所谓大陆政策,是以毁灭中国国家为其进攻世界根据地为目的。1931年九一八事变以来日本不断以军事进攻中国,一省一省占领中国领土,并以有计划的压力、毒品、走私及间谍,扰害中国,并制造层出不穷之"事件"为进一步军事进攻之借口,一切人类文明与理性所艰苦缔造的庄严的和平条约,首先国际联盟盟约以及九国公约、巴黎公约,均为日本撕为破片。

---

① 《国际反侵略运动大会中国分会告全世界人士书》,《团结周报》1938年第10期。

过去六年间,中国之忍让,之足以增长日寇之凶暴与疯狂。1937年7月7日卢沟桥事变后,日本军阀大举对华进攻。然中国亦统一起来,为保卫国家及盟约尊严而抵抗侵略。今日中国许多领土已为日寇占领,包括中国历史古都之北平,东方国际商场之上海,与中国新都之南京在内。而日本军阀占领之区域,其奸掠烧杀之暴行是"言语道断"的残忍。而每日不仅在前线,即后方之城市、乡村、车站、码头、学校、医院,亦受日机之轰炸。日寇并在占领区域以内用日本浪人及堕落之华人组织傀儡机关。我们虽受日军优势武装之攻击,而全国军民正英勇斗争。朋友们,假使你们之首都及人民为一侵略者所占领和屠杀,你们将如何?无疑你们一定抗战到底。今日全中国已决心抗战到底。因为我们知道对侵略者让步,并不能免于侵略者之进攻。唯有以实力打击侵略者,才能恢复和平。全中国人民痛恨战争,但中国人民被迫以自卫神圣战,以抗战日本之侵略战争。在日本军阀没有完全退出中国领土之前,我们决不停止抵抗。因为不如此,即系对和平背叛。

今日全世界均知道日本之野心,在灭亡全中国。日本一切可耻之谎语,连所谓反共在内,都是借口要来毁灭一有五千年历史与四万万五千万人民之独立爱和平之民族。而全世界亦都明白,日本之领土野心,并不限于中国。日寇所谓尊重中立国权利之谎语,不过嘲弄全世界之理智而已。在今日日寇所占领的中国地区以内,不仅一切列强权益尽被蹂躏,即在非战斗区域之中立国之大使、牧师、商输、军舰、教堂、文化慈善机关,均被屠杀或轰击,日本不仅大声向世界挑战,而实际亦在东西南北太平洋之区域,破坏各中立国之权利。今日日寇侵华同时在侵略你们。而如果今日日寇侵华成功,明日即将以对付中国之方法对付你们。全中国人民今日一致为中国生存而战,同时亦系为世界和平而战,我们可以告诉你们,中国四万万五千万人民都是拥护国际反侵略运动,而且为国际反侵略运动之理想而斗争。我们知道这是我们对于国家的重大责任,也是我们对于和平条约之神圣义务。我们中国之所求者,不过对内自存对外共存而已。

我们感谢全世界人士对我之关切。然谁能对世界四分之一人类之自由或死亡不关心呢？我们是独立奋斗。然我们不是孤立的，孔子告诉我们，"四海之内，皆兄弟也"。我们深信除日本军阀之外，且亦应为吾国之友。我们坚信世界正义一定援助我们，而实际上亦如此。在我们长期艰苦奋斗之中，特别是在你们援助之下，自将很快的看见一自由独立统一之中国为世界和平之有力护卫。

我们敬谢一切爱和平国家及人民对吾人之高贵同情，虽然此种同情亦系君等之神圣义务。我们中国人民正在和平堡垒之前线，吾人之失败与成功，即世界和平之失败与成功，我们誓必完成我们的义务，然亦望全世界都能对和平尽忠。

最近世界和平运动大会将在伦敦举行全世界抵制日货及援助中国之特别会议，此神圣运动给吾人以极大的鼓励，予日本强盗以极大的打击，自不待说。此神圣运动不仅为人类理性一崇高标志，且为人类文明史上一伟大事件。

我们希望一切爱和平者，能普遍的彻底的抵制日货，对日经济绝交，停止对日金融、信用、技术、军火军需原料品等等之援助。朋友，千万勿给一便士于日寇，否则即无异于日寇一炸弹，以屠杀中国无辜之人民！

我们希望，一切爱和平者，督促君等之政治家，在国际联盟盟约、九国公约之原则下，以及人道之原则下，对日实行有效之经济制裁，以打击人类公敌之日本军阀。

我们希望，君等能给与今日在反侵略前线之中国以各种急需的，一切精神的经济的、技术的、军用品的、医药的援助，以及其他可能的援助。我们的力量增强一分，即和平之保障多一分。而中国之难民伤兵妇女儿童亦实在需要你们之援助。你们亦能在国际联盟机构及和平条约原则之下，以有组织的反对侵略的断然联合的行动，以救和平。这个援助不仅为人类之光荣，亦是援助诸君自己。

我们深信和平必胜利，远东土匪之日本军阀必得其应得之惩罚，中国必得解放。然你们与我们愈能早早携手共同努力,则和平之胜利亦必愈快。大家必须合作,制裁日本军阀。这样必能迅速恢复国际之秩序与人类之安宁。我们在和平之旗下握手,并祝和平永远胜利。

附录5　世界和平运动大会联合援华制日说帖[①]

　　世界和平运动大会以此种抵制日本运动有国际组织出面协调使之成为世界运动之必要,决定于1938年2月12日起,在伦敦召集抵制日本协助中国之大会。其议题之一为讨论如何抵制日本之具体方案,为便利与会代表讨论之方便,特由大会秘书厅编就《对于抵制日本之说帖》,题为"救中国即救世界和平",作为将来到会代表讨论之依据。

一、日本侵华之事实

　　1931年9月18日,日本进攻中国,直至全部满洲被其占领,战争始告一结束。日本不愿其对九国公约、国际联盟盟约以及非战公约之义务,而进行其第一次侵略战争,其事实曾由国际联盟所派之李顿调查团加以审查,在其1932年9月4日所发表之报告书中,曾对日本宣判有罪。次年2月,国际联盟大会更无异议通过是项判决。日本既被世界各国及其人民加以申斥,乃日本不惟不遵照国际联盟之决议,反变本加厉,竟申明退出国际联盟,继续进兵以占领热河。自此以后,更压迫中国在冀察建立

---

　　①　郭沫若:《国际形势与抗战前途》,自强出版社1938年版,第71—110页。

变相之藩属政府,藉以增进其在远东侵略之企图。

自东北事变后,日本复增加其在华北之驻兵。日本虽与其他列强同有权利驻兵于北平使馆区之附近,及以平津间指定之区域,但日本所驻之兵数则远超其他各国之人数。1937 年 7 月,日本乃借口其军队与中国驻军之冲突,而向中国政府提出最后之通牒,明白声称日本决心扩大在中国占领之区域,同时东京政府不仅采取紧急之方案,并令在华日侨全数归国。8 月 9 日复有上海事件发生,距日本增加军队及集中军舰 30 艘至上海区域内,尚不及一日,是月 14 日遂以陆海空军同时向中国进攻。日本外相对此事件则谓:"为责任关系,帝国政府曾派少数海军之援军至沪,以为保护侨民之紧急处置。"

此后战争继续进展,而无片刻之停息,日本亦不假任何借口以掩饰其侵略政策矣。所尤堪注意者,在此次战争之任何阶段内,并无宣战之事实。

二、日本侵华之法律观

日本对华侵略实违背国际联盟盟约、非战公约及九国公约。日本现虽退出国际联盟,但对其他两种公约固未声明退出;依据非战公约,日本同意:"排斥借抗争以解决纠纷,并否认战争为国际交往上国家政策之工作"。日本更承认:"无论何种性质及来源之国际争执,仅能用和平方法以求其解决"。而九国公约则规定各缔约国应尊重中国之主权独立,及领土与行政之完整;各缔约国更同意,凡一种时局发生,有关本约之适用问题,并认为有交付讨论之必要,则各有关系之缔约国间应即为充分而无隔阂之交换意见。

同时中国政府则正式向国际联盟行政院提出申诉,其引用之盟约条文则为第十、第十一及第十七条,其条文原文如下:

盟约第十条："国际联盟会员国尊重并保持所有国际联盟各会员国领土之完整，及现有政治上之独立，以防外来侵略之义务。如遇此种侵略或其威胁之危险时，行政院应筹履行此项义务之方法"。

盟约第十一条："（一）兹特声明，凡任何战争或战争之威胁，不论其直接或间接涉及国际联盟任何会员国，皆为有关国际联盟全体会员国之事务，国际联盟应设法挽救，以保持各国间之和平，如遇任何会员国之请求，秘书长应即召集行政院会议。（二）兹再声明，凡有牵动国际关系之任何情势，其足以扰乱国际和平或危及国际和平所恃之良好谅解者，任何国际联盟会员国有权以友谊名义，提请大会或行政院注意。"

盟约第十七条："（一）若一国际联盟会员国与一非国际联盟之会员国，或双方均非国际联盟之会员国间，发生争执时，应邀请非国际联盟会员国之一国或数国，接受国际联盟会员国之义务，依据行政院所认为适当之条件，以解决争议。此项请求如经接受，则盟约第十二条至第十六条之规定，除行政院所认为必要之修正外，应适用之。（二）前项邀请发出后，行政院应即调查争议之情形，并建议其所认为最适当最有效之办法。（三）如被邀请之一国拒绝接受国际联盟会员之义务以解决争议，而向国际联盟之一会员国从事战争，则盟约第十六条之规定，得适用于采取此种行动之国家。（四）如相争之两方于被邀请后均拒绝接受国际联盟会员国之义务，以解决争议，则行政院应筹足以防止战争及解决纠纷之办法，或提出建议。"

中国政府根据上列三条提出申诉，因中国同意目前之纠纷应交国际联盟咨询委员会研究，遂未经行政院提出讨论，请咨询委员会帮中日两国当事国及德奥两国派员参加工作，中国奥国接受此请，日德两国则拒绝参加。

咨询委员会提交国际联盟大会之报告书，对于事件之经过及其法理方面，均有简切之撮要，其结论则称："委员会在研究其所搜集之事实后，不能不认为日本对中国在海陆空三方面之军事行动，乃超过引起此纠纷

事件之一切限度。此种军事行动，绝不能便利或增进日本政治家所认为
其政策所有目标之中日友好合作，亦不能借现有条约或自卫之根据以证
实此行动为合法，反之，日本之行为为实有背于 1922 年 2 月 6 日所签订
九国公约，及 1928 年 8 月 27 日所签订非战公约之条约义务。"委员会建
议大会邀加入九国公约之国际联盟会员国根据该约举行会议，寻求和平
方式以解决此纠纷。国际联盟大会一致通过委员会之报告书，并成立下
列之决议案：

"大会对于中国表示道德上之援助。并建议国际联盟会员国免采取
足以减弱中国抵抗能力，因而增加其在纠纷中困难之任何行动；并应考虑
其个别援助中国能至如何之程度。"

根据咨询委员会之建议加入九国公约之国际联盟各会员国及与远东
有关系之国家，（美国及苏联）于 1937 年 11 月集会于比京。该会曾请日
本派员出席，日本竟拒绝此请，而继续其侵占中国领土之工作。

三、全世界对日本之抗议

全世界大多数平民均希望和平，及深盼国际能有所建树之情绪。在
此次对中日事件所反映之舆论内，可谓表现无遗矣。凡在公共意见能表
现之任何地域内，均对日本违背国际公法加以指责，对于中国人民之痛苦
则表示一致之惊懼，因一般平民较其政府更为明悉，远东和平之再建，实
为将来国际组织所必需，故能以简切而有力之语句，代替外交上之辞令。
彼等斥责日本为侵略者，而主张以行动结束战争；此种反映尤其有力者，
乃各方面之舆论为过去侵略事实所深切感动，均认为目前之问题不能因
政治上之偏见而有所蒙蔽。在 9 月 13 日国际联盟大会尚未通过关于中
日事件之决议案前，反对日本决议之成立，及抵制日货之要求，即已表现
于世界上之各地，此乃民情之具体表现。而世界和平运动大会、国际联盟

同志会世界总会,及全世界青年大会,共同领导运动之结果,更使各地代表各种群众及生活之男女团体运动,纷纷函电其本国外交部长,及国际联盟大会主席,而有所主张,工会、政党、合作社、宗教团体、妇女会社、参战人员团体,以及知识分子,与青年之组合,均感觉对远东悲痛事件不能不表示深切之恐怖,而希望国际联盟与政府能尽其应尽之职责,就所知者,各国此项团体之分子,包容一亿以上之人数。

更其重要者,立即个别抵制日货之行动,可谓已成为几乎举世一致之决定。此乃表示各方民众认为过去数年内容让侵略者任所欲为之国际无政府状态,不能不以行动加以阻止,各方民众已向各政府力请履行其责任,使日本不能购买其所必需之军需品,而对中国则与以物质上之帮助,无论各国政府对此如何决定,民众则已明确表示将不再运售或购买日本之货物,遍布全球之民众集会,及可以代表民众各团体,有如工会、教育合作社等机关之决议,均对此表示毫无疑问之决心。

各重要国际团体中代表此种运动者,计有:(一)国际工会联合会;(二)国际合作社同盟;(三)其他国际劳工组织;(四)各种国际和平会社。凡此组合代表千万之男女,对此认定均有明确坚决之表示。例如国际工会联合会之执行部,代表一千六百万工会会员,即有如下之表示:"在工人所能采取之行动中,执行部则将建议在日本军阀及帝国主义者占领中华民国领土之期间内,抵制一切日货及服役。并在各地域内从事宣传,使政府与全体民众步工人之后尘,而完成其对中国之国际义务。"而此决定后,在短期内即有十四国之总工会,决议抵制日本货物及其服役。更特别指明对目前远东纠纷有适用集体安全原则之急需。而一切重建尊重国际法之办法,并非以日本人民为对象,因其自身亦为其本国军阀之牺牲者。

国际联盟合作社同盟执行部,于1937年12月1日及2日集会时,更一致追认其秘书处致电日本各合作社表示全世界对日本军阀在华行动之愤慨,在是年10月21日以前,已有十五国之合作社总会决议抵制日货。

国际联盟同志会世界总会理事会,于1937年9月12日会议中,亦决议请国际联盟依照盟约采取行动,以阻止侵略行为。以后更对全世界之抵制日货表示赞助。该会之重要分会英国国际联盟同志会,在英国内更积极从事于抵制日货之运动。国际妇女合作基尔特代表一千万之妇女,亦发表紧急之通告,致其会员盼采取行动以拥护集体安全之原则,借以抵制侵略之行为。

各种妇女国际组织之和平裁军委员会,乃十二种国际妇女团体所组织,共有会员约四千五百万人,曾同样催促其会员进行抵制日货之工作。

国际妇女和平自由联盟除督促其在各国之分会,以各种方法促成其政府禁止日货进口外,并劝告其会员不得购买日本货物。

世界青年运动大会之英国及瑞士分会,早已赞成抵制日货之运动,该大会于去年12月12日及13日两日举行第六届理事会时,更通过决议,请其他各国分会采仿英瑞分会之办法,此会之分会遍布各国,其会员总数共有五千万之青年。

就各国内之团体言,赞成抵制日本之重要决定,可分别叙述如下:

澳大利亚——远在去年10月澳洲职工总会理事会(共有会员六十万人)即与各合作社联合从事于抵制日货,并立即禁止军用品至日本之运动,此事深得世界和平运动大会澳洲分会之赞成,此分会在澳洲各邦均有委员会之设立,此外各邦之工会与职工会理事会均对此运动表示同情,福瑞蒙德之码头工人更决定抵制在该地从事捕鲸之日人。

奥国——当世界和平运动执行委员会于去年12月15日在伦敦集会时,奥国基督教工会联合会(代表十六万工人)之秘书马德氏即称:天主教徒应斥责流行世界之侵略战争,并赞成其所代表之团体实行抵制侵略国货物之运动,就12月21日之报告,该国内各合作社正进行抵制日货之运动。

比国——比国工会联合会(代表五十四万五千人)与各合作社联合主张抵制日本之货物。

保加利亚——于去年 10 月 15 日加入世界和平运动大会,有五十公团主张以积极方法反对日本之侵略。

加拿大——10 月 9 日加拿大劳工及职工大会(代表十一万三千会员)决定实行抵制日货,深为各合作社与联邦合作社协会所赞成,加拿大拥护和平与民主政治联盟取得其组成分会之赞成,利用报纸无线电台,及举行集会之方法,进行大规模之抵制日货运动。

捷克斯拉夫——工会联合会(共有会员七十万人)及合作社,现正从事于抵制日货之运动。

丹麦——抵制日货之运动获得全国总工会(共有会员三十八万一千人)及各合作社与社会民主党之赞助。

荷属南洋群岛——据 11 月 5 日之报告,因该地抵制日货运动之结果,由新加坡入口之日货已减少 50%。

埃及——世界和平运动大会埃及分会,由全国公团在亚山达亚、开罗与波赛之分会所组成,一致通过抵制日货,更于去岁 12 月 10 日召集大会以实开始。

芬兰——工会(共有会员三万四千人)与社会民主党已决定实行抵制日货。

法国——世界和平运动大会法国分会委员会乃由下列各团体及政党之代表所组成:

团体计有:(一)参战人员会(会员三百万人);(二)总工会(会员五百万人);(三)合作社(会员三百万人);(四)农会(会员一百五十万户);(五)妇女、文化、宗教及其他经济组织;(六)国际联盟同志会;(七)航空人员之各项组织。

政党计有:(一)激进社会党;(二)社会党;(三)共产党;(四)社会主义与民主同盟;(五)青年民主党。

世界和平运动大会法国分会于去年 10 月初旬曾发表宣言称:"世界和平运动大会法国分会委员会对西塞尔公爵,及各英国公团所提出催促英国政府向外表示愿积极参加中止日本侵略之政策,尤其赞成,与日断绝商务关系之主张,表示赞助与同情,盖其目的直接在维护国际公法,间接即所以维持世界和平。法国分会委员会,更盼法国政府在国际联盟内向此方向进行,并与其他各团体合作,以保障在短期内实行必要之制裁办法。"

去年10月马赛码头工人通知日本邮船株式会社,谓将拒绝运输行将到埠之该公司商轮,法国码头总工会对此举动,表示赞成,并决定在法国各埠抵制日货。

英国——英国人民对此运动之最明显表现,为10月5日在亚柏厅所举行之民众大会,到会者在八千人以上,由康特柏瑞天主教主席,曾在大会宣称:"吾人良心上之呼吁,非他人所能阻止,而良心亦不容吾人沉默,盖沉默将被人解释为默认他人之举动,若抗议而不能发生效力,则已提抗议之国家岂不应采取经济制裁上之任何共同方略或其他办法耶。"

就实际上而言,英国境内各重要团体均决定实行抵制日货,早在去年9月29日英国总工会理事会代表英国总工会及工党发出下列之宣言:"在政府未经国际联盟采取行动前,理事会愿以最强硬之语句盼英国人民不购日货,以表示对日本野蛮主义之厌憎,消费者之抵制,虽甚重要,而其影响亦颇远大,但尚虞不足,因此理事会不能不请政府实行下列诸事:(一)禁止英人售卖军用品或借款与日本;(二)在国际联盟内请其他会员采取同样之行动;(三)请所有国家加入共同抵制日货进口之工作;(四)供给中国以医药品,尤有进者,理事会更盼英国政府邀请美国政府加入此种工作。"

含有同样意义之决议案,亦被工党及总会之年会以无疑义通过,他如全英国各地之合作分社,更一致拒绝售卖日本货物(英国合作运动共有会员七百五十万人,其每年营业总额达二亿二千万镑)。

世界和平运动大会英国分会,乃由一百六十八个公团所组成。对于抵制日货亦积极工作,其执委会决议宣称,"对于国内外私人或团体所从事拒绝购买日货之行动,本会愿表示欢迎,希望与本会合作之各团体出面组织此种抵制日货之运动,借以使英国政府深信舆论对此问题之势力。"

国际联盟同志会与其他和平团体,同时亦采取相似之行动,例如国际联盟同志会于12月7日曾通过类似上引决议性质之议案,其中谓该会深信"抵制日货之运动将扩大,而使英国政府信服舆论对此势力之浩大"。

其他舆论之表现中,吾人尚可列举,南部威尔斯矿工协会(有会员十二万六千人)与中部商贩联合会之宣言,胡尔公司禁止各部适用日货之决定,曼哲斯德劳工理事会向该地各商店请愿赞助抵制日货,工党在特拉法尔加方场所组织之大会而由工党领袖亚特列向一万以上民众主张抵制日货,著作名家在牛津游行手持标语劝人不购日本之玩具,以及伦敦市长募集赈济中国灾民捐款所得之巨数(三星期内共达七万镑)等事,但为篇幅所限,不能详言。

去年12月22日国际运输工会之英国分会与铁路工人同盟会,举行联席会议,极力赞助总工会与工党所决定之抵制日货政策,同月5日南哈姆普吞之码头工人,更拒绝起卸加拿大太平洋公司商船上之日货,且在每箱日货上,书明"此货为南哈姆普吞之码头工人所拒绝"等字,在格拉斯哥,则码头工人拒绝与有任何运载军火至日本嫌疑之轮船工作。

印度——去年9月26日,在印度重要之城市及小乡村均举行游行及会议,以表示印人对华之联系,成为全国之纪念日,次月1日印度国民大会主席更发出告国人书,请一致抵制日货,以帮助华人,在国民大会所能领导之六邦内,抵制日货运动,获官方之赞助,各合作社亦正帮助此运动之进行。

爱尔兰——爱尔兰总工会(有会员二十万零四千人)已宣布抵制日货。

马来半岛——据11月13日之报告,因抵制日货运动之结果,日本运销该半岛之出口货,已减少20%。

墨西哥——工会联合会(有会员七十万人)与各合作社正加紧实行

抵制日货运动。

纽西兰——工会联合会（有会员五万人）正进行组织抵制日货运动，而亚克尔工会已向各产业工会会员，声明拒绝运输日货，10月1日曾有一批碎铁，因而被阻，不能运往日本，各合作社亦参加此项运动。

挪威——工会联合会（有会员二十五万八千人）与合作社，现正组织抵货之运动，世界和平运动挪威分会，对此加以赞助，该会除各工会外，尚有代表其他团体之会员三十二万人，其中包括十二万二千之工党党员，在去年10月，海员即拒绝在运输碎铁至日本之商轮上工作，此等海员，后由公司发给全薪，拨任旅费，送回挪威。

巴拿马——据该国工商部之报告，1937年8月至10月内，因抵制日货运动，日本入口货值，每月减少在十万元以上。

南非洲——两个工会联合会（有会员二万八千人）与各合作社，均已宣布抵制日货，在世界和平运动分会领导下，约翰尼斯堡与德班两地，均举行赞助抵制日货大会，该联邦工党对此运动亦积极参加。

瑞典——去岁10月15日工会联合会（有会员八十万人），工党妇女社会主义者同盟（有会员二万人），社会主义青年，农会（有会员六万人），教职员联合会（有会员二万人）以及其他加入世界和平运动大会各组织，共同发表宣言，其中一段称："日本破坏国际规约，及其在华之残忍行动，使吾人深感不安，不能不劝告每一瑞典人，为表示国际运动之联系，拒绝购买日货，以示对日本行动之反感。"

世界和平运动大会，更在全国内组织民众大会，在瑞京所举行者，更由斯垂克拉主教、吴伦先生及邮政局局长奥思等人主席。

瑞士——工会联合会（会员有二十二万一千人）已决定抵制日货而世界和平运动分会，与国际联盟同志会，更积极进行此种工作。

美国——自去岁10月15日大总统罗斯福在芝加哥演讲，谓大多数之国家，均爱好和平，但"全世界人口90%的生命、保障与自由"竟为破坏，国际法原则之其他10%的人民受威胁，但此爱好和平之90%的人民，自应能求得实行其决心之方法,此言深引起全世界舆论之赞助,而在美国,则分为两派之意见,其一,根据狭隘之中立观念,鼓吹绝对之孤立政策,其他一派,即可以拥护世界和平之大主教协会之宣言为代表,认为"迟早间美国人民必知其不能对国际间之犯法行为表示漠不相关,势必与他国合作,而割分犯罪者与不犯罪者之不同对待行为"。

此种意见,实为以后两个工会联合会与各合作社组织抵制日货大运动之起点,此运动由美国劳工联合会(有会员三百四十四万一千人)于 10 月 13 日大会决定发起,产业工会委员会(有会员三百七十一万八千人)以后继起提倡,前美国国务卿史汀生,对此表示拥护,彼极力主张美国政府,应遵照九国公约而行动,美国人民则应不购买日货。

12 月 19 日,五十余法团与和平团体,通过决议案,要求全体美国人民,抵制日货,而美国外交政策协会主席俾尔,更发出宣言,吁请全世界人民不购买日本之货物,美国女青年会(有会员五十万人)董事会,更劝告其会员,设法使美国政府了解与日本断绝商务关系之必要,在拥护抵制日货运动,拥护世界和平之运动中,天主教协会更发出宣言,其中一段称:"在现代经济互相依赖之情形下,国际社会以断绝与破坏公约国家间之商务关系,而达到其意志,若能与其他遵守公法之国家合作,只须停止供给军用品,在多数之情形下,即可阻止国际上之犯法行为,至于停止所有一切商务关系,乃极端之行动,只能在极少之情形下,有实施之必要"。

拥护民主政治基督教进协社,亦曾劝告所有男女教徒,参加抵制日货之运动,10 月 7 日,美国拥护和平及民主政治联盟,在前美国驻德大使之公子达德领导下,从事扩大之抵货运动,该同盟于 10 月 1 日,在马德森方场公园举行民众大会,到会者凡五万人,一致主张抵制日货,据 10 月 1 日之消息,纽约有二十一家大商店有名之乌尔渥斯百货公司亦在内,因民众之反感,已停止发售日货,在美国劳工联合会秘书长格林于奥海奥州东利物浦所领导之游行示威时,各街市中有不少之日货,在庄严之形式下,概被焚烧以示决心。

南斯拉夫——该国奥林匹克委员会决定若下届世界运动在日本举行时,南斯拉夫决定不派人参加,以表示对日本侵略之反对。

四、世界和平运动大会调整之使命

各地民众愤慨于日本狂暴之侵略行为,被迫而不能不采取较外交方法,更进一步之行动,因普通外交常软弱而延宕,致使侵略者能任所欲为,但民众自动之反感,常缺乏组织之基础,而甚难希望其发生实际上之效力,在过去此种自发之民众运动,仅为个别之表示,虽有表现舆论趋势之宝贵价值,但无较大之结果,若望抵制日货能成为一种潜势力,使日本停止战争,则分散各地之努力与民众之善意,不能不加以调整,而成为普遍全世界之伟大运动,世界和平运动大会既在四十三国成立分会并取得四十个国际团体之加入,自为一种必要之中心机构,以融会各方面抵制日货之努力,而成为一强有力之运动,同时更可以代表千万民众地位,而催促各国政府自身采取必要之办法。

当中日战争起始时,世界和平运动大会之理事会,于9月13日至14日在日内瓦集会,由哥特主席,通过一决议案,其中要求国际联盟"允许中国政府之请求,根据盟约第十七条向日本最后之要求,促其立即遵照盟约之规定,以财政或其他方法帮助中国抵抗侵略者,及取得任何必需之帮助,使阻止侵略行为,使不可缺少之集体行动得以实行"。

在国际联盟大会开会时,世界和平运动大会副会长叶瑞格谒见国际联盟大会会长更将上列诸要求提出,自此以后,世界和平运动大会各国分会更纷纷组织民众反日大会,其数目近来逐渐增多,去年12月16日世界和平运动大会之执行委员会在伦敦集会,在西塞尔主席领导下更一致通过于本年内从事调整抵制日货之运动,为此种运动有严密详尽之组织,故于目前举行世界援华制日大会。

五、中国对日之抵抗

征服中国绝非轻易之工作,此点即日本首相近卫文麿在其新年告民众书中亦充分承认者也,中国最大之帮助为其幅员广大,而其地理上之优势,近来更逐渐增高,消灭一国之武力,甚至毁灭一国之经济组织,而能完成最后之胜利,仅在此两种因素,能决定一国之存在,中国乃一人口众多,幅员辽阔之国家,其四亿五千万之人口中,有85%以农业为生,故城市海口之失陷,绝非足以消灭其战斗能力,实际上言之,中国过去长久之历史中,此种遭遇屡见不一,况日本占领中国之领土,纵假定其平静无事,亦难保障其能获得具有实利之发展。

在编辑本说帖时,中日双方在五方面之战线上从事战斗,日本被迫而不能不防守近于一千五百英里之战线,实际上日本目前所占领之区域,仅限于沿铁路邻近之地带,故每方面之战场均以铁路依据,若中国决心焦土抗战到底,而此项战略似已被中国总参谋部实行,则日本必被迫而从事长期之战争,以中国土地之广大,人民之能吃苦耐劳,更较前统一,侵略者每次所取之新步骤,仅加强此种团结与决心而已,因此军事当局与人民,已融会成为一种保护祖国之单一力量,中国之政府目前不仅代表各大城市,更代表所有之省区。

此次战争更表现在军队中有统一指挥之必要,因此目前各线边各省所派出之军队,均能合作进行战斗,此实为中国对外战争破题之第一遭,而政府与中国共产党之合作,已成为具体事实,以前之红军之改编为国军之第八军矣,多数善战之军官,其中不少过去曾反对政府者,现均分率国军为国效力。

且日本对华侵略之意义,已为不识文字之中国农民所了解,因此全体农民均已奋起抗日,他如学生,教职员以及新闻记者,由难区逃出,更分别回返乡村散布日本残忍蹂躏之消息，而日人本身更藉其飞机，毫无顾忌，至各省偏僻乡村毁坏民房，杀戮平民，使全中国人民均知日人进攻之具体事实，故日本对华侵略已使中国人民一致反抗，日本已为全中国人民之公敌，英孟者斯德报1月3日曾在社论中，谓"日本军阀过去作战，以南京政府为对手，而今后讲和则须以中华全体民族为其对方矣"。

中国与日本之战争，目前已成骑虎之势，若中国接受和谈之条件，等于日本在不受任何约束之军阀统制下难于提出较温和之和谈条款，但日本已逐渐明白中国现有之抵抗能力，实超过其本来之预算，更了解此次战争之继续，将使其在国际与国内观点上均处于困难之地位，因此日本反于最近提出议和条件，虽其条款现尚无接受之可能，固已反映其对战事不安之状矣，至德国出而进行调和之原因，则在使日本减轻其议和条件，使战争从早结束，以保存日本兵力，为将来应付苏联之用，同时更可使中国加入柏林、罗马、东京之轴心，若最后之可能得以实现，则中国将如西班牙而发生"内战"，最后造成日本在中国之绝对优越地位，则西方大民主国家在远东之势力均将一蹶不振。

但以目前中国各领袖及人民之决心而论，此种烦忧绝无实现之可能，但若各民主国家之惰性继续存在而不能有所行动，则最后成将在中国引起一种反感，或将迫中国违反其本身之重大利益，而加入日德意之集团，因此目前美英法苏四国之对远东战争不能有所动作，诚为将来四国本身及中国之一大危机，此不能不加以注意者也。

满洲事件发生，日本进兵占领山海关时，法国政治家赫利欧即谓："就余之观点而言，若满洲事件将来不成为大历史剧中之一新幕使日本将进而获得全中国之统制，最后再造成黄种战胜白种之可能，余将不胜其惊异，时间将证明使国际联盟软弱无能，将产生如何可怕之结果，世界上若无国际联盟或不愿顾及国际联盟将有如何之变动，强权将从公理手中夺回其权威，当全世界觉悟此点时，恐已晚矣。"赫氏此言，在1938年1月，日本末次海军大将发表宣言后读之，更觉其确切。

反之,若日本败北,则可巩固目前在日本侵略下已实现之中国统一,战后中国必将经过一长期之善后阶段,以恢复此次日本之破坏,但中国人民之反感,将继续存在,或将较战事未发生前更有迅速完成一自由统一和平以及繁荣中国之可能。

六、经济制裁能否阻止日本之侵略

经济制裁之目的在剥夺日本从事战争上之必需供给与财政来源,日本在其主要粮食谷米方面大体尚可自给,故禁止粮食出口将无重要效力之可言,同时日本有大规模之工厂能制造多少军需品,若拒绝已造就后之军用品运输至日,其对日之阻碍,亦无甚重大。

但日本之实业与其制造军械之工业,则大部分依赖外国输入之原料,若经济之制裁而能阻止其在原料上之供给,则将产生严重之结果,其制裁之法可分为二,(一)禁止某种重要之货物输入日本,(二)再则抵制日本输出实物之一部或其全部,及拒绝使用日本之商船,则能于相当时间后,使其无外汇以购买外国之货物,兹事体大可分论之。

日本最发达之工业为纺织业,其所雇用之工人在五十万人以上,但其原料除极少数朝鲜出产之棉花外,其余完全依赖外国之输入,同时其毛织业与其发达之橡皮工业全部有赖于外国输入之原料品,人造丝工业内,大部分之木浆亦由外国运入,而钢铁与机器制造业更需向他国购买生熟铁与碎铁,此外,每年更非由外输入大量之石油树胶,与某一部分之金属物不可,每种重要输入原料品之情形可略述如下。

(甲)棉花:就军用品言,棉花为制造炸药之所需,但因其为制造衣装与军服之原料,其重要性更为明显,虽朝鲜可出产一部分之棉花,然日本之生产远不能供给其所需,因此,在过去之若干年中,棉花均占输入品之第一位,1936 年日本输入棉花之总值为八亿五千零五十万元日金,其中

43.8%来自美国,37%输自英属印度,43%由埃及输入,若禁止棉花输日,在初期内日本自可使用其所存蓄之棉花以避免制裁之全部压力,日本似已早作准备,故1937年上半年内棉花之进口特别增高,相信其存储至少较平时准备量多至50%。

(乙)羊毛:日本对羊毛几全无出产之言,整个依赖英国以供给此项原料品,1936年其所输入之羊毛、毛线及毛织物值二亿一千二百五十万元日金中,85%系来自英国,澳大利亚占70.2%,南非洲联邦8.3%,美国仅6%而已。

(丙)石油:石油一项,日本几完全依赖外国输入,其本国出产仅能供给平时需用量10%耳,在1936年内,日本进口之石油与重油总值为一亿七千二百四十万元日金,其中美国占64.3%,荷属南洋群岛25.5%,英属波里奥5.5%。

战时石油之消耗量颇大,据Yokon与Tarin二人之估计,日本若进行大规模之战事,其一年所需之油量约为二百五十万吨之石油,四十万吨之汽油,日本存储之油量外间无从查得,据其新近实行之石油法,规定经办进口之公司须储蓄每年进口量之半数,此外日本海军部当储存大量之石油,若石油制裁能实行,大约六个月或八个月之期间,当可使日本感受重大之阻碍。

(丁)铁:日本铁矿出产即合计朝鲜与满洲出产,亦仅能供给其平时需要量35%,其在1936年所进口之铁矿,块铁与碎铁,共值二亿四千零十万元日金,其中美国约供给33%,英属印度6%,德国5%,以上列之进口量再加入其本国所能产出之最大量,日本于1936年内所出产之铁共为五百五十万吨,与同年德国可出产之一千九百一十万吨比较,仅占四分之一强,在制造军械与其他军用品时,铁为不可少之原料,故其战时之需要量必远超平时之所需,不过在紧急时,可以从旧机械及船舶等器具内熔出热铁,以供给一部分之需用。

(戊)煤:日本出产之煤连同朝鲜、台湾与满洲之产量计算,在1936

年共为五千四百万吨,与同年英德两国比较,英则为二亿三千二百万吨,德则为一亿五千八百万吨,吾人知煤为出产钢铁,燃烧油化学与其他炸药所必需,而运输、电气与替代军事上使用更非煤不可,日本全部及满洲之产量,虽可供给平时大部分之需用量,但在战时则殊不足用,在 1936 年为供给其平时之需要,日本除由中国运入大量之煤外,更由法属安南输入约值一千二百万元日金,煤,约占是年全部煤之进口 23.4%。

(己)橡皮:皮之用途甚多,主要者为关于运输及电气机械事业,日本完全无出产之可言,不能不靠进口品以资用,1936 年日本进口之橡皮共值七千三百万元日金,其中 32.4% 来自英属海峡殖民地,31.4% 来自荷属南洋群岛,2.2% 来自英属印度,一部分之橡皮供给可给与制造品中旧橡皮之改造。

(庚)锰、镁、钨、铜:此等金属物为一般制铜冶金势所必需,日本全无或甚少出产,其锰、镁、钨、铜,尚远不能供给平时需要之半数,此种物品之缺乏,在相当时期将影响其军用品之制造,与制造军用品机械之出产。

(辛)铝:铝为制造飞机与其他轻体重制造品所不能缺少者,日本此项出产极少,故需有铝之大量输入,1936 年铝之进口总值为一千二百万元日金,其中 71.7% 来自加拿大,16.6% 来自瑞士,6.6% 来自挪威,4.1%来自美国。

(壬)铜、锡、锌、镉:日本虽可自身供给大部分平时所需用之铜,但其出产之锡仅占其需用量 50%,锌则为 20%,至于镉之产量,则为数极微,1936 年日本输入铜之总值为三千三百万元,其中加拿大供给 97%,输入锡之总值则为一千五百万元,其中英属海峡殖民地占 58%,输入之锌为一千一百万元,其中加拿大占 34.5%,澳大利亚 31%,美国 18%。

(癸)磷、铅、镍与水银:磷乃用于制造毒气与化学工业,铅乃用于制造枪弹,而其最大之用途则为制造炸药之酸素,水银则主要使用于制造炸药,镍则为制造大炮,战舰,高度硬性之钢,与其他军用品之用,凡此诸物,日本均无大量之出产。

（子）日本输入品供给之特性，日本进口商务之一特性，乃其所需之原料品仅由极少数之国家供给，而在若干之进口原料品上亦只能在此较少数之国家内购买，其中英国操纵30%以上，美国与其属地约为32%，中国（不算满洲与旅大）5.6%，荷兰及其属地4.27%，法国及其属地安南1.45%，此数国家主宰日本之进口货物，约占总额四分之三，而实际上更垄断所有重要军用品原料之供给。

日本对外贸易比较上集中于少数之商品，而其销路亦限于少数之国家，日本之主要出口货物，乃生丝棉织物、真丝及人造丝织物三种而已。

（甲）棉货——1936年日本输出之棉纱、棉毯、毛巾与棉织物，共值五亿三千五百六十万元日金，几占其对外出口贸易总额五分之一。英属印度为日本棉货之最大购买者，其总额至九千三百万元之巨，占全部日本棉货总输出17%。次则为荷属南洋群岛，共向日本购入棉货总值六千一百万元，占日本棉货总输出11%。

（乙）丝与丝织物——生丝、丝织物与丝手巾，为日本第二种最大之输出货物。1936年之输出总值至四亿六千五百万元，占日本全部出口货物总值六分之一强，其最大之主顾为美国，是年美国购进之总值至三亿九千四百万元，占日本丝及丝织物出口总值约85%，其次则为英法及印度。

（丙）人造丝——人造丝织物与人造丝线占日本出口货之第二位，总值为一亿七千八百四十万元，英属印度一地即购买三千五百万元，澳大利亚与荷属南洋群岛则合购三千万元。

（丁）其他出口货物——日本之其他出口货为罐筒食物、手工织品、陶器、菜油、玩具、玻璃用具、帽、灯、珠宝、豆、大豆、茶叶、刷帚、帽缘、薄荷冰、樟脑等物，1936年出口总值为三亿五千五百三十万元，其中美国所购买者占33%，英国15%，印度6%。

分析 1936 年日货之输出,下列各国购进日本输出三分之二,其分配如下表:

英国	26.36%
美国及其属地	24.37%
中国	5.93%
荷兰与荷属南洋群岛	5.38%
法国与安南	1.78%

航业之收入为日本重要收入之一,但在战争继续进展之情形下,因商船用以运输军队及军用品,与其他军事上之用途,航业之收入势必大减,以 1936 年而论,供应日本对外贸易之商船总额数,竟有 41% 属于非日本国籍之船只。而日本商船之总吨数则仅占世界商轮总数 6.4%,若全世界之轮船公司或海员抵制日本,则日本能供其使用之商轮总额值仅有四百二十五万吨而已。

(甲)经费支出——1937 年至 1938 年会计年度之普通预算内,日本陆海军之经费为十四亿四千一百万元日金,再加入陆海军之"特别费"三亿二千万元,共为十七亿三千一百万元。此为目前会计年度由 1937 年 4 月 1 日起至 1938 年 3 月 31 日止之平时陆海军用费。自所谓"对华事件"发生后,又成立二十五亿九千三百万元之特别经费,目前会计年度内日本政府全部经费遂至五十四亿七千五百万元,较前两年会计年度之经费超过二倍以上,较 1931—1932 年会计年度则增加几至四倍。此数更可与 1904—1905 年之日俄战争中日本之军费十五亿零八百万元,及九一八事件后,日本对东北所用之军费七亿元相比较。

(乙)国债之增加——1938 年 3 月,日本势将发行填补国用不足之新公债三十三亿七千一百万元。此数较上年会计年度所计划发行之公债额增多四倍,较 1931—1932 年度所实发之公债额则增加十五倍之多。日本国债之总数在 1926 年为四十九亿九千九百万元,1932 年则增至六十一亿八千八百万元,至 1937 年 7 月则高至一百零五亿七千八百万元。以日本之经济力量与其能担负租税之能力观之,则此项国债额实系太多。本年度吾人又将见日本之国债总额增加约三分之一。若本年度未满以前,国会又将通过任何新公债之发行,则总额之增加,将尚不止此矣。

(丙)国税增加之范围。1936—1937 年会计年度内,税收增高十四亿元,本年度内希望再能增加之数约为一亿元,此数仅能支付本年度支出总额五十四亿七千五百万元中四分之一耳。

(丁)外债——截至 1937 年 3 月底,日本之外债额共为十三亿一千七百万元。其债券于去年 10 月中旬在伦敦之价格,与是年度最高之价格比较,已降低 35%。在日俄战争时,日本在国外五次共发售十亿零七百万金镑之债券,其数约为全部军费 70%。在目前以日本所存黄金之有限,对外贸易入超之增大,再加以抵制日货后,更将降低其获得外汇之可能。若各国更拒绝贷款与日,则其影响之大,将不言而喻矣。至其他经济及财政状况可略述如下:

(甲)对外贸易之入超——在 1937 年 1 月至 7 月内,日本对外贸易之入超不下六亿九千五百万元,几等于 1936 年入超之十倍。是年入超为七千一百万元。

(乙)黄金之输出——因历年来日本对国际收支之出超,在"中国事件"未发生前,日本即须输送大量黄金,以平衡其国际收支。1937 年 1 月至 7 月内,日本输出至世界之黄金净量共值三亿八千九百万元日金之巨。

(丙)黄金存蓄量之降落——在 1937 年 1 月 1 日起至 8 月 14 日,日本之黄金准备额总共减少一亿二千九百万元。8 月底,日本政府遂对所存黄金重新估价,为八亿零一百万元,几较原额高出一倍,但吾人应加注意者,即黄金重新估价后,其准备之黄金额,仅为 1937 年前七个月中,运送黄金净量之两倍。

日本在 1936 年之进口总值，既为二十七亿六千四百万元，若日本之出口贸易再能降低，使其能获得之外汇大减，则其黄金之准备金实能支付平时期内不及两个月之支付。

（丁）物价与生活费之增高——在去年十二个月中，日本之批发物价与零售物价均有迅速之高涨，批发价格指数在 1936 年 8 月为186.7，至 1937 年 8 月则涨至 219.7。在同时时期内，零售价之指数则由 159，涨高至 174。生活用费指数则由 186 增高至 194，而工资则仅增加 1.2。因 1936 年 5 月之工资指数为 80.6，至 1937 年 5 月之工资指数则为 81.8。

多数人士均认为日本之大商家与大企业家，对日本军部所采之侵略政策，表示厌恨，若此种观察正确，则日本一般经济情形之退步，更将增加彼等对军部之反对。此外日本一般农工大众因生活费之增长，工作时间之延长，使其状况早已不堪，则其对战争之继续更为反对矣，依据日本内务省所发表 1936 年之人口统计，日本共有产业工人 5924545 人。其中女工竟有 1775690 人，此外尚虽加入未包括于统计内在各小工场工作之2345000 工人。至依赖农业为生之人数，则约为 33000000 人，工厂中平均工作由十小时至十一小时半。此外尚有超过此数者，一般农人状况，因其农作方法之陈旧，更较工人为恶劣。日本政府目前所采之自给经济办法，更将影响农工大众对战时之痛恨，此事将使军部感受极大之不便。

七、结　语

（甲）拒绝供给日本之军用原料——因日本大部分军用及工业上之原料供给，均依赖外国之输入，以阻碍此种供给为目的之各种办法，必将严重阻碍其对作战之进行。纵吾人承认日本已存储有多量之原料,但其结果亦必如是。

(乙)抵制日本之出口货物及其航业——日本依赖其出口贸易及航业为其真正发展工业之出路,并藉此方能取得外汇以支付其向外国购买之货物。若拒绝其出口货之输入及使用其商轮,则将产生工业紊乱与剥夺其购买必需外汇资源之结果。

因日本主要之出口货物为棉织与生丝,则抵制日货之结果,将使其纺织业脱节,而大大减少其生丝业上之赢利,复因日本农人存储资金有限,丝业不振,则农人养蚕副业收入则损失,势必严重影响其生活。

美国之购买者,或因不能获得适当代替日本之来源,不愿完全拒绝日本丝之进口,但美国苟能增高日本丝之进口税,则大可削减日本丝商所能获得之代价。因进口税似为日本出产者而非美国消费也所负担。于此吾人尤应注意者,拒绝原料出口至日本,则将使参加此制裁运动之各国蒙受损失。但抵制日本之出口货物则可大大抵消此项之损失。

(丙)拒绝贷款与日本——日本对华作战,既须消耗其大量之财源,若能阻止向外获得外债,或其他取得外国信用之机会,则将对日本经济,予以严重之打击。

(丁)一部分国家所能采取之经济及财政制裁——日本获得原料供给之来源及其销售出口货物之市场,既集中于少数之国家,则此少数与远东极有关系之国家。有如美国、英国、法国、安南、荷兰、南洋群岛以及比利时等国。若能协商一种经济及财政上之制裁日本办法,则日本事实上绝无法以向他国展开商务,作为抵抗此种制裁之可能。

(戊)日本舆论与战争——下列各种因素,将使日本对外从事战争,逐渐成为一般日本民众所深恶痛绝:(一)因抵制日货或拒绝日货进口,将使各大工业有破产之虞。而据吾人所知,此次战争并非日本资本家所心愿。(二)因日本工业之脱节,失业工人大为增加。(三)一般生活费用之高涨。

　　（己）其他因素——（一）军费之特别增高；（二）国债之继续加大；（三）对外贸易之大量入超；（四）有限黄金准备金之不断外送等因素，均趋向于倾覆日本经济之机构。

附录6　世界援华制日大会决议案①

　　本大会全体会员对日本暴力侵华深为愤慨。此种暴力侵略，国际联盟会员国与美国及其他国际组织，业已判为违背条约矣。兹更加以严惩检讨，因其不但破坏文明古国在建设中之和平，并危及全世界人士之安全与福利。唯军阀之暴行，有赖各国供给其军用原料及买卖日货。吾人不论有意无意，实负助长侵略之直接责任。故本会号召全世界一切组织尽力作一切援助，制止对日作任何援助。非至日本停止侵略、日军退出华境之日不止。尤须要求各国政府，不与日本合作，停止供给军需，不予以经济便利，减少其购买力；并号召全世界爱好和平之人民及团体，参加此空前伟举，以援助中国，保障世界和平。再本会敬告日本国民，从速表示反对军阀暴行，必如此然后其国家之荣誉与真正利益，始能不受军阀暴行所侵害。

① 《抗战文献：国际反侵略大会决议案》，《时事类编》1938 年第 11 期。

附录7　世界援华制日大会宣言

——制止日本的侵略①

我们来自 21 国与 25 个国际团体的本大会会员,深痛日本加诸中国的残酷攻击——此层已经国际联盟会员国、美洲合众国及全世界国际团体,斥为违反条约——宣言该侵略不独破坏正在努力复兴其古代文明之中国的和平,而且危害各民族之安全与幸福;并且认为日本军阀所发动之攻击,只能藉助于我们各国仍在供给的军用品与购买力才能继续:所以我们对于这种侵略,无论情愿与否,是直接有责任的。

我们拒绝作该罪恶的从犯。

我们因此敦促我们的团体,尽力之所能,援助中国,并停止予日本以供给,直至日本终止其侵略,撤退其军队。尤其是,我们要求我们的政府断绝与日本合作,停止其军事供给,不与以财政便利而削弱其国外购买力。

我们吁请日本人民表示不拥护他们军阀所强迫他们的行动——一种势必损坏日本名誉与真正利益的行动。

我们邀请所有爱好和平人士与团体参加此伟大公正的奋斗,救中国,保卫世界和平。

---

① 国际反侵略运动大会中国分会:《国际反侵略运动伦敦大会宣言——制止日本的侵略》,《国际反侵略运动伦敦大会各国代表演讲实录》,1938 年编印,"扉页"第 2—3 页。

附录8　世界援华制日大会各小组委员会决议案①

工会委员会决议案

一、本委员会一致宣言,对于国际反侵略运动大会所采之措施,表示赞成。

二、参加此次国际反侵略运动大会之工会代表,宣布彼等当尽力应用种种方法,援助在日本帝国主义侵略下之中国。彼等虽无权强使"世界总工会"肩负某种责任,但彼等建议应以种种方法,抵制日货之输入及输出,并设法拒绝制造、运输日本输出及输入之军需品及其他一切货物。

此种抵货运动,国际工会联合会早有建议,英法澳洲印度等处码头工人并已拒绝装卸日本输出或输入之货品矣。

国际工会联合会之决定,无论其为何种运动,吾人俱当遵从,是以吾人深望国际反侵略大会对于抵制日货一事,组织大规模之宣传,以动员全世界之舆论,庶各界人士能步国际工会联合会之后,从事抵制日货。

国际反侵略运动大会所作大规模之宣传,可依下列诸方策行之,如此则工会方面能尽其重要之助力:(一)登记各项组织中赞助抵货运动

---

① 谷溪:《国际反侵略会怎样援助我们?》,《时事月报》1938 年第 6 期。

之人员,使彼等成为抵制日货运动之积极分子;(二)分别向该政府投递函件及明信片,请其采取有效行动;(三)促成一种有千万人士签名之请愿书;(四)促成工会及其他报章杂志长期揭露反侵略运动及经济抵制运动之工作;(五)在工会及其他可供利用之建筑物内,设法陈列经济抵制之标语,并邀请一切赞助此项运动之人士,在其私宅内采取同样办法。

消费者委员会决议案

本委员会主席系国际联盟同志会世界总会会长罗林。消费者委员会深觉消费者抵制日货之运动,必须立即加以组织,不可延迟,其理由有如下述:

一、国际间普遍抵制日货之运动,能发生直接效果,足以削减日本之购买力。

二、此种抵制日货之运动,能影响各国政府,即促成各国政府以官方力量抵制日货或禁止日货入口。

三、此项抵货运动,实给予各国民众以一良好之机会,使彼等得以充分表示对于集体行动之希望。与夫拥护法律之热忱,欲谋此项抵货运动之顺利进行,参加国际反侵略大会之各国代表,务须分别在其本国国内尽力组织进行,并力求其适合各国情形,其尤须注意者,有下列诸点:

(一)A.调查并制造各种统计表格,指示日货输入各国之情形,并示以辨别日货之方法。B.请求当局制定法律,严令各国输入之货品,必须注明原来出产处所,以杜冒充蒙混之弊。(二)印刷多种宣传小册传单等,分发各种消费者,劝告彼等勿购日货。(三)将各小商号、公司拒绝售卖日货者,制成名单,印刷后散发各界,俾众周知。(四)向各国妇女界或妇女团体特别提出呼吁,劝告彼等勿购日货。(五)此外,为适应各国之国情起见,亦可分别采取其他各种方法,当进行之时,得互相交换情报,以供参考。

宗教伦理委员会决议案

绪言

宗教伦理委员会对于抵制日货问题,加以考虑,深信此举足以表示吾人对日本侵略蹂躏中国之重大罪恶,不愿参与而为共谋犯之意。

以纯粹基督教之立场而言,抵制日货,并非自私或故意引起仇恨之举动,反之,其目的,其精神,可表示基督教徒对于中日情势所取之态度,此乃对宗教界人士之呼吁,盖此举实为任何人能力所可达到者。纵使经济上时或不免遭受损失,然努力向前,具体目的终有达到之一日。

同时,本委员会甚望此种抵制日货之运动,不仅在私人团体间实行,更应扩大而为国家的和国际的运动,各国政府俱应尽力不扶助战事之进行。另一方面,更进而采取种种财政上经济上之方法,以削减日本在华行凶作恶之能力。

本委员会希望大会将上列所述诸端,设法告知各国,庶各国人民俱能了解抵货之意义。同时,本委员会深信应引用各种方法,表明抵制日货之精神与目的,并非对于日本人民有何深仇宿怨,而仅系对于侵略战争之反对,与夫对于世界和平之努力而已。

决议一

(一)务当尽力扩大并支持消费者抵制日货之运动。

(二)自舆论上宣传,使各国政府了解抵制日货运动为大规模与日本不合作运动之一部分,务须致力进行。

（三）尽力劝告一般居心良善而无种族或宗教上特殊成见之人民，使彼等在抵制日货之运动中，克尽其各个人之责任。

（四）务须表明此种抵制日货运动，并非反对或仇恨日本之一般人民，反之，就事实而言，实为援助彼等之最佳方法。

（五）举行此种抵货运动时，必有一部分人士蒙受不良之影响而致失业，关于此辈失业者，凡属参加抵货运动之人士，俱应设法负责救济之。

决议二

各教堂代表，宜加以组织，以与各地教堂之主持者从事接洽，请求彼等专门举行一"中国礼拜日"，如此，即可为各教堂抵货运动之发轫。

决议三

参加本委员会者，有甚多之宗教团体，此等宗教团体中，在中日俱各有其教友。是以吾人首愿声明，吾人对于增进各国教友间情谊之责任，固未尝疏忽，然而拥护正义及遵守国际间义务之责任，亦不容忽视者也。

夫应用经济方法，即抵制日货之举，于实行之时，固不免遭受痛苦与损失，然吾人深信，吾人必须忍受少许之痛苦与损失，即可减低现时中日双方所遭受之无限痛楚。并可使此种不幸之战争状态早日结束，盖此种不幸之情势，实为全世界各国人士所痛心者，而本委员会之设，其目的乃在增固世界各民族之友情，及推广上帝之天国也。

援华委员会决议案

建议援华委员会向大会提出下列关于合作方法之建议：

一、交换各种宣传小册、幻灯片、传单，用以募集款项。

二、关于各种有效之募款方法，应交换情报。

三、筹组各种"国际日",各抱有某种确定之目标,例如:为诸遥远之省份受空袭而筹医院等等。

四、向各国红十字会建议:请求彼等立即在医药上援助中国。

五、如国际反侵略大会及参加该会之各团体加入国际调查委员会,则上述各种方法之实行,当大见轻易。国际调查委员会目下正在着手进行组织之中,其目的乃在各种情报与运动之调查;庶对于援华物品之募集与散发能力力求其圆满进行。据闻此项国际调查委员会当仅就人道主义范围内之工作致力,至于其他各项工作则听由参加该委员会之其他团体担任之。

宣传委员会决议案

关于如何获得最完善之办法,以说服成千成万之人士参加经济抵制运动,此项问题可分为下列三大要点加以讨论,则最为便利:

一、宣传材料;

二、宣传方法;

三、宣传媒介——标语、传单、小册、报纸、集会、影片、广播。

兹先论第一点:即何种动机及理由最为重要。其中首须着重者,即社会上各种份子,对于种种惊人之罪恶及恐怖行为,应负责任。任何人购买日货,即不啻将杀人利器供给刽子手,以屠杀无数之男女老幼。大多数人士本已深感此种恐怖,但同时亦感自身无能为力,于是对于彼等所无法消弭之惨痛状态,竟掩耳不加闻问。经济抵制即系男女老幼中之每一份子均能从事之一种行动。任何人不采此项行动,则此人必须分担犯罪之责任。在此种道德呼吁之外,尚可纵私人利害方面作有力之提示,即任何人倘对他人所受之侵略拒绝予以阻遏,则最后此人本身亦必遭受此种侵略之灾害。

从事经济抵制运动之每一份子,对于如何答复某几种反对方面之理由,必须非常熟练。反对之理由主要者如下:

(一)经济抵制足以陷日本人民于饥馁。

(二)造成本国内失业问题。

(三)使拒运日货之码头工人、运输工人,以及国内因极度穷困迫而购买廉价日货之穷人均增加格外之负担。

合作社委员会决议案

一、合作社委员会坚决敦促全体合作社社员,拒绝购买日货,本委员会对于各地合作组织之已经设法防止购买及储存日货者表示赞成,并请其他一切合作组织仿效此种行动。但本委员会深信必须一切私人商业经济组织及一切消费者共同采用抵制之办法,然后始可收得实际效果。合作社委员会吁请一切消费者,尤其吁请加入国际反侵略运动之份子,只在采取上述办法之合作社中购买货物。

二、本委员会敦促一切合作社使用最新教育意义之办法,说明普遍施行抵制之价值,使一般人明了此种办法系抗议日本侵略行动,及拥护每一民族在本国领土内应有享受和平生活之不可侵犯权。

三、本委员会敦促一切合作社,在其国内及国际上曾组织中造成一致之行动,停止供给及购买日货为合作社消费之用。

四、各合作社社员及各种组织,应运用全力促成其本国政府采取下列行动:A. 禁止国民输入及输出一切日本货物原料及资本;B. 供给中国以国际联盟盟约内所规定之一切可能援助,俾中国得以保卫其自身之权利;C. 对于各种国际组织(诸如国际合作社同盟、国际联盟、国际反侵略运动大会及其他同性质之团体)以共同力量,促成此次战争终止之运动,应以全力拥护之。

议会委员会决议案

议会委员会赞成以个别抵制办法,对各国政府表示舆论之力量,使其了然于全球人民对于中国无辜遭受酷惨之侵略同感忿激。

但议会委员会认为阻止日本侵略之唯一办法,厥为以政府力量,绝对禁止运输货物及贷款于日本。本委员会并认为凡决心拥护国际法规之政府,实有立即采用此项办法之义务。

各国之议员决定在各该议会内,以不断之努力,鼓励此项政策之实现,并将竭力号召广大之选民,作彼等后盾。尤有进者,各国议员决定对于日本所扶持之任何傀儡政府,反对作法理或事实上之承认,对于任何压迫中国接受之解决办法,有违中国领土完整及主权者,亦拒绝予以承认。

技术委员会决议案

一、本委员会自统计数字中考察日本之进出口货物及其财政上之需要后,认为大英帝国、美国、荷属东印度、法国、苏联能以经济抵制方法,阻止日本侵略之成功,实为不可争辩之事实。吾人深信,若上述诸国一致行动,拒运军需品赴日,不与日本以财政上之便利,不购日货,则必能压迫日本,使之屈服,而于诸国本身,并无严重之危险,此种情形,足以表明一般人民实能采取有限方法,以保卫和平。吾人以为如诸国对于侵略国加以援助,则在道德上为残忍行为,在政治上为自杀行为。自谨慎观点而言,对于美国前国务卿史汀生先生所谓"吾人参加屠杀"之举,实应中止。

二、私人之抵制,吾人建议一种私人之抵制日货运动,即吾人拒购买自日本运来之原料及制造品,此种抵制运动,削减日本国外资财,自能减小其购买军需品之能力。(英国国际联盟同志会及援华委员会曾编印日本输入大英帝国主要货品一览表,颇堪注意。吾人甚望国际反侵略运动大会能为每一国家分别编制此种一览表)。

三、私人之停止通商,吾人建议以私人之行动,禁止军用品输往日本,包含卡车、汽车及一切军需品,如铁、铜、镍和其他各种金属物、棉花,尤以石油及其制造物最为重要。

对于上述各项理由,有一简单之答复,即战事倘继续延长,则全球人类无论其为日本人、中国人、欧美人,其全体所蒙受之灾难,必较经济抵制所生之暂时负担超出千万倍。如有人认为单纯之个人行动在经济上不能发生效力,其答复亦极简单,经济抵制如能使侵略者原有之困难更能增加稍许,则其结果纵令不能圆满,亦足以阻止侵略,且各个份子之私人行动如能相当普及,殊可以压迫政府采取行动。吾人须知促成政府行动,(尤其是断绝商业往来)乃私人施行经济抵制主要目的之一,此层极为重要。再者经济抵制并非仇视日本人民,反之,此种运动之目的,系使日本人民与其他国家之人民同获拯救,关于此点,亦须予以着重。

关于第二点,即如何表达各种理由一事,宣传部分与技术部分应有密切之合作,技术部分依照各种群众之需要,分别编制统计方面之数字,拒绝运货之新闻,有关战争之事实,以及其他种种材料。本委员会认为中国政府对于供给材料地位最为便利,尤以发表新闻为然。因此本委员会敦促中国政府设立一与西班牙通讯社相仿佛之中央通讯机关,并敦促中国政府派遣特别代表团,前往施行经济抵制之各国。至于如何促进一种机构,使其仿效英国伦敦韩森街 90 号之普通新闻社之办法,分发名作家在报章杂志上所发表之论著,此事亦有相当之重要。拒运日货之新闻,以及工人甚至甘愿因经济抵制而受牺牲之新闻,各团体赞助此种拒运之决议,凡此皆系最宝贵之宣传材料,一切有关中国救济工作之新闻,亦作同样之利用。技术部分应供给材料,提出阻止对日援助金融之最善办法,并须时时说明日本之信用,将愈趋低落,在战争中投资者,将来必至损失其资财。

法国方面建议,全球各施行经济抵制之国家,应编制一种统一之标语,由全球爱好和平之城镇,在同一时间内,张贴于各墙壁上,以作同样之呼吁,此项标语,并可贴于广告板上,由男女广告员负于身上,在各种售卖日货之店铺门外游行,其意义应与罢工时之纠察员相似,上述二项宣传方法,如能与普及全球之"援华周"相呼应,其效力必更大,国际反侵略运动英国分会正筹备于二月十九日至二十七日举行该项"援华周",即请各方予以注意。关于挨户宣传时应使用何种传单小册及其他印刷物,此事须请宣传家襄助,现时国际反侵略运动大会中设有此种专门组织,可供各方接洽。

全体从事宣传工作者,应特别尽力设法熟谙已有之各种材料,若干方面均备用各种小册及标语,地点在纽约洛克菲勒中心(Rockefller Center)所出之材料,本委员会认为各种报纸亦可印一参加经济抵制运动之广告券。

在讨论宣传方法时,宣传之基本政策虽不在讨论范围之内,但本委员会深盼常务委员会能发表一种有关政策之声明,即希望政府断绝对日之商业关系。吾人深觉有一共同顾虑之点,其意义非常重要,即宣传工作如不能大规模进行,则其结果或至收害多而收利少,此次之规模必须与1935年英国举行和平投票时相等而后可。

国际联盟同志会世界总会决议案

国际联盟同志会世界总会之理事会于 1938 年 2 月 14 日在伦敦开会,作如下之决议:

一、关于援华者,本理事会将日本企图征服中国一事,由法律、道德、政治、经济等方面研究,认为此事对于世界其他各国殊为一种严重之威胁。

在国际联盟及美国一致斥责日本之侵略行为以后,而比京之九国公约会议竟未能采取一种共同行动,以制止此项侵略,本理事会深引为憾。

本理事会认为此种损失实代表某数国家缺乏国际间有连带关系之观念,以致使世界文明陷于危机。

本理事会吁请国际联盟各会员国,分别发表声明,表示其愿以外交、财政、经济等项方法(例如断绝商业关系)以制止日本之侵略,并互相担保以共同行动促成上述各项方法发生效力。

本理事会要求国际联盟各会员国之政府,应立即依照国际联盟之决议,予中国以各种可能之援助,以加强其抵抗力量,并供给粮食及药品,以救济中国之难民。

二、关于对日经济抵制者,本理事会对于某数国之国际联盟同志会及世界上其他某数团体之发起拒绝购买日货,深表赞同。

本理事会深信,拒买日货运动,终能扩大,使各国政府重视全球舆论之力量。本理事会敦请各国国际联盟同志会积极参加此种运动,并请总会秘书处尽力予以一切可能之合作。

主要参考文献

［英］华尔脱斯:《国际联盟史》,汉敖、宁京、封振声译,商务印书馆1964年版。

［英］约翰·惠勒·贝内特:《慕尼黑——悲剧的序幕》,林书武等译,北京出版社1978年版。

中共中央书记处:《六大以来》上,人民出版社1980年版。

［美］舍伍德:《罗斯福与霍普金斯——二次大战时期白宫实录》下册,福建师范大学外语系译,商务印书馆1980年版。

秦孝仪:《中华民国重要史料初编(对日抗战时期)》第3编,中国国民党中央党史会1981年编印。

中共四川省委党史工作委员会:《中共四川地方党史大事年表》,四川人民出版社1985年版。

傅学文:《邵力子文集》下册,中华书局1985年版。

中共中央党校科研办公室:《卢沟桥事变和平津抗战》,1986年编印。

中央档案馆、广东省档案馆:《广东革命历史文件汇集(1937—1940)》,1987年编印。

全国政协文史资料研究委员会、中国国民党革命委员会中央宣传部:《于右任文选》,中国文史出版社1987年版。

彭明:《中国现代史资料选辑 第五册(1937—1945)》上,中国人民大学出版社1989年版。

高平叔:《蔡元培全集》第7卷,中华书局1989年版。

Arthur Clegg, *Aid China, 1937-1949: a Memoir of a Forgotten Campaign*, New World Press Ltd., 1989.

［美］迈克尔·曼德尔鲍姆：《国家的命运：19 世纪和 20 世纪对国家安全的追求》，军事科学院外国军事研究部译，军事科学出版社 1990 年版。

熊华源、陈扬勇：《董必武年谱》，中共党史出版社 1991 年版。

黄慰慈、许肖生：《华侨对祖国抗战的贡献》，广东人民出版社 1991 年版。

《毛泽东选集》，人民出版社 1991 年版。

肖效钦、钟兴锦：《抗日战争文化史（1937—1945）》，中共党史出版社 1992 年版。

中共四川省委党史研究室、中共重庆市委党史研究室、四川省中共党史学会：《南方局党史研究论文集》，重庆出版社 1993 年版。

周文琪、褚良如：《特殊而复杂的课题：共产国际、苏联和中国共产党关系编年史（1919—1991）》，湖北人民出版社 1993 年版。

王秀鑫、郭德宏：《中华民族抗日战争史（1931—1945）》，中共党史出版社、浙江科学技术出版社 1995 年版。

孔庆榕：《碧血烽火铸国魂：中华民族凝聚力与抗日战争》，广东人民出版社 1995 年版。

顾一群等：《王礼锡传》，四川大学出版社 1995 年版。

陶文钊、杨奎松、王建朗：《抗日战争时期中国对外关系》，中共党史出版社 1995 年版。

陈志奇：《中华民国外交史料汇编》，渤海堂文化事业有限公司 1996 年版。

刘大年：《中国复兴枢纽——抗日战争的八年》，北京出版社 1997 年再版。

张中云：《国际共产主义运动史》，中共中央党校出版社 1997 年第 2 版。

《茅盾全集》编辑委员会：《茅盾全集》第 35 卷，人民文学出版社 1997 年版。

［德］罗梅君：《政治与科学之间的历史编纂——30 和 40 年代中国马克思主义历史学的形成》，孙立新译，山东教育出版社 1997 年版。

刘文耀、杨世元：《吴玉章年谱》，四川人民出版社 1998 年版。

欧阳哲生：《胡适文集》（一），北京大学出版社 1998 年版。

中国第二历史档案馆：《中华民国史档案资料汇编》第 5 辑第 2 编，凤凰出版社 1998 年版。

沈庆林：《中国抗战时期的国际援助》，上海人民出版社 2000 年版。

贵州省档案馆：《民国贵州省政府委员会会议辑要》下，贵州人民出版社 2000 年版。

金光耀:《顾维钧与中国外交》,上海古籍出版社 2001 年版。

臧克家:《臧克家全集》第 1 卷,时代文艺出版社 2002 年版。

王士杈、王世欣:《爱国女作家陆晶清传》,江西人民出版社 2002 年版。

[美]哈罗德·D.拉斯韦尔:《世界大战中的宣传技巧》,张洁、田青译,中国人民大学出版社 2003 年版。

沙东迅:《广东抗日战争纪事》,广州出版社 2004 年版。

陶文钊:《中美关系史(1911—2000)》,上海人民出版社 2004 年版。

张宪文等:《中华民国史》第 3 卷,南京大学出版社 2005 年版。

胡德坤、韩永利:《中国抗战与世界反法西斯战争》,社会科学文献出版社 2005 年版。

杨青、王旸:《近十年来抗日战争史研究述评选编(1995—2004)》,中共党史出版社 2005 年版。

汪熙等:《150 年中美关系史论著目录(1823—1990)》,复旦大学出版社 2005 年版。

中共中央党史研究室:《中流砥柱——中国共产党与全民族抗日战争》中册,中共党史出版社 2005 年版。

张海鹏:《中国近代史论著目录(1979—2000)》,上海人民出版社 2005 年版。

沙健孙:《中国共产党史稿(1921—1949)》第 4 卷,中央文献出版社 2006 年版。

《董必武传》撰写组:《董必武传(1886—1975)》上卷,中央文献出版社 2006 年版。

顾维钧:《顾维钧外交演讲集》,上海辞书出版社 2006 年版。

王建朗、栾景河:《近代中国、东亚与世界》上卷,社会科学文献出版社 2008 年版。

朱贵生、王振德、张椿年等:《第二次世界大战史》,人民出版社 2008 年版。

王建朗、曾景忠:《中国近代通史》第 9 卷,江苏人民出版社 2009 年版。

《马克思恩格斯文集》第 10 卷,人民出版社 2009 年版。

胡德坤:《反法西斯战争时期的中国与世界研究》,武汉大学出版社 2010 年版。

安树芬、彭诗琅:《中华教育通史》第 10 卷,京华出版社 2010 年版。

中共中央文献研究室、中央档案馆:《建党以来重要文献选编(1921—1949)》,中央文献出版社 2011 年版。

罗玉明:《湖南抗日救亡运动史料》,湖南人民出版社 2011 年版。

《钱之光传》编写组:《钱之光传》,中共党史出版社 2011 年版。

贾培基:《陶行知》,重庆出版社 2011 年版。

蔡鸿源、徐友春:《民国会社党派大辞典》,黄山书社 2012 年版。

中国人民抗日战争纪念馆:《抗战时期苏联援华史论》,社会科学文献出版社 2013 年版。

雷志松:《中国共产党国耻教育史研究》,中共中央党校出版社 2014 年版。

[英]拉纳米特:《中国,被遗忘的盟友:西方人眼中的抗日战争全史》,蒋永强、陈逾前、陈心心译,新世界出版社 2015 年版。

中国人民抗日战争纪念馆:《伟大贡献:中国与世界反法西斯战争》,外文出版社 2015 年版。

中共中央党史研究室、中国社会科学院、中国人民解放军军事科学院:《纪念中国人民抗日战争暨世界反法西斯战争胜利 70 周年国际学术研讨会论文集》,中共党史出版社 2015 年版。

郑曦原:《浴火重生:〈纽约时报〉中国抗战观察记(1937—1945)》,当代中国出版社 2016 年版。

中共中央党史研究室:《反对历史虚无主义》,中共党史出版社 2017 年版。

中国社会科学院近代史研究所、中国抗日战争史学会:《抗日战争史料丛编》第四辑,国家图书馆出版社 2018 年版。

步平、王建朗:《中国抗日战争史》,社会科学文献出版社 2019 年版。

卫曾:《"七·七"事变后的一次世界正义之举:援华反日国际反侵略大会》,《外国史知识》1982 年第 9 期。

张一平:《三十年代世界和平运动初探》,《世界历史》1990 年第 2 期。

本埠消息:《国际反侵略运动大会中国分会成立》,《武汉文史资料》1998 年第 3 期。

王建朗:《抗日战争时期中外关系研究述评》,《抗日战争研究》1999 年第 3 期。

隋淑英:《1937—1941 年的美国对华政策》,《齐鲁学刊》2000 年第 3 期。

刘波:《抗日战争时期的国际援助》,《纵横》2000 年第 8 期。

陈谦平:《近十年来抗日战争时期国民政府对外关系研究述评》,《抗日战争研究》2002 年第 2 期。

汤重南:《中国抗战与世界反法西斯战争的相互支援与互动》,《纪念中国抗日战争暨世界反法西斯战争胜利六十周年》2005年第7期。

侯志平:《抗战救亡中的中国世界语者》,《纵横》2007年第8期。

韩永利、张愿:《中国抗战与世界反法西斯战争格局的形成》,《武汉大学学报》(人文科学版)2008年第4期。

韩永利、方长明:《论抗战初期英美民众援华制日运动》,《民国档案》2009年第1期。

方长明:《中国抗战初期美国教士阶层的援华运动》,《理论月刊》2009年第1期。

张瑞静:《抗日战争时期美国对华政策的调整》,《中国矿业大学学报》(社会科学版)2010年第3期。

傅敏:《第二次近卫声明的发表与英国远东政策的调整》,《安庆师范学院学报》(社会科学版)2010年第4期。

李玉贞:《抗战时期的蒋介石与斯大林》,《社会科学研究》2010年第5期。

朱蓉蓉:《半官方社团与战时民间外交》,《江苏社会科学》2011年第5期。

田涛:《欧美和平运动与近代中国》,《天津师范大学学报》(社会科学版)2011年第4期。

韩永利:《二战时美国对中国抗战地位的认知轨迹考察》,《武汉大学学报》(人文科学版)2012年第1期。

熊斌、但唐军:《抗战时期中国国民外交协会述略》,《重庆师范大学学报》(哲学社会科学版)2013年第3期。

王立新、王睿恒:《"积极和平":美国的和平运动与一战后国际秩序的构建》,《社会科学战线》2013年第8期。

潘惠祥:《钱端升与中国国际联盟同志会》,《社会科学论坛》2013年第11期。

徐蓝:《第一次世界大战与欧美和平运动的发展》,《世界历史》2014年第1期。

雷志松:《中共对世界援华制日大会的反应》,《党史研究与教学》2014年第4期。

张正光:《抗战时期党的理论工作者与毛泽东的理论互动》,《中共党史研究》2014年第4期。

曹刚:《论和平主义》,《中国人民大学学报》2015年第4期。

魏宏运:《世界反侵略大会谴责日本侵华纪实》,《历史教学》2015年第16期。

张太原:《抗日战争与中共的中华民族观的形成》,《中共党史研究》2016年第

3 期。

　　雷志松:《抗战时期中国国内对世界援华制日大会的反应》,《中南大学学报》(社会科学版)2018 年第 5 期。

　　范晓婧:《民国县志中关于全面抗日战争的文本书写》,《中国地方志》2019 年第 2 期。

　　徐辉:《抗战记忆的建构及其价值》,《兰州学刊》2020 年第 2 期。

　　徐蓝:《世界历史视野下的中国抗日战争》,《光明日报》2005 年 5 月 10 日。

　　白瑞雪:《中国抗战:世界反法西斯的起点和终点》,《新华每日电讯》2005 年 9 月 1 日。

　　岳连国:《俄专家学者认为中国抗战为世界反法西斯战争作出重要贡献》,《人民日报》2005 年 9 月 7 日。

　　李洁:《李石曾:为抗战活跃于国际舞台》,《光明日报》2005 年 9 月 23 日。

　　胡德坤:《中国抗战与世界反法西斯战争进程》,《中国社会科学报》2010 年 8 月 5 日。

　　习近平:《在纪念全民族抗战爆发七十七周年仪式上的讲话》,《人民日报》2014 年 7 月 8 日。

　　习近平:《在纪念中国人民抗日战争暨世界反法西斯战争胜利 70 周年招待会上的讲话》,《人民日报》2015 年 9 月 4 日。

　　陈红民:《实事求是与开拓创新——唯物史观与抗日战争史研究》,《光明日报》2019 年 8 月 14 日。

　　习近平:《在纪念中国人民抗日战争暨世界反法西斯战争胜利 75 周年座谈会上的讲话(2020 年 9 月 3 日)》,《人民日报》2020 年 9 月 4 日。

　　本报评论员:《在新时代继承和弘扬伟大抗战精神》,《人民日报》2020 年 9 月 5 日。

　　本报评论员:《坚定不移走和平发展道路》,《光明日报》2020 年 9 月 6 日。

　　高祖贵:《从战后和平迈向人类命运共同体——中国人民抗日战争的历史昭示》,《解放军报》2020 年 9 月 8 日。

　　韩立生:《世界学生怎样援助中国学生》,现世界社 1936 年版。

　　金泽华:《苏联是否能援助中国》,非常丛书出版社 1937 年版。

　　苓君:《泛滥世界的反日援华运动》,全民出版社 1938 年版。

于苇:《援助中国的世界反侵略运动》,生活书店 1938 年版。

蒋君章:《中日战争与国际反侵略运动》,独立出版社 1938 年版。

包华国等:《国际反侵略运动大会对日本之经济制裁方案》,国际反侵略运动大会中国分会 1938 年编印。

国际反侵略运动大会中国分会:《反侵略运动地方组织须知》,1938 年编印。

国际反侵略运动大会中国分会:《国际反侵略运动伦敦大会各国代表讲演实录》,1938 年编印。

陈斐琴:《世界青年运动与中国抗战》,大众出版社 1938 年版。

东人:《国际形势演变与中国抗战》,怒吼出版社 1938 年版。

[美]佩甫尔:《日本能否独霸远东》,许庸译,亚东图书馆 1938 年版。

郭沫若:《国际形势与抗战前途》,自强出版社 1938 年版。

冯玉祥:《抗战时歌选》,三户图书印刷社 1938 年版。

尹衍钧:《全面抗战与国民外交》,中山文化教育馆 1938 年版。

邹韬奋:《再厉集》,生活书店 1938 年版。

包清岑:《抗战文选》第 2 辑,拔提书店 1938 年版。

郑麦逸:《国外民众怎样援助中国》,青年协会书局 1939 年版。

史枚:《抗战中的世界大势》,新知书店 1939 年版。

国际反侵略运动大会中国分会:《第二次常年大会特刊》,1939 年编印。

国际反侵略运动大会中国分会:《国际反侵略运动大会中国分会常务理事会会议录汇编》第 1 辑,1939 年编印。

余惠霖:《国际反侵略运动大会中国分会国际问题座谈会记录》第 1 种,国际反侵略运动大会中国分会 1939 年编印。

张闵仁:《国际反侵略运动大会简史》,国际反侵略运动大会中国分会 1939 年编印。

国际反侵略运动大会中国分会:《二年来之国际反侵略运动中国分会》,重庆新蜀报社 1940 年版。

郭沫若:《战时宣传工作》,重庆青年书店 1940 年第 3 版。

中国国民外交协会:《中国国民外交协会会务概要(民国廿七年一月至卅一年六月)》,1942 年编印。

包遵彭:《二次大战与中外学生运动史》,文声书局 1945 年版。

傅润华:《抗战建国大画史》,中国文化信托服务社 1948 年版。

津云:《闲评二》,《大公报》1910 年 7 月 17 日。

斯奇:《闲评》,《大公报》1910 年 7 月 29 日。

时评:《从国际形势推测十六日以后之国际联盟与我国》,《申报》1931 年 11 月 15 日。

《国际舆论与东北问题第五篇:远东之危机》,《大公报》1932 年 1 月 16 日。

路透社:《英报讽日片面解释》,《申报》1932 年 8 月 27 日。

中央社:《日退国际联盟通告》,《申报》1933 年 3 月 16 日。

陈金光:《世界语者协会近讯》,《申报》1933 年 3 月 25 日。

《从"九一八"纪念想到民族英雄》,《申报》1933 年 9 月 24 日。

中央社:《裁军之呼声》,《大公报》1933 年 10 月 8 日。

本报特讯:《英人举行和平投票,赞成用经济方法制裁侵略》,《大公报》1935 年 9 月 4 日。

路透社:《英国民意测验,和平投票揭晓》,《申报》1935 年 6 月 29 日。

梦若:《和平与战争》,《申报》1935 年 6 月 10 日。

张梓生:《岁首展望》,《申报》1936 年 1 月 1 日。

中央社:《各国和平主义青年反对日本侵略》,《申报》1936 年 3 月 3 日。

中央社:《国际和平运动和平会决议组和平空军,天空散发传单提倡和平》,《申报》1936 年 4 月 30 日。

《英陆军大臣抨击和平主义者》,《西北文化日报》1936 年 6 月 17 日。

中央社:《和平主义运动者巴黎郊外盛大集会,国际歌与马赛歌应和,法总理阐述和平真谛》,《申报》1936 年 8 月 11 日。

中央社:《法国和平主义者举行大集会,法总理演说和平纲领,应充实国际联盟勿使解体》,《大公报》1936 年 8 月 11 日。

本报特讯:《世界和平运动大会下月在比京开幕,四十余国代表三千人参加,陶行知钱俊瑞将参加》,《大公报》1936 年 8 月 27 日。

《全世界和平运动大会今日在比京开幕,将讨论如何实行四原则,各国代表达数千人》,《新新新闻》1936 年 9 月 3 日。

中央社:《世界和平大会开幕,三千代表齐集一堂,拥护和平运动》,《大公报》1936 年 9 月 5 日。

中央社:《世界和平运动大会在比京开幕,中国代表王礼锡演说"中国民众皆不愿从事内战,但遇外敌侵略时唯有抵抗"》,《大公报》1936 年 9 月 5 日。

《世界和平运动大会王礼锡主席演说,出席者计有三十一国,熊式一亦参加》,《新新新闻》1936 年 9 月 5 日。

《世界和平运动大会决设常设机关,担任国际宣传》,《新新新闻》1936 年 9 月 8 日。

中央社:《世界和平会闭幕,宣读誓言促各民族和平结合,比京举行"和平象征"大游行》,《申报》1936 年 9 月 8 日。

我:《世界和平大会》,《申报》1936 年 9 月 9 日。

中央社:《陈铭枢等访大会主席,请设法保障远东和平》,《大公报》1936 年 10 月 3 日。

中央社:《和平运动大会之目的为世界和平团结奋斗,国际联盟大会主席接见各国代表》,《申报》1936 年 10 月 3 日。

中央社:《罗斯福演说和平主义》,《申报》1936 年 10 月 13 日。

本报特讯:《世界和平大会闭幕宣言》,《大公报》1936 年 10 月 16 日。

本报特讯:《世界和平大会纪》,《大公报》1936 年 10 月 21 日。

黎学濂:《拯救和平和自救》,《申报》1936 年 10 月 22 日。

中央社:《泛美会议开幕前夕美洲各国元首演说和平主义,谓足树国际互助模楷》,《申报》1936 年 11 月 9 日。

中央社:《罗斯福演说和平主义,断难容忍任何侵略,国际条约必须遵守》,《申报》1936 年 11 月 29 日。

朗:《泛美和平会议开幕》,《申报》1936 年 12 月 2 日。

国民新闻社:《美拟咨询各关系国保障问题》,《大公报》1936 年 12 月 25 日。

路透社:《英放弃绥靖政策只凭事实为进退》,《申报》1937 年 8 月 3 日。

时评:《国际形势与全面抗战》,《申报》1937 年 8 月 4 日。

中央社:《中苏不侵犯条约各国之观感》,《大公报》1937 年 9 月 1 日。

中央社:《中苏成立不侵约有助世界和平,同为自由独立而奋斗,维持集体安全新工具》,《申报》1937 年 9 月 1 日。

中央社:《美国二十余团体发起世界和平运动》,《申报》1937 年 9 月 10 日。

中央社:《英国际联盟同志会通过议案请政府援助中国》,《申报》1937 年 9 月

16日。

中央社:《世界和平大会英国分会开会》,《大公报》1937年9月25日。

中央社:《英国总工会函郭大使表示同情》,《大公报》1937年9月26日。

中央社:《英国两和平团体请政府有所行动》,《申报》1937年9月27日。

中央社:《英和平运动会主张对日施压力》,《申报》1937年9月30日。

中央社:《抵制日货在发展中》,《大公报》1937年10月2日。

胡愈之:《苏联能不能帮助我们?》,《申报》1937年10月3日。

《罗斯福演说孤立无益,如不将侵略者隔离美国或不免被袭击》,《立报》1937年10月6日。

中央社:《国际友谊社今日成立》,《申报》1937年10月6日。

中央社:《巴黎救国时报电慰第八路军》,《申报》1937年10月9日。

沈:《我国对布鲁塞尔会议应取之态度》,《申报》1937年10月18日。

张健甫:《九国公约和九国公约会议》,《战时日报》1937年10月26日。

中央社:《九国公约会议席上我代表申明严正立场,和平解决方案须根据条约原则,我决继续抗战求国家民族生存》,《申报》1937年11月4日。

中央社:《各界讨论对策成立中国国民外交协会》,《申报》1937年11月5日。

中央社:《法友华卅二团体要求政府助华》,《申报》1937年11月11日。

列山:《英国人态度的渐变》,《申报》1937年11月18日。

《美报促英美法联合制日》,《西京日报》1937年11月28日。

《美报撰论唤醒英美法联合制日》,《工商日报》1937年11月28日。

中央社:《英国工党领袖篮斯柏雷抵捷》,《大公报》1937年12月10日。

陶希圣:《国际形势的变与不变》,《大公报》1938年1月5日。

中央社:《国民外交协会致伦敦中华运动委员会》,《大公报》1938年1月9日。

中央社:《援助中国国际大会下月开会》,《大公报》1938年1月16日。

陈铭枢:《关于国际和平会》,《申报》1938年1月17日。

中央社:《美国政府重新申明史汀生原则坚持不变》,《大公报》1938年1月18日。

中央社:《陈铭枢招待报界讲国际和会工作,扩大我分会组织》,《大公报》1938年1月18日。

《国府发表重要声明,全力维护领土主权完整,暴力之下绝无和平可言》,《新华日报》1938年1月19日。

中央社:《国民外交会电宋庆龄等请出席国际和会》,《申报》1938年1月19日。

路透社:《英各劳工团体商制裁日本》,《大公报》1938年1月22日。

中央社:《国际联盟同志会理事会决对外宣传》,《申报》1938年1月23日。

中央社:《国际反侵略运动中国分会定今日开成立会》,《申报》1938年1月23日。

《侨务会号召华侨响应国际援华会》,《新华日报》1938年1月23日。

中央社:《世界和平运动大会中国分会今成立,汪主席等均将出席致词,侨委会电各地华侨响应》,《大公报》1938年1月23日。

中央社:《国际反侵略运动大会中国分会成立,请大会宣布日为人类公敌》,《申报》1938年1月24日。

中央社:《国际反侵略运动大会中国分会推宋庆龄等为赴英代表团》,《申报》1938年1月24日。

中央社:《中国反侵略运动大会告中国友人书》,《大公报》1938年1月25日。

中央社:《国民外交协会对世界宣言望制裁国际强盗》,《申报》1938年1月25日。

《国际反侵略的统一战线》,《新华日报》1938年1月26日。

中央社:《反侵略运动华分会明日开理事会》,《申报》1938年1月26日。

中央社:《反侵略大会开幕时郭泰祺将致词,全欧出席代表六百余人》,《申报》1938年1月27日。

中央社:《郭大使电告反侵略大会目的》,《申报》1938年1月27日。

中央社:《张彭春抵纽约》,《申报》1938年1月28日。

中央社:《反侵略大会中国分会昨开全体理事会》,《大公报》1938年1月28日。

中央社:《反侵略我分会副主席推定常理会昨日开会》,《申报》1938年1月29日。

中央社:《宋庆龄女士将赴英演讲》,《大公报》1938年1月29日。

中央社:《国民外交协会将举行反侵略宣传周》,《西北文化日报》1938年1月30日。

中央社:《反侵略运动宣传周举行》,《大公报》1938年1月30日。

中央社:《反侵略大会开幕日汪向世界广播,冯王等亦定期演讲》,《申报》1938

年1月31日。

中央社:《青年妇女明晨集会参加反侵略周》,《申报》1938年1月31日。

中央社:《反侵略运动我分会昨致电伦敦大会向国际联盟要求,请世界制裁暴日,并否认一切伪政权》,《申报》1938年2月1日。

中央社:《国民外交协会致电大会呼吁》,《大公报》1938年2月1日。

《伦敦工人大会愿牺牲半年失业津贴制止日寇残杀中国》,《新华日报》1938年2月1日。

《国际反侵略中国分会向伦敦大会提四议案》,《新华日报》1938年2月1日。

中央社:《伟大之同情》,《大公报》1938年2月2日。

中央社:《反侵略我分会决肃清敌货,定期招待中外记者》,《申报》1938年2月4日。

《我国坚持抗战后,国际间开展援华运动》,《新中华报》1938年2月5日。

《世界和平大会定期开幕,八百余代表将讨论援华,现已派遣外交访员来我国逐日搜集援华可能性情报》,《新新新闻》1938年2月5日。

社论:《兰州各界反侵略运动宣传周》,《甘肃民国日报》1938年2月7日。

国际反侵略运动大会中国分会:《启事》,《新华日报》1938年2月7日。

中央社:《反侵略宣传第二日汉市妇女大游行》,《申报》1938年2月8日。

中央社:《国际联盟同志会向总会提案》,《大公报》1938年2月10日。

社评:《难民伤兵》,《大公报》1938年2月10日。

《全国各地举行反侵略运动响应反日援华大会》,《新中华报》1938年2月10日。

《举世同情我抗战到底,各国发表援我反敌行动》,《新中华报》1938年2月10日。

社论:《祝国际反侵略大会》,《新华日报》1938年2月10日。

中央社:《邵力子今日邀各界茶会报告反侵略应进行事项》,《申报》1938年2月10日。

中央社:《工农各团体吁请扩大抵货运动》,《申报》1938年2月10日。

中央社:《国际反侵略运动宣传周之青年日》,《南宁民国日报》1938年2月10日。

中央社:《英京民众反日名流妇女参加示威游行》,《申报》1938年2月11日。

《武汉各界今日下午三时在市商会举行响应国际反日大会》,《新华日报》1938

年2月11日。

中央社:《国际反侵略运动大会》,《大公报》1938年2月11日。

中央社:《武汉各界今开会响应国际反侵略运动,请伦敦大会制裁日本》,《大公报》1938年2月11日。

中央社:《邵部长昨开茶会招待中外记者》,《申报》1938年2月11日。

中央社:《外长王宠惠向世界广播望共同制止侵略》,《申报》1938年2月11日。

《国际反侵略大会今日在伦敦开幕》,《新华日报》1938年2月11日。

中央社:《反侵略运动我分会电大会报告》,《申报》1938年2月11日。

中央社:《武汉各界开会响应国际反侵略运动,发表宣言愿与世界友人携手》,《申报》1938年2月12日。

中央社:《本省各界昨举行反侵略扩大宣传会,火炬游行招待外宾,情绪壮烈空前未有》,《工商日报》1938年2月12日。

茅盾:《我们怎样回答朋友们的热心》,《大公报》1938年2月12日。

中央社:《国际援助中国大会今日在英开幕,四十国代表共六百余名,法出席人选已派定》,《申报》1938年2月12日。

中央社:《各地一致举行反侵略宣传会》,《申报》1938年2月12日。

武汉文化界抗敌协会:《全国文化界响应世界反日援华大会特刊》,《新华日报》1938年2月12日。

社评:《祝国际反侵略运动大会》,《大公报》1938年2月12日。

《有四十国代表出席,援华大会今在英举行,法国共派有代表六十人,各党均前往参加》,《新新新闻》1938年2月12日。

中央社:《文化界今日举行宣传大会》,《申报》1938年2月12日。

《兰州各界反侵略运动宣传周标语》,《甘肃民国日报》1938年2月12日。

叶籁士:《反侵略要建立国际联络工作》,《大公报》1938年2月12日。

中央社:《反侵略宣传周文化日宣传大会》,《大公报》1938年2月13日。

《世界反侵略大会开幕盛况》,《新华日报》1938年2月13日。

中央社:《全国文化界昨整队游行响应反侵略大会》,《申报》1938年2月13日。

中央社:《中国决竭人力物力继续神圣战争》,《申报》1938年2月13日。

中央社:《反侵略会开幕,顾维钧代表中国出席致词,史汀生主张与日断绝商务》,《申报》1938年2月13日。

《国际反侵略宣传周儿童日特刊》，《新华日报》1938 年 2 月 13 日。

中央社：《世界反日大会开会，蒋委员长严正表示中国继续除暴之神圣战争，甚望大会能表现具体步骤》，《大公报》1938 年 2 月 13 日。

中央社：《起草决议案推进抵货运动》，《大公报》1938 年 2 月 14 日。

中央社：《苏桑普顿工人拒绝卸运日货》，《申报》1938 年 2 月 14 日。

《国际反侵略大会八百余代表一致反日援华》，《新华日报》1938 年 2 月 14 日。

中央社：《排日助华会议前日开会情形》，《申报》1938 年 2 月 14 日。

中央社：《国际一致援华，英决普遍抵货，反侵略大会起草决议案》，《申报》1938 年 2 月 14 日。

中央社：《临汾举行提灯游行会唤起民众抗日情绪》，《申报》1938 年 2 月 15 日。

社评：《感谢伦敦反侵略大会》，《大公报》1938 年 2 月 15 日。

《援华反日办法》，《大公报》1938 年 2 月 15 日。

中央社：《伦敦举行民众大会一致斥责日本，赞助反侵略大会决议案》，《大公报》1938 年 2 月 15 日。

中央社：《顾维钧氏激昂演说》，《申报》1938 年 2 月 15 日。

中央社：《反侵略大会通过尽力援华案，斥日危害世界和平，各代表一致主张世界抵货》，《申报》1938 年 2 月 15 日。

中央社：《顾大使激昂演说请各国际联盟联合制裁》，《大公报》1938 年 2 月 15 日。

中央社：《援华反日办法，伦敦大会通过决议案，请政府勿供给日本军火金钱，抵制日货并举行援华运动周》，《大公报》1938 年 2 月 15 日。

《国际反侵略大会通过援助中国决议》，《新华日报》1938 年 2 月 15 日。

《伦敦援华群众大会》，《新华日报》1938 年 2 月 15 日。

中央社：《国际抵制日货，在华设立情报局协助对世界宣传》，《申报》1938 年 2 月 16 日。

《国际反侵略大会中援华抵制日货会议闭幕》，《新华日报》1938 年 2 月 16 日。

中央社：《顾维钧谈时局》，《申报》1938 年 2 月 16 日。

中央社：《国际联盟同志联合会决扩大抵货运动，请会员国有效的制止侵略，并协助中国加强抗战力量》，《大公报》1938 年 2 月 17 日。

《国际反侵略大会下星期举行中国周》，《新华日报》1938 年 2 月 17 日。

中央社:《基督徒学生明日公祷》,《大公报》1938年2月19日。

中央社:《我代表团电告援华大会经过》,《申报》1938年2月19日。

《伦敦举行民众大会响应世界和平运动》,《新中华报》1938年2月20日。

《边区文化界举行反侵略运动大会》,《新中华报》1938年2月20日。

《延市妇孺反对侵略者》,《新中华报》1938年2月20日。

《"中国周"引起英人同情,伦敦将开民众大会》,《大美晚报晨刊》1938年2月26日。

塔斯社:《英援华运动热烈,宣传周成绩极为良好,举行民众大会示威游行》,《大公报》1938年2月27日。

中央社:《世界各国民众对我无限同情,包立德昨在欢迎会上演讲,定今日离汉返国》,《申报》1938年2月27日。

中央社:《美抵货运动普遍,各大商店均停购日货,在经济上已发生效果,巴拿马抵货亦有显著影响》,《大公报》1938年3月2日。

中央社:《我建立现代化军队已能作防御战事,日本终必遭受惨败,各团体致函国际反侵略大会表诚恳希望盼实施八项决议》,《申报》1938年3月8日。

中央社:《胡适赴英宣传》,《申报》1938年3月19日。

中央社:《妇慰会港分会函恳国外继续捐助,历述我军勇战及难民苦况并报告该会工作以昭大公》,《申报》1938年3月20日。

塔斯社:《抵货潮二十一国开始实行》,《大公报》1938年3月24日。

社论:《怎样开展我国的外交》,《新华日报》1938年4月20日。

中央社:《朱家骅答外记者:我抗战必胜,国际联盟为完成神圣使命必须对我作有效援助》,《申报》1938年4月22日。

中央社:《欧洲各地纷纷抵制日货》,《立报》1938年4月25日。

本报特写:《反侵略会代表色斯慷慨陈词,挥独臂责敌大逆不道,打中国如子女打母亲》,《申报》1938年4月28日。

中央社:《国际反侵略会决议加紧援华拥护我国英勇抗日,世界排货运动收实效》,《申报》1938年5月15日。

中央社:《美援华委员会开会,前驻德美使演说斥责侵略国,王大使对美国同情表示感谢》,《大公报》1938年5月19日。

本报时写:《周恩来等昨举行茶会欢迎世界学联代表》,《申报》1938年5月

26 日。

中央社:《抵货运动使敌对外贸易已大减,对美输出减少一半》,《大公报》1938年5月28日。

中央社:《世界和平大会在法举行,我代表述日暴行,并提出三项要求》,《申报》1938年5月29日。

路透社:《法国援华遭日妒嫉》,《申报》1938年6月1日。

中央社:《美教授演说:中国抗战结果将成为世界强国,对苏联亦极有利》,《申报》1938年6月3日。

中央社:《美名记者斯诺断定日本终必失败》,《申报》1938年6月6日。

中央社:《德报评论中日经济力量》,《大公报》1938年6月6日。

中央社:《英国援华运动地方援华运动委员会成立,募得巨款及医药品十余吨》,《大公报》1938年6月8日。

中央社:《何部长欢宴各代表》,《大公报》1938年6月9日。

社评:《英美态度的剖视》,《申报》1938年6月20日。

中央社:《毛那昨飞昆明返欧》,《申报》1938年6月20日。

社评:《我们的准备》,《大公报》1938年6月22日。

中央社:《国际反侵略会援华决议案对我英勇抗战表示钦佩》,《大公报》1938年6月22日。

伦敦通信:《英国民众热烈援华》,《大公报》1938年6月26日。

中央社:《国际反侵略大会电请各国派员参加,将谋制止飞机轰炸不设防城市,朱学范将代表我国出席》,《申报》1938年6月26日。

《国际劳工大会决议申斥暴日侵华》,《新华日报》1938年6月27日。

《印度国民大会主席号召印度民众援华》,《新华日报》1938年7月2日。

中央社:《反滥炸城市会改期在法举行,望全国报界能扩大宣传》,《申报》1938年7月16日。

《国际反侵略运动大会电我国分会》,《国风日报》1938年7月17日。

中央社:《反侵略分会举行常理会决定工作计划》,《申报》1938年7月27日。

中央社:《中国反侵略分会向总会提出说帖,请加紧实施对日封锁,并说明抵制日货办法》,《大公报》1938年8月24日。

中央社:《敌经济状况已日趋恶劣》,《大公报》1938年8月26日。

路透社:《伦敦举行"九一八"纪念会,张彭春发表演说》,《大公报》1938 年 9 月 20 日。

社评:《日阀统治中国的新梦想》,《大公报》1938 年 9 月 24 日。

中央社:《朝鲜义勇队昨在汉正式成立,宣言尽力支持中国抗战》,《大公报》1938 年 10 月 11 日。

《世界学生代表团推动援华运动》,《新华日报》1938 年 10 月 18 日。

中央社:《反侵略会调查团将抵沪》,《大公报》1938 年 10 月 20 日。

《国际援华运动:英援华运动协会发起"一碗饭"聚餐会》,《新华日报》1938 年 10 月 20 日。

教育消息:《日内瓦中国国际图书馆》,《申报》1938 年 12 月 2 日。

《国际援华运动:印援助我抗战》,《新华日报》1938 年 12 月 17 日。

毛泽东:《论新阶级》,《申报》1938 年 12 月 18 日。

社论:《侨胞在开展援华制日运动中的作用》,《新华日报》1938 年 12 月 23 日。

社评:《怎样开展国际援华运动》,《申报》1938 年 12 月 26 日。

中央社:《日对外贸易入超》,《大公报》1938 年 12 月 29 日。

羽盲:《反侵略中国分会一年来工作的检讨》,《申报》1939 年 1 月 12 日。

中央社:《国际反侵略大会为维护正义呼吁,促请英美俄法合作,积极援华阻日侵略》,《申报》1939 年 1 月 22 日。

中央社:《国际反侵略大会定后日在伦敦开会,协商援助被侵国家》,《大公报》1939 年 1 月 26 日。

中央社:《国际反侵略会热烈援华》,《申报》1939 年 2 月 4 日。

小评:《美国援华制日》,《申报》1939 年 4 月 30 日。

中央社:《美朝野一致主张对日经济制裁:禁运军火限制贸易,增加战时对华贷款》,《申报》1939 年 4 月 30 日。

中央社:《日机滥施轰炸》,《申报》1939 年 5 月 15 日。

小评:《推进反侵略运动》,《申报》1939 年 5 月 23 日。

中央社:《国际联盟同志会发出电文》,《申报》1939 年 6 月 23 日。

中央社:《宝贵的同情:比利时中国友谊会促其国人援华制日》,《大公报》1939 年 7 月 27 日。

国际反侵略运动大会中国分会:《推进反侵略运动纪念"八一三"》,《新华日报》

1939 年 8 月 14 日。

中国劳动协会:《国际劳工反日援华运动与中国抗战》,《大公报》1940 年 5 月 1 日。

社评:《欧战与中国抗战》,《大公报》1940 年 5 月 27 日。

中央社:《蒋委员长电谢薛西尔谷特》,《大公报》1940 年 7 月 8 日。

中央社:《国际反侵略大会向委座献祝贺书》,《大公报》1941 年 1 月 4 日。

中央社:《反侵略会中国分会在渝举行大会,响应预祝民主国家胜利,蒋委员长致训勉努力宣扬》,《申报》1941 年 11 月 4 日。

刘百闵:《不承认武力变更领土之斯汀生主义》,《政治评论》1932 年第 12 期。

允恭:《日本退出国际联盟》,《东方杂志》1933 年第 7 期。

《上海世界语者协会成立宣言》,《云南世界语运动》1933 年第 45 期。

[英]薛西尔:《国际联盟的意义》,邵宗汉译,《世界知识》1935 年第 8 期。

《中国国际联盟同志会复兴缘起》,《中国国际联盟同志会月刊》1936 年创刊号。

金则人:《拥护国际和平运动大会》,《漫画世界》1936 年第 1 期。

杨晋雄:《新术语浅释:世界和平运动大会》,《青年界》1936 年第 4 期。

《在比京举行的世界和平运动大会》,《四川旬报》1936 年第 6 期。

一鸣:《祝世界和平运动大会成功》,《礼拜六》1936 年第 6 期。

位观:《祝和平运动大会之努力》,《常谈月刊》1936 年第 6 期。

消息:《激转中的西班牙》,《永生》1936 年第 7 期。

张健甫:《世界和平运动大会》,《读书生活》1936 年第 10 期。

夏云:《国际和平大会预定九月四日开幕》,《世界知识》1936 年第 11 期。

《世界和平运动大会在比京》,《安徽教育辅导旬刊》1936 年第 13 期。

《在比京举行的世界和平运动大会》,《申报每周增刊》1936 年第 36 期。

陶孟和:《和平主义的新姿态》,《国闻周报》1936 年第 43 期。

《我国派代表参加世界和平运动大会》,《外部周刊》1936 年第 131 期。

钱俊瑞:《世界和平运动大会经过》,《现世界》1937 年第 11 期。

陈烟桥:《当英美各国共同抵制日货的时候》,《抗战画报》1937 年第 8 期。

张仲实:《中苏互不侵犯条约》,《文化战线》1937 年第 2 期。

罗青:《中苏互不侵犯条约的意义和影响》,《文化战线》1937 年第 3 期。

王宠惠,[苏]鲍格莫洛夫:《中苏互不侵犯条约》,《中苏文化杂志》1937 年第

9 期。

中央社:《本年诺贝尔和平奖金决赠与于薛西尔勋爵》,《中央通信社稿》1937 年 11 月下。

农:《拥护中苏互不侵犯条约》,《解放》1937 年第 15 期。

邹韬奋:《国际反侵略运动》,《抗战》1938 年第 40 期。

彭芳草:《国际反侵略运动的展望》,《抗战》1938 年第 22 期。

黄素心:《国际反侵略运动的意义和作用》,《妇女共鸣》1938 年第 3 期。

[美]T.Raien:《援华反日的国际运动》,金戈译,《中苏文化杂志》1938 年第 9 期。

翦伯赞:《中国抗战与苏联》,《华美》1938 年第 14 期。

谢举荣:《谁是国际联盟援华制日的主宰者》,《克敌周刊》1938 年第 28 期。

《本周时事动向(十月一日至七日)》,《新政周刊》1938 年第 40 期。

《主席训词:9 月 9 日在福州各界拥护国际联盟援华制日大会讲——国际联盟应予侵略者以有效的制裁》,《闽政月刊》1938 年第 1 期。

沈咸恒:《抵制日货与制止侵略》,《新力》1938 年第 18 期。

邹韬奋:《反侵略运动宣传周》,《抗战》1938 年第 43 期。

曹树铭:《释反侵略运动》,《黄埔》1938 年第 3 期。

社论:《斥和平主义者》,《抗战要讯》1938 年第 40 期。

《时事用语解释:侵略阵线、和平阵线》,《同仇》1938 年第 2 期。

钱俊瑞:《反侵略的世界和平运动与中国》,《世界知识》1938 年第 4 期。

何仁:《世界和平运动大会》,《江西地方教育》1938 年第 106 期。

陈铭枢:《国际反侵略大会之意义及经过》,《闽政与公馀非常时期合刊》1938 年第 18 期。

《国际反侵略大会在伦敦开会》,《时事半月刊》1938 年第 9 期。

张志让:《国际反侵略运动大会与中国抗战》,《全民周刊》1938 年第 9 期。

蔡元培:《国际反侵略运动大会中国分会歌》,《江西地方教育》1938 年第 169 期。

《国际反侵略运动大会中国分会告全世界人士书》,《团结周报》1938 年第 10 期。

《伦敦国际和平大会》,《一般半月刊》1938 年第 1 期。

《国际反侵略运动大会中国分会对大会提案及告世界人士书》,《时事类编特刊》1938 年第 10 期。

《援华抵制日货伦敦大会纪录》,《国际和平促进会通讯》1938 年第 1 期。

《伦敦和平大会谴责日本》,《集纳》1938 年第 9 期。

市隐:《国际反侵略会举行排日援华会议》,《东方杂志》1938 年第 1 期。

《国际和平大会通过制日决案》,《广东合作通讯》1938 年第 3 期。

《国际反侵略大会决议案》,《时事类编》1938 年第 11 期。

《国际反侵略运动议决八点:一致援华制日》,《战时青年》1938 年第 7 期。

谷溪:《国际反侵略会怎样援助我们?》,《时事月报》1938 年第 6 期。

广西省政府:《廿七年二月教字第七〇三号代电抄发反侵略运动宣传周办法大
纲》,《广西省政府公报》1938 年第 82 期。

巨渊:《谢国际反侵略运动大会》,《动员周刊》1938 年第 4 期。

教育部:《国际反侵略运动宣传办法大纲》,《中华周刊》1938 年第 13 期。

张颐:《本大学布告》,《川大周刊》1938 年第 22 期。

《本省各界举行国际反侵略运动宣传周》,《江西地方教育》1938 年第 106 期。

寄洪:《全国妇女反侵略宣传大会》,《妇女生活》1938 年第 8 期。

《反侵略运动在汉口:武汉反侵略运动宣传周之"妇女日"在商会门前整队出
发》,《新生画报》1938 年第 1 期。

《中国反侵略运动大会宣传周妇女日游行的妇女群众》,《妇女共鸣》1938 年第
3 期。

梅县民众抗敌后援会宣传组:《反侵略宣传周标语》,《抗敌》1938 年第 4 期。

吴泽:《中国青年誓为国际反侵略的先锋》,《新文摘旬刊》1938 年第 5 期。

薛:《反侵略运动歌》,《战歌周刊》1938 年第 6 期。

社论:《反侵略运动宣传周文化日献辞》,《全民周刊》1938 年第 10 期。

附录:《国际反侵略大会开幕,蒋委员长特电致谢忱,中国分会宋会长电致演
词》,《战地通信》1938 年第 19 期。

《川省政府令各县举行反侵略大会电》,《四川省政府公报》1938 年第 107 期。

全民:《毛泽东先生讲反侵略运动》,《前进》1938 年第 12 期。

之:《朱德演讲反侵略斗争》,《孤岛》1938 年第 1 期。

叶琳:《为成都市各界反侵略运动大会作》,《战时戏剧》1938 年创刊号。

社论:《国际反侵略的力量》,《全民抗战》1938 年第 19 期。

社论:《国际反侵略运动》,《抗战三日刊》1938 年第 40 期。

张铁生:《我们应该怎样加强扩大国际反侵略运动》,《抗战三日刊》1938 年第

47 期。

淑美:《国际反侵略大会的成果》,《妇女共鸣》1938 年第 3 期。

来件:《边区文化界大会致国际反侵略运动大会电(二月十三日)》,《解放》1938 年第 31 期。

来件:《边区妇女与儿童大会拥护国际反侵略运动大会通电》,《解放》1938 年第 31 期。

史枚:《武汉各界成立了拥护援华制日运动筹备会》,《全民抗战》(保卫大武汉特刊)1938 年第 7 期。

吴之帆:《国际反侵略大会游行之一》,《青年月刊》1938 年第 5 期。

广西社:《国内新闻》,《中华》1938 年第 71 期。

郑鸿儒:《华侨救国阵容的总检阅》,《华侨战线》1938 年第 3 期。

思慕:《英国的援华反日运动与张伯伦外交》,《新战线》1938 年第 28 期。

《一片反侵略声:上月二十六日国际联盟开会》,《老百姓》1938 年第 5 期。

朝鲜民族战线联盟:《对国际反侵略运动大会反日援华特别会议建议书》,《朝鲜民族战线》1938 年创刊号。

《各国正义的呼声:拯救中国,即拯救和平! 英国伦敦举行反日运动大会盛况、法国巴黎抵制日货大游行》,《新战线》1938 年第 28 期。

中央社:《法国对于伦敦援华大会的响应》,《国际和平促进会通讯》1938 年第 4 期。

《国际反侵略运动宣传大纲》,《团结周报》1938 年第 10 期。

邹韬奋:《伟大的世界反侵略力量》,《抗战》1938 年第 45 期。

赵可师:《拥护国际反侵略大会》,《江西地方教育》1938 年第 106 期。

吴亮夫:《不要忽视了国际反侵略大会》,《创导半月刊》1938 年第 8 期。

李祖庆:《拥护国际联盟援华制日大会记》,《抗敌导报》1938 年第 31 期。

来件:《边区各界代表大会致国际反侵略运动大会电》,《解放》1938 年第 31 期。

《英法抵制日货》,《国际知识》1938 年第 11 期。

《世界抵制日货的几个例子》,《团结周报》1938 年第 16 期。

《全世界抵制日货可以加速日帝国主义的崩溃》,《抗战画报》1938 年第 8 期。

葛乔:《蓬勃发展的世界反日援华运动》,《文化国际》1938 年第 1 期。

郑洪范:《全世界反日援华运动的展开》,《浙江潮》1938 年第 16 期。

毛泽东:《抗战与外援的关系（1939 年 1 月 20 日）》,《八路军军政杂志》1939 年第 2 期。

反侵略半月刊编辑委员会:《投稿简章》,《反侵略》1939 年第 5 期。

桂年:《对于国际反侵略运动及中国分会工作的管见》,《反侵略》1939 年第 10 期。

乃君:《国际的反侵略运动》,《民意》1939 年第 60 期。

李毓芬:《国际反侵略运动》,《良友》1939 年第 144 期。

林炳康:《抗战与国际反侵略运动》,《时事半月刊》1939 年第 6 期。

《国际反侵略大会法文缩写 R.U.P.》,《良友》1939 年第 144 期。

王礼锡:《述国际反侵略会》,《时代文选》1939 年创刊号。

《国际反侵略运动总会执行委员会开会之影,场中四壁遍贴援华标语》,《良友》1939 年第 144 期。

［美］Benjamin H.Kizer:《美国太平洋政策之演进》,周新译,《世界知识》1939 年第 4 期。

璇珩:《美国援华制日》,《东方杂志》1940 年第 21 期。

叶蘖生:《抗战以来的历史学》,《中国文化》1941 年第 2 期。

刘国栋:《美国应加紧援华制日》,《现代青年》1941 年第 5 期。

陈钟浩:《国际和平运动之历史观》,《国际编译》1943 年第 4 期。

British Liberal Leader Urges Boycott of Japan,The China Weekly Review,Oct.9,1937.

Peace Group Urges Credits for China,*Boycott for Japan*,The China Weekly Review,Jul.30,1938.

International Peace Campaign Sponsors Boycott of Japanese Goods,The China Weekly Review,Feb.19,1938.

World Meeting to Boycott Japan,*Aid China Stated*,The China Press,Jan.14,1938.

China Backs Conference to Boycott Japan,The China Press,Feb.12,1938.

Peace Parley to Aid China Now Underway:*Decision Reached to Launch Boycott Campaign*,The China Press,Feb.14,1938.

Support of Peace and Boycott Move:*Generalissimo Cables to London Conference*,The North – China Herald and Supreme Court & Consular Gazette,Feb.16,1938.

Grant of More British Credits to China Likely,The China Press,Dec.21,1938.

20 Nations Condemn Japanese Aggression at Boycott Meeting, The China Press, Feb. 15, 1938.

D. H. Quo, Evelyn Maclean and Flora Kate Hayim, *In Aid of China*, The Times (London, England), Wednesday, Oct.20, 1937, p.10.

D. H. Quo, *In Aid of China*, The Times (London, England), Monday, Oct. 25, 1937, p.10.

C. C. Wang, *In Aid of China*, The Times (London, England), Monday, Apr. 11, 1938, p.8.

Suggested Boycott of Japan, The Times (London, England), Monday, Jan. 17, 1938, p.19.

Aggression by Japan, The Times (London, England), Monday, Feb. 14, 1938, p.18.

责任编辑：忽晓萌

图书在版编目（CIP）数据

世界援华制日大会与中国抗日战争/雷志松 著. —北京：人民出版社，
　2022.1
ISBN 978－7－01－022563－0

Ⅰ.①世…　Ⅱ.①雷…　Ⅲ.①抗日战争史-研究-中国　Ⅳ.①K265.07

中国版本图书馆 CIP 数据核字（2020）第 203518 号

世界援华制日大会与中国抗日战争
SHIJIE YUANHUA ZHIRI DAHUI YU ZHONGGUO KANGRI ZHANZHENG

雷志松　著

人民出版社 出版发行
（100706　北京市东城区隆福寺街 99 号）

北京汇林印务有限公司印刷　新华书店经销

2022 年 1 月第 1 版　2022 年 1 月北京第 1 次印刷
开本：710 毫米×1000 毫米 1/16　印张：20
字数：266 千字

ISBN 978－7－01－022563－0　定价：88.00 元

邮购地址 100706　北京市东城区隆福寺街 99 号
人民东方图书销售中心　电话（010）65250042　65289539